Mit einem Vorwort von
François Bondy

Ins Deutsche übertragen
und mit einem
Nachwort versehen
von Marion Luckow

Georges Bataille
Das obszöne Werk

Die Geschichte des Auges
Madame Edwarda
Meine Mutter
Der Kleine
Der Tote

Rowohlt

1.–3. Tausend November 1972

Bibliographische Hinweise s. S. 355 f.

Printed in Germany
ISBN 3 498 00432 8

Vorwort

Batailles Dialog zwischen dem Möglichen und dem Unmöglichen

«Schließlich schreibt Herr Bataille; er bekleidet einen Posten in der Nationalbibliothek, er liest, er kopuliert, er ißt.»
So Jean-Paul Sartre, 1943 in den ‹*Cahiers du Sud*›, im ersten großen Essay, der Georges Bataille gewidmet wurde (später aufgenommen in ‹*Situations I*›). «Ein neuer Mystiker» war der Titel dieses bedeutenden Essays, und das zitierte Argument ad hominem will die Prosa des Alltags der Ekstase des Denkens entgegenstellen, die Praxis eines Mannes, der ein Bürger wie andere ist, seinem Ruf nach Überschreitung, Entgrenzung, Vergeudung und «folternder Lust».
Hat doch Bataille, Verfasser erotischer Romane, die damals noch unter Decknamen erschienen waren, nicht wie der Marquis de Sade seine Lüste und Laster im Kerker gebüßt und gesteigert, sondern sie friedlich niedergeschrieben. Man kann in der Ironisierung des Kontrastes zwischen Leben und Werk noch weitergehen. Georges Bataille hat den Surrealisten die Vorsilbe ‹sur› (über), den Drang nach Überhöhung, nicht verziehen, sah darin eine neue Form der entkörperlichenden Idealisierung, hielt jeder ‹hohen› Kultur, auch wenn sie sich als revolutionär gab, die plebejische, niedere Wirklichkeit entgegen. Bataille erkannte auch im der Sonne zugewendeten Antlitz des homo erectus eine Entsprechung, ein Echo des Anus, einen Ort der Ausscheidung, des Exkrementiellen – im Niesen, Husten, Spucken, Schneuzen. Das höchste Lebewesen trägt bis in seinen edelsten Teil das Niedere, Verborgene, Abstoßende.

Soweit dieser Künder des «eigentlichen Bösen» ein Moralist sein konnte, war es Bataille, sobald er eine idealistische Verleugnung dessen witterte, was von ‹unten› kommt – welches ‹unten› er sowohl biologisch wie sozial und noch in anderen Weisen verstand. Die Erotik ist nicht die einzige, aber doch eine privilegierte Verbindung von ‹hoch› und ‹nieder›, ist wie die Wunde, die Narbe, der zum Lachen aufgerissene Mund unwiderstehlich faszinierend und zugleich entsetzlich. In einer Kultur, die Tabus geschaffen, Verbotstafeln aufgerichtet hat, ist die Entgrenzung, die Kommunikation ein solcher klaffender Riß und eine Ekstase. Hierin ist Bataille Jean Genet verwandt, über den er so einsichtig geschrieben hat und für den gleichfalls Erotik ohne die Herausforderung einer zwar pervertierten, aber zunächst einmal anerkannten Macht keinen Reiz besitzt – nur daß Bataille in sich zugleich etwas von Genet hat und etwas von jenem Sartre, der Genet gedeutet hat (für Bataille ist *‹Saint Genet›* Sartres bedeutendstes Werk).

Bataille ist zugleich der dichterische Erzähler und der philosophierende Essayist, der Schriftsteller der Entgrenzungen und der eingrenzende Analytiker, und er ist sich dieses Paradoxes stets bewußt. Georges Bataille war ein Polyhistor; ein großer Teil seines jetzt auf zehn große Bände angelegten Gesamtwerkes wird von den Essays bestritten werden, die er in *Critique*, der von ihm begründeten Zeitschrift, veröffentlicht hat und die eine innige Vertrautheit mit Problemen der Ethnologie, der Ökonomie, der Ästhetik und noch vielen anderen bezeugen. Mit anderen Worten: er ist der Künder des Extrarationalen, das der Welt der bürgerlichen Akkumulation, des individuellen Arbeitens, Sparens und Haushaltens, entgegengestellt wird – als *la part maudite,* der verleugnete, der verfluchte, unterdrückte Anteil von Tod, Eros, Fest, Selbstvergeudung, die vor allem im bürgerlichen Zeitalter nur einen gefürchteten Untergrund bilden –, und er ist zugleich selber ein Akkumulator von Wissen, ein methodischer Verwalter von Kenntnissen und Ideen gewesen. Der ‹neue Mystiker› trug zugleich Züge des auch noch im Revolutionären traditionsreichen französischen Intellektuellen. Die Sprache seines analytischen Werkes ist so klassisch wie die eines Paul Valéry, den er haßte, eines André Breton, von dem er sich abwandte. Nicht nur, daß Bataille, wie Sartre gegen ihn anführt, «normal» lebte – ein Jünger und Künder Nietzsches, der selber die Schwelle des Wahnsinns nie überschritt. Auch die Prosa seiner Essays und der Vorreden zu den ‹pseudonymen› Romanen gleitet schier bruchlos und klassisch über die dargestellten Brüche und Ausbrüche. Noch in einer dritten Hinsicht mag der Revolutionär, dessen Wirkung erst jetzt eigentlich begonnen hat, als Vertreter der Kontinuität gesehen werden. Bataille steht, wie einige der bedeutendsten Franzosen seiner und der späteren Generation, im Bann von Werken, die in deutscher Sprache entstanden sind: Hegel, Marx, Nietzsche, Freud. Sartre meint, daß auch der nicht genannte Jaspers unter den bestimmenden Einflüssen zu finden sei. Eine vergleichbare, fast epigonale Beziehung zu Geistern, die in deutscher Sprache gewirkt haben, ist aber für Sartre selber bezeichnend, und sie ist es für jüngere Philosophen wie jenen Michel Foucault, der die Gesamtausgabe Batailles eingeleitet hat, und den Nietzsche-Deuter Gilles Deleuze.

Diese Gegenwart von ‹deutschem Geist› in modernsten französischen Autoren hat deren Aufnahme im deutschen Sprachgebiet manchmal erleichtert: siehe Sartre – manchmal aber erschwert: siehe Bataille. Bei Bataille hängt das sowohl mit der Vielfalt des von ihm Verarbeiteten wie mit der radikalen Originalität seiner Ergebnisse zusammen. Denn die französische Soziologie – von Émile Durkheim bis zu Marcel Mauss – ist ihm so grundlegend wie die Philosophie von Hegel und Nietzsche; seine Erfahrung vom Überschreiten aller individuellen Realität, aller Regeln der Vernünftigkeit, die sich in der Vergeudung umkehren, hat ebenso mit empirischer Soziologie zu tun wie mit dem Drang, eine menschliche Gemeinschaft – sei es zunächst als Geheimsekte – zu konstituieren, in der die Überschreitung des bürgerlichen, mit sich haushaltenden Menschen als stete «mögliche Unmöglichkeit» erkannt und auch erprobt wird. Die Mitbegründer des Collège de Sociologie, Roger Caillois und Michel Leiris, haben diesen Drang, mit der Wissenschaft über die Wissenschaft hinauszugelangen, bei Bataille erkannt; auch Sartre sah ihn. Roger Caillois hat es so ausgedrückt: «Wir waren am Schamanismus interessiert, Bataille wollte Schamane sein.» Batailles eigene Erfahrungen von früher Jugend an mit Sinnlichkeit und Mystik sind nicht deshalb zu leugnen, weil sie sich größtenteils unserer Kenntnis entziehen. Jene, die Bataille am nächsten kannten, haben in seinem Drang zur ‹Entgrenzung› niemals ‹nur› eine Übung der Feder vermutet.

Doch gleichviel. Das Werk genügt, und die Romane, wenn wir sie so nennen dürfen, sind nicht kalte akademische Versuche in Pornographie noch

auch Illustration vorgefaßter ‹Thesen›. In ihnen allein, mit ihrer Mischung von Erzählung und Essay, hätten wir bereits einen einzigartigen Schriftsteller, auch ohne seine intellektuellen Explorationen zu kennen. Susan Sontag, die amerikanische Essayistin, die besondere Affinität zu den französischen Unterströmungen beweist, schreibt in ihrem Essay über Pornographie*: «Batailles Werke zeigen deutlicher als irgendein anderes Buch, das ich kenne, die ästhetischen Möglichkeiten der Pornographie als Kunstform. ‹*Die Geschichte des Auges*› ist, meiner Ansicht nach, der künstlerisch vollkommenste aller pornographischen Romane, die ich gelesen habe; ‹*Madame Edwarda*› hingegen ist der geistig originellste und stärkste.»
Auch hat Susan Sontag verstanden, daß bei Bataille die stets präsente Beziehung von Eros und Thanatos, von Sexualität und Tod, einen unvergleichlichen Ausdruck gefunden hat. Bataille ist nicht nur ein Schriftsteller, der «das extreme Laster der Lust entgegenstellt», sondern auch jener, der Freiheit in scheinbar zwanghaften Handlungen an jenem äußersten Ende sieht, wo alles Verständnis sich zersetzt. Bataille schreibt: «Wir hängen am Tod wie der Baum an der Erde durch ein verborgenes Wurzelnetz.» Zwischen diesen tiefen ‹Todeswurzeln› und den klaffenden Liebeswunden, zwischen der Bindung nach unten, ins Erdreich, und der Kommunikation in der Entgrenzung findet ein Akt der Wahrheit statt. Wahrheit aber ist bei Bataille niemals in der Wunscherfüllung, sondern im Wind, der uns entgegenweht, im «Wind der Wahrheit, der meine

* ‹*Die pornographische Phantasie*›. In: Susan Sontag, ‹*Kunst und Antikunst*›. Reinbek 1968. S. 39–71.

fromm hingehaltene Wange wie eine Ohrfeige trifft».

Woher die Bedeutung für Bataille des Alpha privativum? Warum schreibt er eine ‹*Somme athéologique*› und gründet er die Zeitschrift *Acéphale* [Ohnekopf]? Pierre Klossowski vermutet: «In Beziehung zur Welt, in der er lebte, erklärte sich Bataille als Azephale und beanspruchte damit, das Bewußtsein zu verkörpern, das ohne Kopf und folglich das Bewußtsein der Abwesenheit eines Weltbewußtseins war – denn die Welt ist selber azephal.»

Alle Begriffe, die aus der Erfahrung des Extremen und der überschrittenen Grenzen gewonnen werden, sind doppeldeutig und haben auch einen Aspekt des Komischen – denn Denken und Lachen galten Bataille als eng verwandt. Ein solcher Begriff ist bei ihm die «Ausgabe». In der bürgerlichen Ökonomie gehört sie zum Berechenbaren, für Bataille ist sie gerade das Unberechnete, sie ist identisch mit der Erotik, dem Fest, dem Opfer. Die Ausgabe ist in diesem Fall die Bereitschaft, sich selbst zu entrinnen, zu verlieren, zu verströmen, preiszugeben. Sie ist auch das Gegenteil der christlichen Sorge um das Heil der einzelnen Seele. Durch diese Sorge ist das Christentum, so meinte Bataille, Vorläufer der bürgerlichen Welt, denn sie ist bereits ein Kult des Nützlichen. Für ihn beginnt die wahre Mystik dort, wo die Angst endet, etwas könnte verlorengehen.

Bataille konzentriert sich – vielleicht läßt sich so am ehesten der Impuls seiner Romane umschreiben – auf jene ‹Augenblicke›, in denen Wachstum zu Ausgabe wird. Deshalb ist er zugleich ein Denker der Arbeitswelt und ein Analytiker und Dichter jener Mächte der Erotik, die sich nicht von der Arbeitswelt her deuten lassen. Auch in der Zeit des Mangels, also in aller bisherigen Geschichte, hat der Mensch sich nicht als arbeitendes, haushaltendes Wesen auf das ‹Notwendige› beschränkt, ist niemals in diesem Sinn ‹rational› gewesen und wird es nie sein. Die Arbeitswelt – so hat es Bataille einmal gesagt – ist von allen Problemen gewiß das dringendste, doch ist es ein lösbares Problem. Die Erotik hingegen bleibe «das Problem der Probleme».

Hierin liegt vielleicht am ehesten die Einheit des über alle Maßen vielfältigen Werkes: daß Georges Bataille historisch und soziologisch die jeweils bestimmbaren Bedingungen untersucht hat und daß er zugleich analytisch und visionär die Extremsituation, die Entgrenzung anstrebt. Die Welt erscheint ihm als ein Knoten von Möglichem und Unmöglichem. Der Dialog des Möglichen und des Unmöglichen – ihn stellt er in rationaler, mitdenkend erfaßbarer Weise in seinen Essays dar, aber zugleich, auf ganz andere Art, in seinen Romanen: als etwas, das uns anspringt, uns übermannt. Hier offenbart sich jene Welt, in der die Sonnenhaftigkeit und die glitschige Obszönität des Auges komplementär sind. Hier offenbart sich auch die Welt, in der eine im wahrsten Sinn des Wortes als *trompe-l'œil* eingesetzte, kitschige Fin de siècle-Dämonie, auf Rémy de Gourmont wie auf Joris-Karl Huysmans zurückgreifend, zum Unterfutter unserer Erfahrung gehört. Das ist die Welt, in der alles Menschlich-Unmenschliche mit jenen Ambiguitäten und Verwechslungen zwischen Tausch und Täuschung zu tun hat, zu denen Hans Bellmers perverse Anatomien am ehesten die graphische Entsprechung bieten.

François Bondy

Die Geschichte des Auges

Das Auge der Katze

Ich bin allein aufgewachsen, und so weit ich zurückdenken kann, hatte ich vor allem, was sexuell war, Angst. Ich war fast sechzehn, als ich Simone, ein Mädchen in meinem Alter, am Strand von X... kennenlernte. Da unsere Familien entfernt verwandt waren, wurden wir rasch vertraut. Wir kannten uns gerade drei Tage, als Simone und ich zum erstenmal allein bei ihr im Haus waren. Sie hatte eine schwarze Kittelschürze an und trug einen gestärkten Kragen. Langsam begann ich zu begreifen, daß sie meine Angst teilte, die an jenem Tage um so heftiger war, als sie unter ihrer Schürze nackt zu sein schien.
Sie trug schwarze, seidene Strümpfe, die ihr bis über das Knie reichten. Noch immer hatte ich sie nicht bis zum Arsch sehen können (dieses Wort, das ich mit Simone immer gebraucht habe, schien mir die schönste der Bezeichnungen für das Geschlecht). Ich stellte mir vor, daß ich ihren Kittel nur hochzuheben brauchte, um ihren nackten Hintern zu erblicken. Im Flur stand ein Teller mit Milch für die Katze.
– Teller sind doch zum Hinsetzen da, sagte Simone. Wollen wir wetten? Ich setze mich auf den Teller.
– Ich wette, daß du es nicht wagst, versetzte ich atemlos.
Es war heiß. Simone hob den Teller auf einen Fußschemel, stellte sich vor mich hin, und ohne mich aus den Augen zu lassen, hockte sie sich nieder und tauchte ihren Hintern in die Milch. Eine Zeitlang stand ich regungslos da, das Blut war

mir in den Kopf geschossen, und ich zitterte, während sie zusah, wie mein steifer Schwanz die Hose spannte. Ich legte mich zu ihren Füßen nieder. Sie rührte sich nicht mehr; zum erstenmal sah ich ihr ‹rosaschwarzes Fleisch›, das sich in der weißen Milch badete. Lange Zeit verharrten wir regungslos, einer so rot wie der andere.

Plötzlich erhob sie sich: die Milch rann ihr an den Schenkeln bis zu den Strümpfen nieder. Sie setzte einen Fuß auf den kleinen Schemel und trocknete sich im Stehen, über meinem Kopf, mit ihrem Taschentuch ab. Ich rieb mir den Schwanz und wand mich am Fußboden. Ohne daß wir einander berührt hätten, gelangten wir, beide im gleichen Augenblick, zum Genuß. Doch als ihre Mutter nach Hause kam, nutzte ich, in einem tiefen Sessel sitzend, den Moment aus, als das junge Mädchen sich in die mütterlichen Arme schmiegte: ich hob ihre Kittelschürze hoch, und ohne bemerkt zu werden, schob ich ihr meine Hand zwischen die heißen Schenkel.

Ich stürmte nach Hause, begierig, mich weiter zu wichsen. Am nächsten Tag hatte ich blaue Schatten um die Augen. Nachdem Simone mir lange ins Gesicht geschaut hatte, vergrub sie ihren Kopf an meiner Schulter und sagte: «Ich will nicht, daß du es ohne mich tust.»

So begannen zwischen mir und dem jungen Mädchen Liebesbeziehungen, so eng und so zwingend, daß selten eine Woche verging, ohne daß wir uns sahen. Und doch haben wir sozusagen niemals davon gesprochen. Ich weiß, daß sie in meiner Gegenwart ähnliche, schwer zu beschreibende Gefühle hat wie ich. Ich erinnere mich noch daran, wie wir eines Tages mit rasender Geschwindigkeit im Wagen fuhren. Ich brachte eine hübsche junge Radfahrerin zu Fall, deren Kopf fast abgerissen wurde von den Rädern. Lange Zeit betrachteten wir die Tote. Der Schrecken und die Verzweiflung, die von diesem teils ekelhaften, teils zarten Fleisch aufstiegen, rufen dasselbe Gefühl hervor, das wir immer dann empfinden, wenn wir einander anschauen. Im allgemeinen ist Simone schlicht und natürlich. Sie ist groß und hübsch. Weder in ihrem Blick noch in ihrer Stimme liegt irgend etwas Verzweiflungsvolles. Aber sie verlangt so wild nach allem, was die Sinne verwirrt, daß der leiseste Anruf ihrem Gesicht einen Zug verleiht, der an Blut, an jähen Schrecken, an Verbrechen erinnert, an all das, was für immer die Glückseligkeit und das gute Gewissen zerstört. Diese stumme und absolute Verkrampfung – die ich mit ihr teilte – sah ich bei ihr zum erstenmal an dem Tage, als sie ihren Hintern in die Milch tauchte. Nur in solchen Momenten sehen wir uns aufmerksam an. Nur in den kurzen Minuten der Entspannung, die auf den Orgasmus folgen, sind wir fähig zur Ruhe und zum Genuß.

Hier muß ich erwähnen, daß lange Zeit verging, ehe wir miteinander schliefen. Wir nutzten alle Gelegenheiten aus, um uns unseren Spielen zu überlassen. Wir waren nicht schamlos, im Gegenteil, aber eine Art von Befangenheit zwang uns, der Scham zu trotzen. So zog sie mir gleich, nachdem sie mich gebeten hatte, es nicht mehr allein zu tun (wir hatten uns oben an einer Steilküste getroffen), die Hose herunter. Ich mußte mich auf die Erde legen, sie raffte ihren Rock hoch und setzte sich auf meinen Leib, um sich über mir zu vergessen. Ich steckte ihr einen Finger in den Arsch, der feucht von meinem Samen war. Dann legte sie sich hin, den Kopf an meiner Rute, und indem

sie sich mit den Knien auf meine Schultern stützte, streckte sie mir ihren Arsch entgegen, während ich meinen Kopf auf derselben Höhe hielt.
– Kannst du nicht in die Luft bis zu meinem Arsch pissen? fragte sie mich.
– Doch, antwortete ich, aber es wird über dein Kleid und über dein Gesicht fließen.
– Soll es doch, sagte sie, und ich tat, wie sie gesagt hatte, aber kaum hatte ich es getan, da überschwemmte ich sie aufs neue, diesmal mit weißem Samen.
Der Geruch des Meeres vermischte sich mit dem der feuchten Wäsche, mit dem Geruch unserer nackten Leiber und dem des Samens. Die Nacht brach herein, und wir verharrten noch immer regungslos in derselben Haltung, als wir plötzlich Schritte im Gras hörten.
– Rühr dich nicht, flehte Simone.
Der Schritt stockte; es war unmöglich, zu sehen, wer sich näherte. Wir hielten die Luft an. Der aufgerichtete Arsch Simones war wie ein machtvolles Gebet: er war vollkommen mit seinen festen und zarten, tief gefurchten Backen. Ich zweifelte keinen Augenblick, daß der Unbekannte oder die Unbekannte ihm auf der Stelle erliegen würde und sich gezwungen sähe, sich seinerseits zu entblößen. Wieder hörte man die Schritte, fast ein Laufschritt jetzt, und ich sah ein bezauberndes blondes junges Mädchen auftauchen, Marcelle, die reinste und rührendste unter unseren Freunden. Aber wir waren zu verkrampft in unserer Stellung, um auch nur einen Finger rühren zu können, und unsere unglückselige Freundin ließ sich plötzlich schluchzend ins Gras fallen. Erst in diesem Augenblick lösten wir uns und warfen uns über den verlassenen Körper. Simone hob ihr den

Rock hoch, riß ihr den Schlüpfer herunter und zeigte mir trunken einen neuen Arsch, der ebenso schön war wie der ihre. Ich küßte ihn voll Gier und begann Simone zu reiben, deren Beine jetzt die Hüften der ihnen fremden Marcelle umschlossen hielten, die nichts mehr als ihr Schluchzen verbarg.

– Marcelle, rief ich, ich flehe dich an, weine nicht mehr. Ich möchte, daß du mich auf den Mund küßt.

Simone streichelte die schönen glatten Haare Marcelles und bedeckte ihren ganzen Körper mit Küssen.

Unterdes war am Himmel ein Gewitter aufgezogen, und als es Nacht wurde, begannen dicke Regentropfen zu fallen, die nach der erstickenden Hitze eines drückenden Tages Linderung brachten. Das Meer toste schon, übertönt vom langen Rollen des Donners, und Blitze beleuchteten die beiden befriedeten Ärsche der stumm gewordenen jungen Mädchen wie mit hellem Tageslicht. Ein brutaler Wahnsinn belebte unsere drei Körper. Zwei junge Münder stritten sich um meinen Arsch, meine Hoden und meinen Schwanz, und ich hörte nicht auf, die Beine der Mädchen zu spreizen, die feucht von Speichel und Samen waren. So als wollte ich dem Würgegriff eines Ungeheuers entfliehen, und dieses Ungeheuer war die Gewalt meiner eigenen Bewegungen. Der warme Regen fiel in Strömen und rann uns über den ganzen Körper. Schwere Donnerschläge erschütterten uns, vermehrten unsere Wut, entrissen uns Schreie, die bei jedem Blitz durch den Anblick unserer Geschlechtsteile noch lauter wurden. Simone hatte eine Pfütze gefunden und wälzte sich im Schlamm: sie erregte sich mit Erde, und die

Lust überkam sie, und gepeitscht vom Gewitterguß, hielt sie meinen Kopf zwischen ihren mit Erde verschmutzten Beinen und suhlte ihr Gesicht in der Pfütze, wo sie brutal Marcelles Arsch knetete, den einen Arm um ihre Hüfte geschlungen, während sie ihr mit der Hand gewaltsam die Schenkel öffnete.

Der normannische Schrank

Seit jener Zeit war Simone der Manie verfallen, Eier mit dem Hintern zu zerbrechen. Dazu setzte sie sich so hin, daß ihr Kopf auf dem Sitz eines Sessels zu liegen kam, ihr Rücken sich an die Lehne schmiegte und ihre gekrümmten Beine sich zu mir hin öffneten, während ich mir den Schwanz rieb, um ihr meinen Samen ins Gesicht zu spritzen. Sodann legte ich ihr das Ei auf das Loch: sie fand Vergnügen daran, es in der tiefen Spalte hin und her zu bewegen. Und in dem Moment, da der Samen hervorschoß, zerbrachen die Hinterbacken das Ei, und die Lust überwältigte sie, während ich, mein Gesicht in ihren Arsch tauchend, in der überfließenden Schmutzlache verging.
Es blieb nicht aus, daß ihre Mutter unserem Treiben auf die Spur kam. Aber diese unendlich sanftmütige Frau, die selbst ein exemplarisches Leben führte, begnügte sich damit, als sie uns das erste Mal überraschte, dem Spiel wortlos zuzuschauen, so daß wir sie nicht einmal bemerkten: ich kann mir vorstellen, daß sie vor Schreck nicht den Mund aufbekam. Doch als wir fertig waren (und schnell die Unordnung beseitigen wollten), erblickten wir sie: sie stand in der offenen Tür.
– Tu so, als hättest du sie nicht gesehen, sagte Simone zu mir und fuhr fort, ihren Arsch abzutrocknen.
Dann verließen wir, ohne Eile, das Zimmer.
Einige Tage darauf, als Simone und ich im Gebälk einer Garage herumturnten, pißte sie auf ihre Mutter hinunter, die unter ihr stehengeblieben war, ohne sie gesehen zu haben. Die alte Dame

trat zur Seite und sah uns mit so traurigen Augen an, mit so entgeisterter Miene, daß unsere Lust erwachte. Simone, die in Gelächter ausbrach, streckte mir, auf allen vieren, ihren Arsch entgegen. Ich entblößte sie, und trunken, sie vor ihrer Mutter nackt zu sehen, begann ich mich zu befriedigen.

Nachdem wir Marcelle eine Woche lang nicht mehr gesehen hatten, trafen wir sie eines Tages auf der Straße. Das blonde Mädchen, schüchtern und in naiver Frömmigkeit befangen, errötete so tief, daß Simone sie mit ungewohnter Zärtlichkeit umarmte.

– Entschuldige, Marcelle, sagte sie leise. Was neulich geschah, war böse. Aber das soll uns nicht hindern, daß wir jetzt Freunde werden. Ich verspreche dir: wir werden nie wieder versuchen, dich zu berühren.

Marcelle, die über keinerlei Willenskraft verfügte, war einverstanden, uns zu begleiten und bei Simone in Gesellschaft einiger Freunde von uns Tee zu trinken. Aber statt Tee tranken wir Champagner im Überfluß.

Der Anblick der errötenden Marcelle hatte uns erregt. Wir waren uns einig, Simone und ich, wir wußten, daß uns nichts mehr zurückhalten würde. Außer Marcelle waren noch drei andere hübsche Mädchen und zwei Jungen gekommen. Wir waren also zu acht, und der älteste von uns war noch keine siebzehn Jahre. Das Getränk tat seine Wirkung, aber außer Simone und mir war niemand in der Weise erregt, wie wir es uns vorgestellt hatten. Ein Phonograph half uns aus der Verlegenheit. Simone begann, allein einen frenetischen Ragtime zu tanzen, und zeigte ihre Beine bis zum Arsch. Die anderen Mädchen, aufgefordert, es ihr gleichzutun, waren viel zu ausgelassen, um sich noch zu zieren. Gewiß, sie hatten Schlüpfer an, aber die verbargen nicht viel. Nur Marcelle, berauscht und schweigsam, weigerte sich, zu tanzen.

Simone, die so tat, als ob sie vollständig betrunken sei, knüllte ein Tischtuch zusammen, hielt es in die Höhe und schlug eine Wette vor:

– Wollen wir wetten, sagte sie, daß ich in dieses Tischtuch vor euch allen Pipi mache?

Im Grunde war es eine Gesellschaft alberner junger Leute, die gern den Mund vollnahmen. Einer der Jungen ging auf die Wette ein. Den Preis sollte später der Gewinner bestimmen. Ohne Zögern näßte Simone das Tischtuch. Und in ihrer Dreistigkeit riß sie es in Fetzen, so daß die jungen Narren vollends aus der Fassung gerieten.

– Da ich mir den Preis aussuchen kann, sagte Simone zu dem Verlierer mit heißer Stimme, ziehe ich Ihnen jetzt vor allen die Hosen herunter.

Das war nicht weiter schwierig. Nachdem die Hose herunter war, zog Simone ihm auch das Hemd aus (um ihn nicht der Lächerlichkeit preiszugeben). Noch war indes nichts Schwerwiegendes geschehen: kaum daß Simone den Schwanz ihres Gegenspielers mit leichter Hand gestreichelt hatte. Doch sie dachte nur an Marcelle, die mich anflehte, sie gehen zu lassen.

– Wir haben dir versprochen, dich nicht zu berühren, Marcelle, warum also willst du gehen?

– Darum, sagte sie hartnäckig. (Eine panische Angst bemächtigte sich ihrer.)

Plötzlich, zum Schrecken aller, stürzte Simone zu Boden. Eine wie toll sich steigernde Verwirrung versetzte sie in Aufruhr. Mit zerzausten Kleidern, den Arsch in der Luft, rollte sie wie unter einem epileptischen Anfall vor den Füßen des Jungen hin und her, dem sie die Hose ausgezogen hatte, und stammelte zusammenhanglose Worte:

– Piß auf mich... piß mir in den Arsch, rief sie wieder und wieder, als sei sie am Verdursten.

Marcelle sah dem Schauspiel starr zu: sie war tief errötet. Ohne mich anzusehen, sagte sie zu mir, sie wolle ihr Kleid ausziehen... Ich streifte es ihr ab und befreite sie von ihrer Wäsche; den Strumpfhaltergürtel und die Strümpfe behielt sie an. Nachdem sie sich von mir widerstrebend hatte streicheln und auf den Mund küssen lassen, durchquerte sie das Zimmer wie eine Nachtwandlerin, steuerte auf einen großen normannischen Schrank zu und schloß sich darin ein (im Vorübergehen hatte sie Simone ein paar Worte ins Ohr geflüstert).

Sie wollte sich in diesem Schrank befriedigen und flehte uns an, wir sollten sie allein lassen.

Hier muß gesagt werden, daß wir inzwischen alle betrunken waren und einer den andern an Verwegenheit übertrumpfte. Ein Mädchen lutschte den Schwanz des nackten Jungen. Simone stand mit hochgerafftem Rock da und rieb ihre Hinterbacken an dem Schrank, aus dem man das heftige Keuchen der sich befingernden Marcelle hörte.

Plötzlich geschah etwas Irres: ein seltsames Wassergeräusch, dann das Erscheinen eines Rinnsals und schließlich eines Baches unter der Schranktür. Die unglückselige Marcelle hatte in den Schrank gepißt, als die Lust sie überwältigte. Der Ausbruch trunkenen Gelächters, der darauf folgte, ging in eine Orgie niedersinkender Körper, stampfender Beine und in die Luft gestreckter Hintern, durchnäßter Röcke und spritzenden Spermas

über. Das Gelächter hörte sich wie unfreiwilliges Schlucken und Prusten an, vermochte jedoch kaum den Sturm auf die Ärsche und Schwänze aufzuhalten. Dann aber hörte man die traurige Marcelle einsam und immer lauter schluchzen in ihrem selbstgewählten Pissoir, das ihr jetzt als Gefängnis diente.
Eine halbe Stunde später, als ich nicht mehr ganz so betrunken war, kam mir die Idee, Marcelle aus dem Schrank herauszuhelfen. Das unglückliche Mädchen war verzweifelt. Sie zitterte und klapperte mit den Zähnen vor Fieber. Als sie mich erblickte, bezeigte sie einen krankhaften Abscheu. Ich war bleich, blutbefleckt, liederlich gekleidet. Hinter mir lagen, in wildem Durcheinander, schmutzige nackte Körper auf dem Boden. Zwei von uns hatten sich an Glassplittern geschnitten und bluteten; ein Mädchen erbrach sich; wir waren von einem so gewaltsamen, unbändigen Lachen geschüttelt worden, daß der eine seine Kleidung, der andere seinen Sessel oder die Dielen bepißt hatte. Der so entstandene Gestank von Blut, Sperma, Urin und Erbrochenem ließ einen schaudernd zurückweichen, doch mehr noch erschreckte mich der Schrei, der aus Marcelles Kehle hervorbrach. Simone allerdings schlief – mit unbedecktem Leib, die Hand auf ihrem Fell, das Gesicht befriedigt.

Marcelle, die stolpernd und unter wirren Lauten durch das Zimmer gestürzt war, wich, nachdem sie mich ein zweites Mal angesehen hatte, vor mir zurück wie vor dem Tod. Sie sank zu Boden und stimmte eine Litanei unmenschlicher Schreie an. Diese Schreie brachten mich erstaunlicherweise wieder zu mir. Leute würden angelaufen kommen, das war unvermeidlich. Nicht daß ich daran dachte zu fliehen oder den Skandal nach Möglichkeit zu vermindern. Im Gegenteil, entschlossen öffnete ich die Tür: welch ein Schauspiel, welch unerhörte Lust! Leicht kann man sich die Schrekkensrufe vorstellen, die Schreie, die unangemessenen Drohungen der Eltern, als sie das Zimmer betraten: das Schwurgericht, das Zuchthaus, das Schafott wurden unter flammenden Reden und krampfhaft ausgestoßenen Verwünschungen heraufbeschworen. Auch unsere Freunde hatten angefangen zu jammern. Ja, sie steigerten sich in einen Rausch von Schreien und Tränen: man hätte meinen können, sie seien wie Fackeln in Brand gesteckt worden.

Und dennoch, welch ein Greuel! Es schien, als könnte nichts dem tragikomischen Wahnsinn dieser Narren ein Ende machen. Die noch immer nackte Marcelle hörte nicht auf, unter wilden Gesten ein unmögliches moralisches Leiden und ein unmögliches Schaudern in Schreie zu übersetzen; sie biß ihrer Mutter ins Gesicht, in die Arme, die sich vergebens bemühte, sie zu zähmen.

Der jähe Einbruch der Eltern hatte vollends zerstört, was ihr noch an Vernunft geblieben war. Man mußte die Polizei zu Hilfe holen. Das ganze Viertel wurde Zeuge eines unerhörten Skandals.

Der Duft Marcelles

Meine Eltern waren nicht aufgetaucht. Gleichwohl hielt ich es für ratsam, den Zorn eines alten Vaters – Musterexemplar eines senilen und katholischen Generals – zu fliehen. Ich schlich mich durch eine Hintertür ins Haus, um mir genügend Geld zu stehlen. Da ich ganz sicher war, daß man mich überall, nur nicht in der Umgebung meines Vaters suchen würde, ging ich in sein Zimmer, um zu baden. Um zehn Uhr abends war ich draußen im Freien, nachdem ich auf dem Nachttisch meiner Mutter einen Zettel hinterlassen hatte mit den Worten: «Ich bitte Euch, schickt mir nicht die Polizei hinterher. Ich habe einen Revolver bei mir. Die erste Kugel wird den Gendarm, die zweite mich treffen.»

Ich habe mich nie darum bemüht, so etwas wie eine bestimmte Haltung an den Tag zu legen. Es kam mir nur darauf an, meine Familie, die nichts so sehr haßte wie den Skandal, etwas unsicher zu machen. Dennoch, nachdem ich die Worte unbekümmert und nicht ohne zu kichern niedergeschrieben hatte, fand ich es doch angebracht, den Revolver meines Vaters einzustecken.

Ich wanderte fast die ganze Nacht am Meer entlang, ohne daß ich mich jedoch weit von X... entfernte, da es eine Küste mit vielen kleinen Buchten war. Das Laufen sollte mich beruhigen, aber mein Wahn hielt mir gegen meinen Willen immer neue Trugbilder von Simone und Marcelle vor. Nach und nach faßte ich den Vorsatz, mich zu töten; als ich den Revolver in der Hand hielt, ging mir der Sinn von Worten wie Hoffnung oder

Hoffnungslosigkeit vollends verloren. In meinem Überdruß empfand ich die Notwendigkeit, meinem Leben trotz allem einen Sinn zu geben. Diesen Sinn würde es in dem Maße erhalten, in dem ich bestimmte Ereignisse für wünschenswert hielt. Ich akzeptierte es, daß Namen mich heimsuchten: *Simone*, *Marcelle*. Ich mochte noch so sehr lachen, ich trieb auf eine phantastische Übereinkunft zu, ein Zusammenspiel, in dem meine sonderbarsten Regungen sich auf immer mit den ihren verbinden würden.

Tagsüber schlief ich im Wald, und bei Einbruch der Nacht suchte ich Simone auf. Über eine Mauer sprang ich in den Garten. Das Zimmer meiner Freundin war hell erleuchtet: ich warf ein paar Steine ans Fenster. Simone kam herunter. Fast ohne ein Wort zu sagen, gingen wir in Richtung auf das Meer davon. Wir waren froh, uns wiederzusehen. Es war inzwischen dunkel, und von Zeit zu Zeit hob ich ihren Rock, streichelte ihr den Arsch: ohne jedes Lustgefühl. Sie setzte sich hin, ich legte mich zu ihren Füßen nieder: ich spürte, daß ich weinen würde. Ich weinte lange über dem Sand.

– Was hast du, fragte Simone.

Im Spaß gab sie mir einen Tritt mit dem Fuß. Dabei stieß ihr Fuß gegen den Revolver in meiner Tasche. Ein furchtbarer Knall ließ uns aufschreien. Ich war nicht verletzt, und ich stand da, aufrecht, wie in eine andere Welt versetzt. Simone selbst war bleich und aufgelöst.

An jenem Abend kam uns nicht einmal der Gedanke, uns befriedigen zu wollen.

Wir küßten uns lange auf den Mund, was wir bisher noch nie getan hatten.

Mehrere Tage brachte ich auf solche Weise zu;

spät in der Nacht betraten wir das Haus. Wir legten uns in ihrem Zimmer ins Bett, wo ich bis zum nächsten Abend versteckt blieb. Simone brachte mir etwas zu essen. Ihre Mutter, die nicht über die geringste Autorität verfügte (am Tage des Skandals hatte sie im gleichen Augenblick, als sie die Schreie hörte, das Haus verlassen), fand sich mit der Situation ab. Und die Dienstboten hatte Simone schon seit langem durch Geld auf ihre Seite gebracht.

Von ihnen erfuhren wir die näheren Umstände der Einweisung Marcelles und den Namen der Heilanstalt, wo man sie in Gewahrsam hielt. Seit dem ersten Tag galt alle unsere Sorge ihr, ihrem Wahnsinn, der Einsamkeit ihres Körpers, den Möglichkeiten, zu ihr zu gelangen und ihr vielleicht gar zur Flucht zu verhelfen.

Eines Tages versuchte ich Simone Gewalt anzutun.

– Du bist verrückt, mein Kleiner! schrie sie. Daran habe ich kein Interesse, im Bett, wie eine Familienmutter! Nein, mit Marcelle ...

– Was sagst du da? fragte ich enttäuscht, aber im Grunde einig mit ihr.

Sie besann sich und sagte zärtlich mit verträumter Stimme: – ... wenn sie zusieht, wie wir miteinander schlafen ... muß sie Pipi machen ... so ...

Und ich fühlte, wie eine zauberhafte Flüssigkeit über meine Beine rann. Als sie fertig war, überschwemmte ich sie meinerseits. Ich erhob mich, hockte mich auf ihren Kopf und verschmierte ihr das Gesicht mit Samen. Über und über besudelt, überkam sie eine irre Lust. Sie sog unseren Glücksgeruch ein.

– Du riechst nach Marcelle, sagte sie und hob ihre Nase meinem noch feuchten Arsch entgegen.

Oftmals bemächtigte sich unserer die schmerzhafte Lust, uns paaren zu wollen. Aber es kam uns niemals die Idee, es ohne Marcelle zu tun, deren Schreie uns noch immer in den Ohren gellten und Teil unseres Verlangens, unserer wildesten Wünsche waren. Unter solchen Bedingungen war unser Traum nur ein langer Albtraum. Das Lächeln Marcelles, ihre Jugend, ihr Schluchzen, die Scham, die sie erröten machte und dazu brachte, daß sie, rot bis zum Angstschweiß, sich die Kleider herunterriß, ihre hübschen runden Hinterbacken fremden, unreinen Mündern überließ, das Delirium, das sie dazu getrieben hatte, sich in den Schrank einzuschließen und sich dort so hemmungslos der Lust zu überlassen, daß sie nicht mehr hatte an sich halten können und gepißt hatte – das alles entstellte, verzerrte, zerfetzte unsere Begierden auf immer. Simone, deren Verhalten im Verlaufe des Skandals infernalischer denn je gewesen war (sie hatte nicht einmal ihre Blöße bedeckt, im Gegenteil, sie hatte weit die Beine geöffnet), konnte nicht mehr vergessen, wie sehr der unvorhergesehene, der durch ihre eigene Schamlosigkeit, die animalischen Schreie und die Nacktheit Marcelles hervorgerufene Orgasmus an Macht und Stärke alles übertroffen hatte, was sie sich bis dahin je ausgemalt hatte. Und ihr Arsch tat sich vor mir nicht auf, ohne daß das Gespenst der tollwütigen, rasenden oder errötenden Marcelle ihren Gelüsten ein überwältigendes Ausmaß verlieh, so als müsse das Sakrileg alles abscheulich und schändlich machen. Die sumpfigen Regionen des Arsches – denen allenfalls die Tage des Hochwassers und der Gewittergüsse oder die erstickenden Emanationen der Vulkane gleichkommen und die, wie Gewit-

ter und Vulkane, nicht anders als mit verheerender Gewalt zu brodeln beginnen –, diese hoffnungslosen Regionen, die Simone mich in einer Stürme verheißenden Hingabe wie hypnotisiert betrachten ließ, waren für mich von nun an nur noch das unterirdische Reich einer in ihrem Gefängnis gemarterten und von Albträumen heimgesuchten Marcelle. Ich begriff nichts mehr, aber ich wußte, bis zu welchem Grade der Orgasmus das Gesicht des jungen Mädchens verheert hatte, dessen Schluchzen nur von gequälten Schreien unterbrochen wurde.
Simone ihrerseits sah nicht mehr den Samen, den ich verspritzte, ohne zugleich den Mund und den Arsch Marcelles, über und über besudelt, vor sich zu sehen.
– Du könntest ihr mit deinem Samen das Gesicht peitschen, sagte sie zu mir, indem sie sich selbst damit den Arsch beschmierte, «daß es nur so dampfte».

Ein Fleck Sonne

Wir interessierten uns nicht mehr für andere Mädchen oder Jungen. Wir dachten nur noch an Marcelle. In kindischer Weise malten wir uns aus, wie sie sich eigenhändig erhängte, und stellten uns ihr heimliches Begräbnis vor, gespenstische Totenriten. Eines Abends schließlich, nachdem wir uns genau erkundigt hatten, nahmen wir unser Rad und fuhren zu dem Irrenhaus, wo unsere Freundin eingesperrt war. In weniger als einer Stunde hatten wir die zwanzig Kilometer hinter uns gebracht, die uns von jenem Schloß trennten, das, von einem Park umgeben, einsam an einer Steilküste über dem Meer lag. Wir wußten, daß Marcelle das Zimmer Nr. 8 hatte, aber um es zu finden, hätten wir in das Gebäude gelangen müssen. So blieb uns nur der Weg durch das Fenster ihres Zimmers, doch mußten wir zuvor die Gitterstäbe zersägen. Als wir gerade darüber nachdachten, wie wir das Fenster ihres Zimmers erkennen könnten, zog eine seltsame Erscheinung unsere Aufmerksamkeit auf sich. Wir waren über die Mauer gesprungen und befanden uns in dem Park unter den von heftigen Windstößen geschüttelten Bäumen, da öffnete sich in der ersten Etage ein Fenster, und eine schattenhafte Gestalt wurde sichtbar, die ein Bettlaken an einem der Gitterstäbe befestigte. Das Laken schlug sogleich im Wind, das Fenster wurde wieder geschlossen, ehe wir die Gestalt noch hätten erkennen können.

Es fällt schwer, sich das Geknatter dieses riesigen weißen, sturmgepeitschten Lakens vorzustellen:

es übertönte bei weitem das Tosen des Meeres und des Windes. Zum erstenmal sah ich Simone von etwas anderem als ihrer eigenen Schamlosigkeit verängstigt; sie preßte sich an mich, ihr Herz schlug heftig, und starren Blicks betrachtete sie, wie jenes weiße Gespenst in der Nacht wütete, so als habe der Wahnsinn selber sein Banner über diesem schaurigen Schloß gehißt.
Wir verharrten regungslos, Simone in meine Arme geschmiegt, ich selber verstört, als plötzlich der Wind die Wolken auseinandertrieb und der Mond mit enthüllender Deutlichkeit etwas so Seltsames und Herzzerreißendes beleuchtete, daß ein heftiger Schluchzer in Simones Kehle erstickte: das Laken, das sich mit einem klatschenden Geräusch im Wind entfaltete, war in der Mitte von einem großen, feuchten Fleck gezeichnet, der im durchscheinenden Mondlicht erglänzte.
Wenige Augenblicke später verschleierten aufs neue schwarze Wolken die Mondscheibe: alles tauchte ins Dunkel zurück.
Ich stand da, halb erstickt, die Haare im Wind, und weinte wie ein vom Unglück Geschlagener, während Simone, die ins Gras gesunken war, sich zum erstenmal von einem großen Kinderschluchzen schütteln ließ.

So war es also unsere unglückselige Freundin, so war es also mit Sicherheit Marcelle gewesen, die das lichtlose Fenster geöffnet hatte; sie war es gewesen, die an die Gitterstäbe ihres Gefängnisses dieses Halluzinationen zeugende Signal der Verzweiflung gehängt hatte. Es war deutlich, sie mußte sich in ihrem Bett befriedigt und in der großen Verwirrung ihrer Sinne das Laken durchnäßt haben; wir aber waren Zeuge gewor-

den, wie sie es am Fenstergitter befestigt und zum Trocknen hinausgehängt hatte.
Ich wußte nicht mehr, was ich in diesem Park tun sollte, vor diesem falschen Lustschloß mit den vergitterten Fenstern. Ich ging davon und ließ Simone auf dem Rasen zurück. Ich wollte nur einen Moment allein sein, wieder zu Atem kommen, doch dann entdeckte ich ein nicht vergittertes Fenster im Erdgeschoß, das nur angelehnt war. Ich versicherte mich meines Revolvers in der Tasche und stieg durch das Fenster: es war ein Salon wie jeder andere. Mit Hilfe einer Taschenlampe gelangte ich in ein Vorzimmer, dann ins Treppenhaus. Ich konnte nichts erkennen, ich wußte nicht, wohin mich wenden: die Zimmer hatten keine Nummern. Im übrigen war ich ganz unfähig, irgend etwas zu begreifen, ich war wie behext: ich wußte in diesem Augenblick nicht einmal, warum ich mir die Hose auszog und meinen bangen Erkundungsgang im Hemd fortsetzen wollte. Ich zog meine Kleidungsstücke eines nach dem anderen aus, legte sie über einen Stuhl und behielt nur die Schuhe an. Die Taschenlampe in der linken, den Revolver in der rechten Hand ging ich aufs Geratewohl los. Ich vernahm ein leises Geräusch und löschte sogleich meine Lampe. Regungslos blieb ich stehen, aber ich hörte nur meinen unregelmäßigen Atem. Lange, angstvolle Minuten verstrichen. Als ich nichts vernahm, knipste ich meine Lampe wieder an: ein kurzer Schrei, und ich floh und lief so schnell davon, daß ich meine Sachen auf dem Stuhl vergaß.
Ich fühlte, daß ich verfolgt wurde; ich eilte mich, hinauszugelangen; ich sprang aus dem Fenster und verbarg mich in einer Allee. Kaum hatte ich mich umgewandt, als ich eine nackte Frau erblickte, die

sich in dem Rahmen des offenen Fensters aufrichtete: sie sprang wie ich in den Park und rannte in Richtung der Dornbüsche davon.

In all diesen angstvollen Minuten war nichts so befremdlich wie meine Nacktheit im Wind in der Allee eines unbekannten Gartens. Es war, als ob ich die Erde verlassen hätte, um so mehr, als der laue Sturm mich dazu einzuladen schien. Ich wußte nicht, wohin mit dem Revolver: ich hatte ja keine Taschen mehr. Ich folgte der Frau, die ich hatte vorübereilen sehen, so als wollte ich sie niederschlagen. Das Brausen der wütenden Elemente, das Klatschen der Bäume und Knattern des Lakens vollendeten die Verwirrung. Nichts in meinen Absichten, nichts in meinen Bewegungen war noch faßbar.

Ich hielt inne; ich stand vor dem Dornbusch, wo soeben der Schatten verschwunden war. Von Sinnen, den Revolver in der Hand, schaute ich mich um: im gleichen Augenblick zerriß mein Körper; eine speichelfeuchte Hand hatte meinen Schwanz ergriffen und rieb ihn, ein nasser brennender Kuß drang zu meinem Arsch vor, die nackte Brust, die nackten Beine einer Frau preßten sich unter einem zuckenden Orgasmus an meine Beine. Mir blieb gerade noch Zeit, mich herumzudrehen, um meinen Samen Simone ins Gesicht zu spucken; den Revolver noch immer in der Hand, durchlief mich ein Schauer von nicht minderer Gewalt als der Sturm, meine Zähne klapperten, meine Lippen schäumten, mit verrenkten Armen, verkrampften Händen hielt ich den Revolver und drückte wider Willen ab, so daß drei Schüsse, schreckenerregend und blind, in Richtung des Schlosses losgingen.

Trunken und erschlafft waren Simone und ich geflohen, einer vor dem anderen, und jagten wie

Hunde über den Rasen. Der Sturm tobte zu heftig, als daß der Knall der Schüsse die Bewohner des Schlosses geweckt hätte. Doch als wir jetzt zu dem Fenster hinaufschauten, wo das Laken knatterte, stellten wir erstaunt fest, daß die eine Kugel ein sternförmiges Loch in eine der Scheiben gerissen hatte, und dann sahen wir, wie dieses Fenster sich zögernd öffnete und die schattenhafte Gestalt ein zweites Mal erschien.
Niedergeschmettert, so als müßte die blutende Marcelle im Fensterrahmen jeden Moment vor unseren Augen tot vornüberfallen, blieben wir angesichts dieser Erscheinung wie angewurzelt stehen, ohne uns indes mit ihr verständigen zu können, so sehr tobte der Sturm.
– Wo hast du deine Kleider gelassen? fragte ich gleich darauf Simone.
Sie erzählte mir, sie habe mich gesucht, und da sie mich nicht fand, sei sie schließlich wie ich in das Schloß eingedrungen, habe sich aber, bevor sie durch das Fenster kletterte, ausgezogen, um auf diese Weise, so hätte sie gemeint, ‹freier› zu sein. Und als sie dann, nach mir und durch mich erschreckt, wieder herausgekommen sei, habe sie ihre Sachen nicht wiederfinden können. Der Wind mußte sie fortgeweht haben. Unterdessen beobachtete sie Marcelle und dachte nicht daran, mich zu fragen, warum ich denn nackt sei.
Das junge Mädchen am Fenster verschwand. Ein Augenblick verstrich, der uns unendlich lang vorkam; sie machte Licht in ihrem Zimmer, dann erschien sie wieder, um die frische Luft zu atmen, und blickte in Richtung des Meeres. Ihr glattes, glanzloses Haar wehte im Wind. Wir erkannten die Züge ihres Gesichts: sie hatte sich nicht verändert, außer daß in ihrem Blick eine wilde Unruhe

war, die nicht zu der noch kindlichen Einfachheit ihrer Züge paßte. Sie wirkte eher wie dreizehn als wie sechzehn Jahre alt. Ihr in ein leichtes Nachthemd gehüllter Körper war schmal, aber rund, fest und unauffällig, ebenso schön wie ihr starrer Blick. Als sie uns endlich erkannte, schien die Überraschung ihr das Leben zurückzugeben. Sie schrie etwas, aber wir konnten nichts verstehen. Wir gaben ihr Zeichen. Sie wurde rot bis über die Ohren. Simone, die den Tränen nahe war und der ich liebevoll die Stirn streichelte, schickte ihr Küsse hinauf, die sie ohne zu lächeln beantwortete. Schließlich ließ Simone ihre Hand über ihren Leib hinuntergleiten und legte sie auf das Fell. Marcelle tat es ihr gleich. Dabei setzte sie den einen Fuß auf den Fenstersims und entblößte das Bein, das ein weißer Seidenstrumpf fast bis zu ihren blonden Schamhaaren hinauf umschlossen hielt. Seltsam, sie trug einen weißen Gürtel und weiße Strümpfe, während die schwarze Simone, deren Arsch in meiner Hand lag, einen schwarzen Gürtel und schwarze Strümpfe trug.
Unterdes befriedigten sich die jungen Mädchen mit kurzen, jähen Bewegungen, die Gesichter einander zugewandt in dieser stürmischen Nacht. Fast bewegungslos und angespannt standen sie da, die Augen in maßloser Lust erstarrt. Dann schien es, als risse ein unsichtbares Ungeheuer Marcelle von dem Gitterstab fort, den ihre linke Hand mit aller Kraft umschlossen hielt: wir sahen sie zusammenbrechen, zurückfallen in ihren Wahnsinn. Und vor uns war nichts mehr als ein leeres erleuchtetes Fenster, ein rechteckiges Loch, das die schwarze Nacht durchstieß und vor unseren müden Augen eine aus Blitz und Morgenrot geschaffene Welt auftat.

Ein Blutstrahl

Bei Urin muß ich stets an Salpeter denken und bei einem Blitzstrahl – ich weiß nicht, warum – an ein altes Nachtgeschirr aus brüchigem Ton, das an einem regnerischen Herbsttag verloren auf dem Zinkdach einer Provinzwäscherei steht. Seit jener ersten Nacht in der Irrenanstalt sind diese trostlosen Vorstellungen in dem dunkelsten Teil meines Geistes eng verbunden geblieben mit Marcelles feuchtem Geschlecht und ihrem niedergeschlagenen Gesichtsausdruck. Doch dann wurde diese Landschaft meiner Imagination plötzlich von einem Strahl aus Licht und Blut überflutet: Marcelle konnte nicht genießen, ohne sich zu überschwemmen, nicht mit Blut, aber mit einem hellen und in meinen Augen sogar leuchtenden Urinstrahl. Dieser Strahl, zunächst heftig, unterbrochen wie ein Schluckauf, dann frei strömend, traf mit einem Aufsteigen unmenschlicher Lust zusammen. Es ist nicht verwunderlich, daß die ödesten und leprösesten Traumbilder nichts anderes als ein Drängen in dieser Richtung sind; sie entsprechen dem hartnäckigen Warten auf einen Ausbruch und ähneln insofern der Vision der leeren erleuchteten Fensterhöhle in dem Augenblick, da Marcelle zurückgesunken war und endlos den Fußboden überschwemmte.

An jenem Tage mußten wir, inmitten des regenlosen Gewittersturmes, durch die feindliche Dunkelheit von dem Schloß fliehen und uns wie Tiere davonmachen, Simone und ich, ohne unsere Kleider, verfolgt von dem Gedanken an den Überdruß, der Marcelle von neuem überwältigen würde. Die unglückselige Eingeschlossene war für uns gleichsam eine Inkarnation der Traurigkeit und der Wutausbrüche, die unsere Körper unaufhörlich der Ausschweifung zutrieben. Bald (wir hatten unsere Räder wiedergefunden) konnten wir uns gegenseitig das erregende, theoretisch schmutzige Schauspiel eines nackten, nur beschuhten Körpers auf dem Fahrrad bieten. Wir radelten schnell, ohne zu lachen und ohne zu sprechen, in der gemeinsamen Isolierung aus Schamlosigkeit, Erschöpfung, Absurdität.

Wir waren zu Tode erschöpft. Mitten auf einem Hang mußte Simone, von Schüttelfrost gepackt, anhalten. Wir trieften von Schweiß, und Simone zitterte und klapperte mit den Zähnen. Ich zog ihr den einen Strumpf aus, um ihren Körper damit abzureiben: er strömte einen heißen Geruch aus, den Geruch von Krankenbetten und von Betten der Ausschweifung. Nach und nach kehrte sie jedoch in einen weniger quälenden Zustand zurück und bot mir ihre Lippen, um mir zu danken.

Ich war aufs äußerste beunruhigt. Wir waren noch zehn Kilometer von X... entfernt, und in dem Zustand, in dem wir uns befanden, mußten wir um jeden Preis vor der Morgendämmerung dort ankommen. Ich hielt mich nur noch mühsam aufrecht und verzweifelte daran, je das Ende dieses langen Ausfluges ins Unmögliche zu erleben. Die Zeit, seit wir die reale Welt mit ihren bekleideten Personen verlassen hatten, war so fern, daß sie mir außerhalb unserer Reichweite zu liegen schien. Diese persönliche Halluzination entfaltete sich diesmal mit der gleichen Grenzenlosigkeit wie der globale Albtraum der menschlichen Gesellschaft zum Beispiel, der sich über Erde, Atmosphäre und Himmel hinwegsetzt.

Der lederne Sattel schmiegte sich an Simones Arsch, der zwangsläufig, durch das Auf und Ab der Beine, in Erregung geriet. Der Hinterreifen verschwand, so wie ich es sah, in der Spalte des nackten Hinterns der Radfahrerin. Die schnelle, kreisende Bewegung des Rades war im übrigen meinem Durst vergleichbar, jener Erektion, die mich bereits in den Abgrund des an dem Sattel klebenden Arsches zog. Der Wind hatte ein wenig nachgelassen, ein Teil des Himmels bedeckte sich mit Sternen; mir kam die Idee, daß der Tod der einzige Ausweg sei aus meiner Erektion, und wenn Simone und ich erst getötet wären, würden an die Stelle des Universums unserer Vision die klaren, reinen Sterne treten und in kaltem Zustand verwirklichen, was mir das Ziel meiner Ausschweifungen schien, eine geometrische Weißglut (unter anderem die Koinzidenz von Leben und Tod, von Sein und Nichtsein), makellos funkelnd. Diese Bilder waren indes den Widersprüchen eines fortgesetzten Erschöpfungszustandes und einer absurden Steife des männlichen Gliedes verhaftet. Diese Steife konnte Simone wegen der Dunkelheit schwerlich wahrnehmen, zumal mein linkes Bein, wenn es in die Höhe schnellte, sie jedesmal verbarg. Dennoch schien es mir, als verdrehten sich ihre Augen in der Dunkelheit nach dieser Bruchstelle meines Körpers. Sie rieb sich mit immer größerer Heftigkeit an ihrem Sattel. Noch also hatte sie ebensowenig wie ich den durch ihre Nacktheit heraufbeschworenen Sturm ausgekostet. Ich hörte ihr rauhes Stöhnen; sie wurde buchstäblich von der Lust heruntergerissen, und ihr nackter Körper wurde unter dem Geräusch von Stahl, der über die Kiesel schleifte, auf die Böschung geschleudert.

Ich fand sie leblos, mit herabhängendem Kopf: ein dünner Blutstrahl lief an ihrem Mundwinkel herunter. Ich hob ihren einen Arm hoch. Er fiel zurück. Ich warf mich auf den leblosen Körper, bebend vor Entsetzen, und als ich sie umschlang, durchfuhr mich, obwohl ich mich dagegen wehrte, ein Krampf von Schaum und Blut, und meine Unterlippe verzog sich und stand von den Zähnen ab wie bei einem Idioten.

Simone, die langsam ins Leben zurückkehrte, machte eine Bewegung, die mich weckte. Ich tauchte wieder empor aus der tiefen Betäubung, in die mich meine Niedergeschlagenheit in dem Augenblick, da ich glaubte, ihre Leiche zu besudeln, gestürzt hatte. Keine Verletzung, kein blauer Fleck zeichnete den noch immer nur mit einem Strumpfhaltergürtel und einem einzelnen Strumpf bekleideten Körper. Ich nahm sie in meine Arme und trug sie, ohne auf meine Müdigkeit zu achten, die Straße entlang. Ich ging so schnell, wie ich konnte (denn der Tag brach langsam an). Nur dank einer übermenschlichen Anstrengung war es mir möglich, das Haus zu erreichen und dort glücklich meine wunderbare Freundin lebend in ihr Bett zu legen.

Mein Gesicht war verklebt von Schweiß. Meine Augen waren blutig und geschwollen, meine Ohren gellten, meine Zähne schlugen aufeinander, aber ich hatte die, die ich liebte, gerettet, und ich dachte, bald würden wir Marcelle wiedersehen; so legte ich mich, naß von Schweiß und gestreift von verkrustetem Staub, neben Simone und überließ mich, ohne zu klagen, langen, quälenden Träumen.

Simone

Auf Simones nicht weiter ernsten Unfall folgte eine ruhige, friedliche Zeit. Simone war noch immer krank. Jedesmal wenn ihre Mutter kam, ging ich ins Badezimmer. Meist nutzte ich die Gelegenheit und pißte oder nahm ein Bad. Das erste Mal, als diese Frau das Bad betreten wollte, wurde sie von ihrer Tochter daran gehindert.
– Geh da nicht hinein, sagte sie, da ist ein nackter Mann.
Simone zögerte nicht lange, ihr die Tür zu weisen, und ich nahm wieder meinen Platz auf dem Stuhl neben dem Bett ein. Ich rauchte Zigaretten, ich las Zeitungen. Zuweilen hob ich die vom Fieber heiße Simone auf meine Arme; sie machte mit mir im Badezimmer Pipi. Danach wusch ich sie sorgfältig über dem Bidet. Sie war schwach, und es verstand sich von selbst, daß ich sie nicht lange streichelte.
Bald fand sie Vergnügen daran, wenn ich Eier in das Klosettbecken warf, harte Eier, die untergingen, und ausgeschlürfte Eier, die mehr oder weniger leer waren. Sie blieb dabei sitzen und sah sich diese Eier an. Ich setzte sie auf das Becken: zwischen ihren Beinen betrachtete sie die Eier unter ihrem Arsch; zum Schluß zog ich die Spülkette.
Ein anderes Spiel bestand darin, ein Ei am Rand des Bidets aufzuschlagen und es unter ihr auszugießen: manchmal pißte sie darauf, manchmal streifte ich mir die Hose ab und schlürfte es vom Boden des Bidets auf; sie versprach mir, wenn sie wieder bei Kräften sei, werde sie vor mir und auch vor Marcelle das gleiche tun.

In jener Zeit malten wir uns aus, wie wir die entblößte, aber noch mit ihren Schuhen bekleidete Marcelle in eine bis zur Hälfte mit frischen Eiern gefüllte Badewanne betten würden, wo sie, während die Eier zerbrachen, Pipi machen sollte. Simone dachte sich weiter aus, wie ich ihr die nackte Marcelle halten sollte: den Arsch nach oben gekehrt, die Beine hinter meinem Nacken verschränkt, aber den Kopf nach unten; sie selber wollte dann, bekleidet mit einem in heißes Wasser getauchten und an ihr klebenden, aber die Brust nackt lassenden Morgenmantel, auf einen weißlackierten Stuhl steigen. Ich würde ihre Brüste erregen, indem ich über die Spitzen die Mündung eines Taschenrevolvers stülpte, der geladen und gerade abgefeuert worden sein müßte, was uns an erster Stelle aufregen und zweitens dem Revolver den Geruch des Pulvers verleihen würde. Unterdessen würde sie von oben frische Sahne auf Marcelles grauen After fließen und rieseln lassen; sie würde in ihrem Morgenmantel urinieren und, wenn er sich öffnete, auf Marcelles Rükken oder auf ihren Kopf pissen, den ich übrigens gleichzeitig von der anderen Seite her bepissen könnte. Dann würde Marcelle mich überschwemmen, da sie ja mit ihren Oberschenkeln meinen Hals umschlösse. Außerdem könnte sie meinen pissenden Schwanz in den Mund nehmen.

Nach solchen Träumereien bat mich Simone, sie auf Decken neben die Toilette zu legen, über die sie dann, die Arme auf den Rand des Beckens gestützt, das Gesicht beugte, um mit weitgeöffneten *Augen* die *Eier* anzustarren. Ich selber setzte mich ihr zur Seite, so daß unsere Wangen und unsere Schläfen einander berührten. Die lange Kontemplation besänftigte uns. Das saugende

Geräusch der Wasserspülung belustigte Simone: dann entkam sie ihrer Zwangsvorstellung, und ihre gute Stimmung kehrte zurück.
Eines Tages nun, als die schräg einfallende Sechs-Uhr-Sonne das Badezimmer beleuchtete, drang Wasser in ein halb ausgeschlürftes Ei, und nachdem es unter einem bizarren Geräusch vollgelaufen war, versank es vor unseren Augen; dieser Vorfall hatte für Simone eine derart gesteigerte Bedeutung, daß sie sich ausstreckte und eine langanhaltende Lust sie überkam, während sie sozusagen mein Auge mit den Lippen trank. Dann, ohne das angesogene Auge loszulassen, das so widerspenstig wie eine Brustwarze war, hockte sie sich, meinen Kopf gewaltsam mitziehend, auf den Sitz und pißte mit gellender Kraft und Befriedigung auf die schwimmenden Eier.
Von da an durfte ich sie als geheilt betrachten. Sie bekundete ihre Freude, indem sie mir lange von vertraulichen Dingen sprach, obwohl sie gewöhnlich weder von sich noch von mir sprach. Lächelnd gestand sie mir, daß sie einen Augenblick zuvor große Lust gehabt habe, sich völlig zu erleichtern; sie hatte sich jedoch zurückgehalten, um so den Genuß noch zu verlängern. Tatsächlich spannte die Lust ihren Leib, sie fühlte ihren Arsch schwellen wie eine Knospe kurz vor dem Aufbrechen. Dann war meine Hand in ihrer Spalte; sie sagte mir, daß sie sich immer noch in demselben Zustand befinde, der unendlich angenehm sei. Und als ich sie fragte, woran sie bei dem Wort urinieren denken müsse, antwortete sie: Strahl, stechen, die Augen, mit einem Rasiermesser, an irgend etwas Rotes, die Sonne. Und bei Ei? An ein Kalbsauge, wegen der Farbe, und im übrigen sei das Eiweiß das Weiße des Auges, und der

Dotter die Pupille. Die Form des Auges, fand sie, gleiche der des Eies. Sie fragte mich, wann wir hinausgingen, um in der Sonne mit dem Revolver Eier in der Luft zu zerschießen. Das schien mir unmöglich; sie redete lange auf mich ein und führte viele komische Gründe dafür an. Vergnügt spielte sie mit den Worten, sagte bald: *ein Auge zerbrechen*, bald: *ein Ei ausstechen*, und brachte immer neue unhaltbare Gründe vor.
Sie fügte hinzu, daß der Geruch des Arsches, des Furzes für sie der Geruch des Schießpulvers sei, und ein Urinstrahl «ein Schuß, wie ein Lichtstrahl gesehen». Jede ihrer Hinterbacken sei ein hartes gepelltes Ei. Wir ließen uns weichgekochte Eier bringen, ohne Schale und noch warm, um sie in das Klosettbecken zu legen: Simone versprach mir, sich sogleich über den Eiern vollständig zu erleichtern. Da ihr Arsch noch in meiner Hand lag, in dem Zustand, den sie mir beschrieben hatte, braute sich nach dieser Verheißung ein Gewitter in uns zusammen.
Auch ist zu sagen, daß ein Krankenzimmer sich hervorragend eignet, will man die kindliche Lüsternheit wiederfinden. Ich sog an Simones Brust, während wir auf die weich gekochten Eier warteten. Sie streichelte meinen Kopf. Ihre Mutter brachte uns die Eier. Ich drehte mich nicht um. Ich sog weiter, da ich sie für das Dienstmädchen hielt. Als ich sie dann an ihrer Stimme erkannte, rührte ich mich noch immer nicht, da ich nicht einen Moment auf die Brust verzichten konnte; so als wollte ich meine Notdurft verrichten, streifte ich meine Hose herunter, nicht ostentativ, sondern in dem Verlangen, daß sie ging, und ebenso aus Freude daran, die Grenzen zu überschreiten. Als sie den Raum verließ, begann es schon dunkel zu wer-

den. Ich machte im Badezimmer Licht. Simone setzte sich auf den Sitz, jeder von uns aß ein warmes Ei, und ich liebkoste den Körper meiner Freundin, indem ich die anderen Eier an ihrem Körper entlanggleiten ließ und besonders in der Spalte ihrer Hinterbacken. Simone sah eine Zeitlang zu, wie sie eintauchten, weiß und warm, gepellt und gleichsam nackt unter ihrem Hintern; dann setzte sie das Versenken fort, mit einem plumpsenden Geräusch, das dem von weichgekochten Eiern ähnelte.

Hier muß gesagt werden: nichts dergleichen hat sich seit damals zwischen uns zugetragen; *von einer Ausnahme abgesehen*, haben wir aufgehört, von Eiern zu reden. Wenn wir welche zu Gesicht bekamen, konnten wir einander nicht ansehen, ohne zu erröten, ohne daß eine bestürzende Frage in unsere Augen trat.

Das Ende der Erzählung wird zeigen, daß diese Frage nicht ohne Antwort bleiben sollte und daß die Antwort die Leere ergründete, die unsere Spiele mit den Eiern in uns aufgetan hatten.

Marcelle

Wir, Simone und ich, vermieden jede Anspielung auf unsere Obsessionen. Das Wort Ei wurde aus unserem Vokabular gestrichen. Wir sprachen auch nicht mehr von dem Gefallen, das wir aneinander fanden. Und erst recht nicht davon, was Marcelle für uns bedeutete. Solange Simones Krankheit andauerte, blieben wir in jenem Zimmer und erwarteten den Tag, da wir zu Marcelle zurückkehren konnten, mit der gleichen Aufregung, mit der wir in der Schule auf das Ende der Stunde gewartet hatten. Gleichwohl malten wir uns jenen Tag zuweilen vage aus. Ich legte eine Schnur zurecht, ein langes Seil mit Knoten und eine Metallsäge, die Simone aufmerksam prüfte. Ich holte die Fahrräder wieder, die ich damals in einem Dickicht zurückgelassen hatte, ölte sie sorgfältig und befestigte an meinem Rad ein Paar Fußstützen, damit eines der Mädchen hinten bei mir aufsitzen konnte. Wohnen konnte Marcelle, wenigstens für eine Zeitlang, wie ich in Simones Zimmer – nichts war einfacher.

Sechs Wochen vergingen, bis Simone mich zu der Heilanstalt begleiten konnte. Es war Nacht, als wir aufbrachen. Ich ließ mich tagsüber immer noch nicht blicken, und wir hatten Grund genug, keine Aufmerksamkeit zu erregen. Ich hatte es eilig, zu dem Ort zu gelangen, den ich dunkel für ein Spukschloß hielt: in meinem Gedächtnis waren die Worte ‹Irrenhaus› und ‹Schloß› mit der Erinnerung an das Geisterlaken und dieses schweigende, von Wahnsinnigen bevölkerte Haus verbunden. Das Erstaunliche war, daß es mir so vorkam, als wäre ich auf dem Weg *nach Hause*, ich, der ich mich überall fremd fühlte.

Das jedenfalls entspricht meinem Eindruck, als ich über die Mauer sprang und das große Gebäude sich vor uns ausbreitete. Nur das Fenster von Marcelle war erleuchtet, und es war weit geöffnet. Die auf einer Allee aufgelesenen Kieselsteine, die wir in ihr Zimmer warfen, lockten sie ans Fenster; sie erkannte uns und folgte der Anweisung, die wir, einen Finger auf dem Mund, ihr gaben. Aber wir zeigten ihr sogleich das Seil mit den Knoten, um ihr unsere Absichten begreiflich zu machen. Ich warf die Schnur, die ich um ein Bleigewicht gewickelt hatte, hinauf. Marcelle warf sie mir, nachdem sie das eine Ende um einen Gitterstab herumgeführt hatte, zurück. Es gab keine Schwierigkeiten; das Seil wurde hochgezogen, festgebunden, und ich kletterte zum Fenster hinauf.

Marcelle wich im ersten Augenblick zurück, als ich sie umarmen wollte. Dann beschränkte sie sich darauf, mir mit äußerster Aufmerksamkeit zuzuschauen, wie ich einen Gitterstab ansägte. Ich bat sie behutsam, sie möchte sich anziehen, damit sie mit uns kommen könne; sie hatte einen Bademantel an. Indem sie mir den Rücken wandte, zog sie ihre seidenen Strümpfe über und befestigte sie an einem Strumpfhaltergürtel mit leuchtend roten Bändern, der einen makellosen Hintern von überraschend zarter Haut zur Geltung brachte. Schwitzend fuhr ich fort, zu sägen. Marcelle bedeckte jetzt mit einem Hemd ihre flachen Hüften, deren lange Linien aggressiv vom Arsch aufgenommen wurden, den ein auf den Stuhl gesetzter Fuß hervorhob. Einen Schlüpfer zog sie nicht an. Sie streifte einen wollenen grauen Faltenrock und einen schwarz-weiß-rot karierten Pullover über. So bekleidet und mit flachen Schuhen an den Füßen kam sie wieder ans Fenster und setzte sich neben mich. Mit der einen Hand streichelte ich ihre schönen glatten Haare, die so blond waren, daß sie bleich wirkten. Sie sah mich liebevoll an und war offenbar gerührt von meiner stummen Freude.

– Wir werden heiraten, nicht wahr? sagte sie schließlich. Hier ist es schlimm, hier leidet man...

In diesem Moment konnte ich gar nicht anders als glauben, daß ich den Rest meines Lebens dieser irrealen Erscheinung widmen würde. Ich küßte sie lange auf Stirn und Augen. Und als ihre eine Hand zufällig auf mein Bein geglitten war, sah sie mich mit großen Augen an, doch ehe sie die Hand zurückzog, streichelte sie mich durch den Stoff hindurch mit abwesender Gebärde.

Nach langer Mühe gab der schändliche Gitterstab endlich nach. Ich bog ihn mit aller Kraft zur Seite, so daß ein genügend großer Durchlaß entstand. Marcelle schlüpfte hindurch, und ich half ihr hinunter, die eine Hand zwischen ihren nackten Schenkeln. Unten angekommen, schmiegte sie sich in meine Arme und küßte mich auf den Mund. Simone, die mit von Tränen glänzenden Augen zu unseren Füßen saß, umschlang ihre Beine und küßte ihre Schenkel. Zuerst hatte sie sich damit begnügt, die Wange daran zu pressen, doch dann konnte sie den Freudenschauer nicht mehr zurückhalten; sie suchte sich einen Weg, drückte die Lippen auf die Vulva und küßte sie voll Gier.

Simone und ich gewahrten bald, daß Marcelle gar nicht begriff, was ihr widerfuhr. Sie lächelte, als sie sich ausmalte, wie der Direktor des ‹Spukschlosses› staunen würde, wenn er sie im Garten mit ihrem Ehemann auf und ab spazieren sähe. Die Anwesenheit von Simone war ihr nur vage bewußt, sie nannte sie mehrmals lachend einen Wolf, ihrer schwarzen Haare und ihrer Stummheit wegen und weil sie den Kopf meiner Freundin wie den vorgestreckten Kopf eines Hundes an ihrem Schenkel fühlte. Und doch, als ich ihr vom ‹Spukschloß› sprach, wußte sie ganz genau, daß es sich um das Haus handelte, in dem man sie eingeschlossen hatte, und sobald sie daran dachte, ließ ihre Angst sie vor mir zurückschrecken, so als wäre plötzlich ein Gespenst in der Dunkelheit aufgetaucht. Betroffen sah ich sie an, und da ich in jener Zeit harte Züge bekommen hatte, machte ich ihr zusätzlich Angst. Fast im gleichen Moment bat sie mich, sie zu beschützen, *wenn der Kardinal zurückkäme.*

Wir hatten uns am Rande eines Wäldchens im Mondschein ausgestreckt, da wir uns, auf halbem Wege, einen Augenblick ausruhen wollten, vor allem aber, um Marcelle anzuschauen und zu umarmen.

– Wer ist der Kardinal? fragte Simone.

– Der, der mich in den Schrank gesteckt hat, sagte Marcelle.

– Wieso der Kardinal? rief ich.

Sie antwortete ohne Zögern:

– Weil er der Priester der Guillotine ist.

Ich erinnerte mich an die Angst in ihrem Gesicht, als ich die Schranktür geöffnet hatte; ich hatte eine Jakobinermütze, ein Cotillon-Accessoire, von schreiendem Rot, auf dem Kopf gehabt. Außerdem war ich mit Blut befleckt gewesen, von den Schnittwunden eines Mädchens, mit dem ich geschlafen hatte. So verschmolz in Marcelles Entsetzen der «Kardinal, Priester der Guillotine», mit dem blutbesudelten Henker, der eine Jakobinermütze trug; eine merkwürdige Koinzidenz von Frömmigkeit und Schrecken, wie sie Priester verkörpern, mochte diese Konfusion erklären. Für mich bleibt sie zugleich mit meiner unleugbaren Härte verknüpft und mit der Angst, die der Zwang meiner Handlungen in mir ständig erregt.

Die offenen Augen der Toten

Diese Entdeckung brachte mich augenblicklich aus der Fassung. Und auch Simone war entgeistert. Marcelle war in meinen Armen halb eingeschlafen. Wir wußten nicht, was tun. Ihr geraffter Rock ließ zwischen den roten Bändern am Ende der langen Schenkel das Fell sehen. Diese schweigende, regungslose Nacktheit versetzte uns in eine Art Ekstase: der leiseste Hauch hätte uns in Lichter verwandelt. Wir rührten uns nicht mehr und verlangten nur danach, daß diese Reglosigkeit anhielte und daß Marcelle in tiefen Schlaf fiele.
Ein inneres Blenden erschöpfte mich, und ich weiß nicht, wie die Dinge sich fortentwickelt hätten, wenn nicht, plötzlich, Simone sich sanft geregt hätte; sie öffnete die Schenkel, öffnete sie schließlich, so weit sie konnte, und sagte mit matter Stimme zu mir, daß sie nicht mehr an sich halten könnte; bebend durchnäßte sie ihr Kleid; im gleichen Augenblick spritzte mein Samen in die Hose.
Ich streckte mich im Grase aus, bettete den Kopf auf einen flachen Stein und hielt die Augen auf die Milchstraße gerichtet, diesen seltsamen Strom von Astralsperma und himmlischem Urin, der quer durch die Schädelwölbung der Gestirne fließt: offener Spalt am Scheitel des Himmels, entstanden offenbar aus Ammoniakdämpfen, die in der ungeheuren Weite zu glänzen begonnen hatten – im leeren Raum, wo sie inmitten der vollkommenen Stille wie ein Hahnenschrei hervorbrechen –, ein zerbrochenes Ei, ein geborstenes Auge oder mein benebelter, auf dem Stein ruhen-

der Schädel warfen die symmetrischen Abbilder ins Unendliche zurück. Ekelerregend, wie der absurde Hahnenschrei mit meinem Leben koinzidierte: das heißt, nunmehr war es der Kardinal, wegen der Spalte, der roten Farbe, der mißtönenden Schreie wegen, die er im Schrank hervorgerufen hatte, und auch weil man die Hähne erwürgt...

Anderen mag das Universum anständig erscheinen. Den anständigen Leuten erscheint es anständig, weil sie kastrierte Augen haben. Darum fürchten sie die Obszönität. Doch sie empfinden keinerlei Angst, wenn sie den Hahnenschrei hören oder den gestirnten Himmel entdecken. Gemeinhin schätzt man die ‹Fleischeslust› unter der Bedingung, daß sie fade sei.

Doch von da an gab es keinen Zweifel mehr: ich machte mir nichts aus dem, was man ‹Fleischeslust› nennt, weil sie in der Tat fade ist. Ich liebte das, was man für ‹schmutzig› hält. Die übliche Ausschweifung hingegen konnte mich nicht befriedigen, beschmutzt sie doch nur die Ausschweifung selbst und läßt auf alle Fälle eine erhabene und untadelig reine Wesenheit unberührt. Die Ausschweifung, die ich kenne, beschmutzt nicht nur meinen Körper und meine Gedanken, sondern alles, was ich mir dabei vorstellen kann, und vor allem das gestirnte Universum...

Ich assoziiere den Mond mit dem Blut der Mütter, dem übelriechenden Menstrualblut.

Ich habe Marcelle geliebt, ohne sie zu beweinen. Sie ist tot, und es ist meine Schuld. Auch wenn ich Albträume habe und es geschieht, daß ich mich stundenlang im Keller einschließe, weil ich an Marcelle denke, so bin ich dennoch bereit, alles noch einmal zu tun, zum Beispiel ihren Kopf hinunterzudrücken und ihr Haar in das Becken der Toilette zu tauchen. Aber sie ist tot, und mein Leben reduziert sich auf die Ereignisse, die mich ihr in einem Augenblick näherbringen, da ich es am wenigsten erwarte. Anders ist es mir unmöglich, irgendeine Beziehung zwischen der Toten und mir zu erkennen, so daß meine Tage meist in unausweichlicher Langeweile versinken.

Ich beschränke mich darauf, zu erzählen, wie Marcelle sich erhängte: sie erkannte den normannischen Schrank und klapperte mit den Zähnen. Und als sie mich dann ansah, wußte sie, daß ich der Kardinal war. Sie heulte und schrie, und es gab keine andere Möglichkeit, ihr Einhalt zu gebieten, als sie allein zu lassen. Als wir wieder ins Zimmer kamen, hatte sie sich im Schrank erhängt.

Ich schnitt den Strick durch, aber sie war tot. Wir legten sie auf den Teppich. Simone sah, wie mein Glied sich spannte, und rieb es mir; wir legten uns auf die Erde, und ich beschlief sie, neben dem Leichnam. Simone war Jungfrau, und es tat uns weh, aber es war uns gerade recht, daß es weh tat. Als Simone aufstand und die Tote anschaute, war Marcelle eine Fremde, und auch Simone war es für mich. Ich liebte weder Simone noch Marcelle, und wenn man mir gesagt hätte, ich sei soeben gestorben, dann hätte mich das nicht verwundert. All diese Ereignisse blieben mir verschlossen. Ich betrachtete Simone, und es freute mich, ich erinnere mich dessen noch ganz genau, daß sie sich schlecht aufzuführen begann. Der Leichnam irritierte sie. Sie konnte es nicht ertragen, daß dieses Wesen, das die gleichen Formen hatte wie sie selber, ihre Berührung nicht mehr spürte. Vor allem die offenen Augen reizten sie. Sie überschwemmte das stille Gesicht, und es war erstaunlich, daß die Augen sich nicht schlossen. Wir waren still, *alle drei*, und das war das Trostloseste. Jede Art der Langeweile verbindet sich für mich mit jenem Moment und mit dem komischen Hemmnis, das der Tod bedeutet. Das hindert mich nicht, daß ich ohne Aufbegehren daran denke und sogar mit dem Gefühl heimlicher Mittäterschaft. Es war das Fehlen jeder Exaltation, was die Situation so absurd machte; die tote Marcelle war mir weniger fern als die lebende, in dem Maße, so denke ich, in dem das absurde Dasein alle Rechte besitzt.

Daß Simone über sie gepißt hatte, aus Überdruß, aus Unbehagen, zeigt, bis zu welchem Grade uns der Tod fremd, unbegreiflich blieb. Simone war wütend, verängstigt, doch in keiner Weise zu Achtung und Ehrfurcht gewillt. Marcelle gehörte zu sehr uns in unserer Vereinsamung, als daß wir in ihr eine Tote, wie andere Tote, gesehen hätten. Marcelle ließ sich nicht auf das Maß der anderen reduzieren. Die gegensätzlichen Impulse, die uns an jenem Tage beherrscht hatten, neutralisierten sich, ließen uns blind zurück. Sie versetzten uns weit hinaus in eine Welt, wo die Gebärden ohne Tragweite sind, wie Stimmen in einem Raum, der keine Resonanz hat.

Obszöne Tiere

Um uns den Unannehmlichkeiten eines Verhörs zu entziehen, entschlossen wir uns, nach Spanien zu gehen. Simone zählte auf die Unterstützung eines schwerreichen Engländers, der ihr vorgeschlagen hatte, sie zu entführen und auszuhalten. In der Nacht verließen wir das Haus. Es war nicht schwer, ein Boot zu stehlen und an einem verlassenen Fleck der spanischen Küste an Land zu gehen.

Simone ließ mich in einem Gehölz zurück und begab sich nach San Sebastián. Bei Einbruch der Dunkelheit kam sie am Steuer eines eleganten Wagens zurück.

Simone erzählte mir von Sir Edmond, den wir in Madrid treffen würden. Er habe sie den ganzen Tag lang nach Einzelheiten über Marcelles Tod ausgefragt und sie sogar gezwungen, Pläne und Skizzen für ihn aufzuzeichnen. Schließlich hatte er einen Diener losgeschickt, ein Mannequin mit blonder Perücke herbeizuschaffen. Simone mußte dann auf das Gesicht des Mannequins pissen, das mit offenen Augen in der gleichen Haltung auf dem Boden gelegen hatte wie Marcelle. Sir Edmond hatte Simone nicht berührt.

Nach dem Selbstmord Marcelles hatte sich Simone von Grund auf verändert. Ihre Blicke gingen nur noch ins Leere, man hätte glauben können, sie bewege sich in einer anderen Welt. Alles schien sie zu langweilen. Sie blieb diesem Leben nur noch um seltener Orgasmen willen verbunden, die aber sehr viel heftiger als früher waren. Sie unterschieden sich nicht weniger von gewöhn-

lichen Genüssen, als das Lachen der Wilden zum Beispiel sich von dem der Zivilisierten unterscheidet.
Vorerst öffnete Simone ihre müden Augen auf eine obszöne und traurige Szene ...
Eines Tages ließ Sir Edmond eine kleine und deliziöse Madrider Nachtschöne in einen Schweinekoben werfen, der eng und ohne Fenster war; im Hemdhöschen brach sie in der Jauchelache unter dem Bauch der Säue zusammen. Vor der Tür, im Schmutz, ließ sich Simone lange von mir beschlafen, während Sir Edmond sich selbst befriedigte. Keuchend entglitt mir das junge Mädchen und nahm ihren Arsch mit beiden Händen; ihr Kopf, den sie heftig zurückgeworfen hatte, schlug auf dem Boden auf; so spannte sie einige Sekunden lang, ohne Atem zu holen, ihre Muskeln an, öffnete mit den Fingernägeln und der ganzen Kraft ihrer Hände ihren Arsch, zerriß sich mit einem Ruck und tobte wie ein erwürgtes Federvieh auf der Erde, wobei sie sich unter einem schaurigen Geräusch an den Eisenbeschlägen der Tür verletzte. Sir Edmond gab ihr seine Faust zum Beißen. Das Gesicht mit Speichel und Blut beschmutzt, wand sie sich in dem Krampf, der noch lange anhielt.
Nach solchen Anfällen schmiegte sie sich stets in meine Arme; ihren Arsch in meinen großen Händen, verharrte sie, ohne sich zu rühren, ohne zu sprechen, wie ein Kind, ein düsteres Kind.
Heftiger jedoch als zu diesen obszönen Zwischenspielen, die Sir Edmond sich für uns ausdachte, zog es Simone auch weiterhin zu den Stierkämpfen. Drei Phasen der Corridas fesselten sie: die erste, wenn der Stier wie eine große Ratte aus dem Toril hervorgeschossen kommt, die zweite, wenn seine Hörner bis zum Schädel in die Flanke

einer Stute tauchen, die Dritte, wenn die absurde Stute durch die Arena galoppiert, im falschen Augenblick ausschlägt und, zwischen ihren Beinen ein Bündel von Eingeweiden in den widerlichsten Farben, weiß, rosa und perlmuttergrau, fallen läßt. Und wenn dann die platzende Blase mit einemmal eine Lache von Urin auf den Sand ausströmen ließ, dann bebten Simones Nasenflügel.

Vom Anfang bis zum Ende der Corrida saß sie in angstvoller Spannung, erfüllt von Schrecken, der Ausdruck eines unüberwindlichen Verlangens war, einmal dabei zu sein, wenn einer der ungeheuerlichen Hornstöße, mit denen ein Stier in blinder Wut unablässig auf die Leere der roten Tücher einstürmt, den Torero in die Luft warf. Hier ist im übrigen zu sagen: wenn das furchtbare Tier ohne langen Aufenthalt und ohne Ende wieder und wieder unter der Capa hindurchschießt, nur einen Fingerbreit von der Körperlinie des Toreros entfernt, hat man das Gefühl einer totalen und wiederholten Projektion, wie sie dem physischen Liebesspiel eigen ist. Und in der gleichen Weise empfindet man hier die Nähe des Todes. Solche Folgen von glücklichen *pases* sind selten und entfesseln in der Menge ein wahres Delirium; die Frauen erleben in diesen pathetischen Momenten einen Orgasmus, so sehr spannen sich die Muskeln ihrer Beine und ihres Unterleibes.

À propos Corrida: Sir Edmond erzählte eines Tages Simone, noch vor kurzem sei es unter mannhaften Spaniern, Toreroamateuren, Brauch gewesen, sich beim Wärter der Arena die gerösteten Hoden des ersten Stiers zu bestellen. Sie ließen sie sich auf ihren Plätzen servieren, nämlich im ersten Rang, und verzehrten sie, während sie den nächsten Stier sterben sahen. Simone nahm diese Geschichte mit großem Interesse auf, und als wir am darauffolgenden Sonntag zur ersten großen Corrida das Jahres gingen, erbat sie sich bei Sir Edmond die Hoden des ersten Stiers. Aber sie stellte eine Bedingung, sie wollte sie roh haben.

– Aber, sagte Sir Edmond, was wollen Sie mit rohen Hoden anfangen? Sie wollen sie doch wohl nicht roh essen?

– Ich will sie vor mir haben, auf einem Teller, sagte sie.

Das Auge Graneros

Am 7. Mai 1922 sollten die Toreros La Rosa, Lalanda und Granero in der Arena von Madrid auftreten. Belmonte befand sich in Mexiko, Lalanda und Granero waren die großen spanischen Matadore. Granero galt gemeinhin als der beste. Mit seinen zwanzig Jahren war der schöne, hochgewachsene Torero, der über eine kindliche Ungezwungenheit verfügte, bereits populär. Simone interessierte sich für ihn; als Sir Edmond ihr erzählte, der berühmte Stierkämpfer werde am Abend nach der Corrida mit uns essen, war ihre Freude groß.
Granero unterschied sich von den anderen Matadores insofern, als er keineswegs den Eindruck eines Schlächters machte, sondern den eines charmanten Prinzen, sehr männlich, wahrhaft hoch aufgeschossen. Das Kostüm des Matadors betont in dieser Beziehung noch die gerade Linie, das steif Aufgerichtete, diesen Strahl, der jedesmal aufzusteigen scheint, wenn der anstürmende Stier den männlichen Körper streift (und es liegt ganz eng am Hintern an). Das leuchtend rote Tuch, der in der Sonne glitzernde Degen vor dem sterbenden Stier, dessen dampfendes Fell von Schweiß und Blut trieft, vollenden die Metamorphose und lassen den faszinierenden Aspekt des Spieles zur Geltung kommen. Und das alles ereignet sich unter dem brennend heißen Himmel Spaniens, der keineswegs blau und hart ist, wie man ihn sich vorstellt, sondern sonnig, von strahlender Helligkeit – weich und verwirrend –, irreal manchmal, so sehr beschwören der Glanz des Lichtes und die

Intensität der Hitze die Freiheit der Sinne, genauer die weiche Feuchte des Fleisches.
Ich verbinde diese feuchte Irrealität des Sonnenglanzes mit der Corrida vom 7. Mai. Ein gelbblauer Fächer und eine billige Broschüre, die dem Tod Graneros gewidmet ist, sind die einzigen Erinnerungsstücke, die ich noch besitze und sorgfältig verwahre. Beim Einschiffen fiel der Koffer mit diesen Objekten einst ins Meer (ein Araber holte ihn mit Hilfe einer Stange wieder heraus); beide sind in einem schlechten Zustand: aber so beschmutzt, so gewellt sie auch sind, sie fesseln mich an den Boden, den Ort, das Ereignis, das nur noch als zerfließende Vision in mir fortlebt.
Der erste Stier, auf dessen Hoden Simone wartete, war ein schwarzes Monstrum, das wie ein Blitz aus dem Toril hervorgeschossen kam und allen Mühen und Schreien zum Trotz drei Pferde aufschlitzte, ehe noch der Kampf richtig begann. Einmal sogar hob er Roß und Reiter hoch, wie um sie der Sonne darzubieten; und krachend fielen sie hinter seinen Hörnern zurück auf den Boden. Im vorgeschriebenen Augenblick trat Granero hervor: den Stier in seine Capa hüllend, spielte er mit der Wut des Ungeheuers. Unter tosendem Beifall lenkte der junge Mann den Stier in der Capa immer wieder um sich herum; jedesmal wenn die Bestie wütend auf ihn einstürmte, vermied er um Fingerbreite den furchtbaren Stoß. Der Tod des Sonnenungeheuers vollzog sich ohne einen Zwischenfall. Nicht enden wollender Beifall brandete auf, als das Opfer, mit der Unsicherheit eines Trunkenen, in die Knie ging und sich dann sterbend fallen ließ, die Beine in die Luft gereckt.
Simone, die zwischen Sir Edmond und mir stand – außer sich vor Erregung wie ich auch –, lehn-

te es ab, sich nach dem Beifallssturm wieder zu setzen. Wortlos nahm sie meine Hand und führte mich in einen der äußeren Höfe der Arena, wo es nach Urin stank. Ich griff nach Simones Arsch, während sie hitzig meinen Schwanz hervorzog. So betraten wir die stinkenden Aborte, wo winzige Fliegen einen Sonnenstrahl beschmutzten.
Sobald Simone entblößt war, stieß ich meinen rosigen Schwanz in ihr schäumendes blutrotes Fleisch; während er noch in diese Liebeshöhle eindrang, streichelte ich ihr wie toll den Anus, und unsere Münder vermischten sich in wildem Aufbegehren.
Der Orgasmus des Stiers kann nicht stärker sein als der, der unsere Lenden bersten ließ und uns zerriß, ohne daß mein Glied zurückwich, die zukkende Vulva vom Samen überströmt.
Das Pochen in unserer Brust – unsere Leiber brannten, begierig, nackt zu sein – besänftigte sich nicht. Simone, mit noch seligem Arsch, und ich, mit noch steifem Schwanz, kehrten zum ersten Rang zurück. Allein, auf dem Platz, auf den meine Freundin sich setzen wollte, stand ein Teller mit zwei nackten Hoden darauf; diese Drüsen, von der Größe und der Form eines Eies, waren von einem perlmutterglänzenden rotgeäderten Weiß ähnlich dem des Augapfels.
– Das sind die rohen Hoden, sagte Sir Edmond zu Simone mit leicht englischem Akzent.
Simone war vor dem Teller niedergekniet, der sie in eine noch nie dagewesene Bestürzung versetzte. Wissend, was sie wollte, aber ratlos, wie sie es tun sollte, schien sie völlig außer sich. Ich nahm den Teller, damit sie sich hinsetzte. Sie nahm ihn mir aus den Händen, stellte ihn zurück auf den steinernen Sitz.

Sir Edmond und ich fürchteten, die Aufmerksamkeit der Leute auf uns zu ziehen. Der Stierkampf zog sich in die Länge. Ich neigte den Mund an Simones Ohr und fragte sie, was sie vorhabe.

– Idiot, antwortete sie, ich will mich nackt auf den Teller setzen.

– Unmöglich, sagte ich, setz dich hin.

Ich nahm ihr den Teller weg und zwang sie, sich zu setzen. Ich sah sie an. Ich wollte ihr zu verstehen geben, daß ich begriffen hatte (ich dachte an den Teller mit der Milch). Von diesem Augenblick an konnten wir nicht mehr stillsitzen. Diese unsere Unruhe wurde so groß, daß sie sich sogar dem ruhigen Sir Edmond mitteilte. Der Stierkampf war schlecht, ängstliche, unsichere Matadore standen stumpfen, gleichmütigen Stieren gegenüber. Simone hatte Plätze in der Sonne gewollt; wir waren gefangen in einem Dunst von Licht und feuchter Hitze, der unsere Lippen austrocknete.

Es war ausgeschlossen, daß Simone den Rock hob und ihren Arsch auf die Hoden niederließ; sie hatte den Teller in den Händen behalten. Ich wollte sie noch einmal beschlafen, ehe Granero wieder auftrat. Sie aber lehnte ab: das Aufschlitzen der Pferde und dann das «Stürzen und Prasseln», wie sie sagte, nämlich ein Katarakt von Gedärmen, berauschte sie (damals gab es noch keine Panzer, die den Leib der Pferde schützten).

Die Sonnenflut sog uns nach und nach in eine Irrealität, die unserer tiefen Unruhe entsprach, unserem ohnmächtigen Verlangen, auszubrechen, nackt zu sein. Die Gesichter unter der Einwirkung der Sonne, des Durstes und der Erregung der Sinne zu Grimassen verzerrt, hatten wir teil an jenem morosen Zerfließen, in dem die Elemen-

te nicht mehr harmonisieren. Auch als Granero wieder auftrat, änderte sich daran nichts. Der Stier war mißtrauisch, das Spiel schleppte sich hin.
Was dann folgte, geschah ohne Übergang und scheinbar auch ohne Zusammenhang. Nicht daß die Vorgänge zusammenhanglos gewesen wären, aber ich nahm sie wie ein Abwesender wahr. Innerhalb weniger Sekunden sah ich, zu meinem Entsetzen, Simone in eine der beiden Kugeln beißen, Granero hervortreten und dem Stier das rote Tuch hinhalten; dann Simone, mit blutrotem Kopf, in einem Augenblick schwüler Obszönität ihre Vulva entblößen und in die Vulva den anderen Hoden schieben; Granero hintenüber geneigt, gegen die Barrera gedrängt, und über der Barrera die Hörner, die in vollem Schwung dreimal zustießen: eines der Hörner drang in das rechte Auge und in den Kopf ein. Das sich überschlagende Geschrei in der Arena traf mit Simones krampfartigem Orgasmus zusammen. Sie erhob sich von der Steinplatte, schwankte und schlug hin, geblendet von der Sonne, aus der Nase blutend. Männer stürzten herbei und bemächtigten sich Graneros.
Die Menge in der Arena war von den Plätzen aufgesprungen. Das rechte Auge des Leichnams hing heraus.

Unter der Sonne Sevillas

Zwei Kugeln von gleicher Größe und Konsistenz hatten sich gleichzeitig in entgegengesetzte Richtungen bewegt. Der weiße Hoden eines Stiers war in das ‹rosaschwarze› Fleisch Simones eingedrungen; ein Auge war aus dem Kopf eines jungen Mannes hervorgetreten. Diese Koinzidenz, sowohl mit dem Tod als auch mit einer Art Verflüssigung des Himmels zu Urin verbunden, gab mir für einen Augenblick Marcelle zurück. Es schien mir, als ob ich sie in diesem ungreifbaren Augenblick berührte.

Dann stellte sich, wie gewöhnlich, der Überdruß ein. Simone, die schlechter Laune war, weigerte sich, noch einen Tag länger in Madrid zu bleiben. Sie wollte unbedingt nach Sevilla, das bekannt war als eine Stadt des Vergnügens.

Sir Edmond wollte die Kapricen seiner «engelhaften Freundin» zufriedenstellen. Im Süden fanden wir ein Licht und eine Hitze vor, die noch zerflossener waren als in Madrid. Eine verschwenderische Fülle von Blumen in den Straßen erregte vollends unsere Sinne.

Simone ging nackt unter einem leichten weißen Kleid, durch dessen Seide die Taille und bei bestimmten Bewegungen sogar das Schamhaar hindurchschimmerten. Alles trug in dieser Stadt dazu bei, sie in brennende Lust zu verwandeln. Unterwegs, in den Straßen, beobachtete ich oft, wie ein Schwanz sich unter der Hose spannte, wenn Simone vorüberging.

Wir hörten fast nicht mehr auf, miteinander zu schlafen. Wir vermieden den Orgasmus und besichtigten die Stadt. Wenn wir einen geeigneten Ort verließen, so nur, um den nächsten aufzusuchen: die Halle eines Museums, die Allee in einem Park, den Schatten einer Kirche oder am Abend eine verlassene Gasse. Ich öffnete den Körper meiner Freundin und stieß ihr meine Rute in die Vulva. Schnell zog ich dann das Glied wieder aus der Höhle hervor, und wir schlenderten ziellos weiter durch die Straßen. Sir Edmond folgte uns in einiger Entfernung und *überraschte* uns. Er wurde dann jedesmal purpurrot, ohne sich jedoch zu nähern. Wenn er sich Befriedigung verschaffte, tat er es diskret und auf Distanz.

– Wie interessant, sagte er eines Tages und wies auf eine Kirche, das ist die Kirche von Don Juan.

– Ja und? fragte Simone.

– Möchten Sie allein hineingehen? schlug er vor.

– Was für ein Gedanke!

Ob der Gedanke nun absurd war oder nicht, jedenfalls ging Simone hinein, und wir warteten vor dem Portal.

Als sie zurückkam, standen wir mit dummen Gesichtern da: Sie lachte schallend und brachte kein Wort hervor. Ansteckung und die Sonne brachten es dahin, daß auch ich anfing zu lachen und am Ende sogar Sir Edmond.

– *Bloody girl!* rief der Engländer, können Sie sich nicht erklären? Übrigens lachen wir über dem Grabe von Don Juan!

Und von neuem lachend deutete er auf eine große Kupferplatte unter unseren Füßen; sie bedeckte das Grab des Gründers der Kirche, von dem es heißt, daß es Don Juan gewesen sei. Der reuige Sünder hatte gewollt, daß man ihn unter dem Eingangsportal begrub, damit er auch von den Niedrigsten mit Füßen getreten werde.

Unser irres Gelächter brach vervielfacht von neuem los. Simone mußte vor Lachen pissen; der Urin rann ihr an den Beinen hinunter: ein Rinnsal floß über die Grabplatte.
Der Vorfall hatte noch eine andere Wirkung: der naß gewordene Stoff ihres Kleides klebte an ihr und wurde durchsichtig: die schwarze Vulva war plötzlich sichtbar.
Simone beruhigte sich endlich.
– Ich gehe wieder hinein, bis ich trocken bin, sagte sie.
Im Innern der Kirche konnten wir nichts entdekken, das Simones Lachen erklärt hätte; der Raum war verhältnismäßig kühl, das Tageslicht wurde durch rote Kretonnevorhänge gefiltert. Die Dekke war aus geschnitztem Holzwerk, die Wände waren weiß gekalkt, aber geschmückt mit Statuen und Bildnissen. Ein vergoldeter Altar mit einem ebenfalls vergoldeten Aufsatz nahm die hintere Wand bis hinauf zu den Tragbalken des Schnitzwerkes ein. Dieses märchenhafte Gebilde, befrachtet gleichsam mit den Reichtümern Indiens, beschwor mit seinen Ornamenten, Voluten, Torsaden, seinen Schatten und dem Glanz des Goldes die parfümierten Geheimnisse eines Körpers. Rechts und links vom Portal stellten zwei berühmte Bilder von Valdés Leal verwesende Kadaver dar: in die Augenhöhle eines Bischofs fraß sich eine riesige Ratte ...
Dieses sinnliche und prächtige Ensemble, die Spiele der Schatten und des durch die roten Vorhänge sickernden Lichts, die Kühle und der Oleanderduft und dazu Simones Schamlosigkeit stachelten mich auf, die Zügel schießen zu lassen.
Ich sah die seidenbeschuhten Füße einer reuigen Sünderin aus einem Beichtstuhl hervorragen.

– Ich möchte sie vorübergehen sehen, sagte Simone.
Sie setzte sich vor mir hin, dicht neben dem Beichtstuhl.
Ich wollte ihr meinen Schwanz in die Hand geben, sie aber lehnte ab und drohte, ihn mir bis zum Samenerguß zu reiben.
Ich mußte mich hinsetzen; ich sah ihr Fell unter der nassen Seide.
– Du wirst schon sehen, sagte sie.
Nachdem wir lange gewartet hatten, trat eine sehr hübsche Frau aus dem Beichtstuhl, die Hände gefaltet, das Gesicht blaß, verzückt: den Kopf zurückgeworfen, die Augen weiß, durchquerte sie langsamen Schrittes den Raum wie ein Operettengespenst. Ich preßte die Lippen zusammen, um nicht laut zu lachen. In diesem Moment öffnete sich die Tür des Beichtstuhls.
Heraus kam ein blonder, noch junger und ungewöhnlich schöner Priester mit den mageren Wangen und den bleichen Augen eines Heiligen. Mit gekreuzten Händen blieb er auf der Schwelle des Beichtstuhls stehen, den Blick an einen Punkt der Decke geheftet: so als werde ihn sogleich eine himmlische Vision vom Boden emporheben.
Auch er wäre sicherlich davongegangen, hätte Simone ihn nicht, zu meiner höchsten Verwunderung, angehalten. Sie grüßte den Geisterseher und bat, die Beichte ablegen zu dürfen. …
Gleichmütig und in die Verzückung der Selbstbewunderung gleitend, wies der Priester ihr den Platz des Beichtkinds: einen Betstuhl hinter einem Vorhang; dann trat er, ohne ein Wort zu sagen, in seinen Schrank zurück und schloß hinter sich die Tür.

Simones Beichte und Sir Edmonds Messe

Man kann sich leicht meine Bestürzung vorstellen. Simone kniete hinter dem Vorhang nieder. Während sie flüsternd sprach, wartete ich ungeduldig auf die Wirkungen dieses teuflischen Spiels. Der schmierige Kerl, malte ich mir aus, würde aus seiner Kiste springen, sich auf die Frevlerin stürzen. Nichts dergleichen geschah. Simone sprach vor dem kleinen, vergitterten Fenster, mit leiser Stimme, endlos.

Ich wechselte mit Sir Edmond gerade noch fragende Blicke, als die Dinge sich endlich klärten. Simone tastete langsam nach ihrem Schenkel, spreizte die Beine. Sie bewegte sich hin und her, nur noch das eine Knie auf dem Betstuhl. Mit ihrem Bekenntnis fortfahrend, hob sie ihren Rock weit hoch. Und wie ich zu erkennen glaubte, rieb sie sich.

Auf Zehenspitzen trat ich näher.

Und in der Tat, Simone rieb sich, eng an das Gitter gepreßt, dicht vor dem Priester, den Körper angespannt, die Schenkel gespreizt, die Finger wühlend im Fell vergraben. Ich konnte sie berühren, meine Hand zwischen ihren Hinterbakken fand das Loch. In diesem Moment hörte ich sie vernehmlich sagen:

– Pater, die größte Sünde habe ich noch nicht gebeichtet.

Es folgte ein Schweigen.

– Die größte Sünde, Pater, ist, daß ich mich befriedige, während ich zu Ihnen spreche.

Diesmal folgte einige Sekunden lang Geflüster. Schließlich mit fast lauter Stimme:

– Wenn du es nicht glaubst, zeige ich es dir.
Und Simone erhob sich, spreizte vor dem Auge des Beichtstuhls die Beine, rieb sich und trieb sich mit geschickter, schneller Hand zum Genuß.
– Schau her, Priester, rief Simone und hieb mehrmals kräftig gegen den Schrank, was machst du da in deiner Bude? Wichst du dich auch?
Aber der Beichtstuhl blieb stumm.
– Dann mache ich eben die Tür auf.
Drinnen saß der Seher mit gesenktem Kopf und tupfte sich die von Schweiß triefende Stirn. Das junge Mädchen wühlte in der Soutane: er rührte sich nicht. Sie schlug den unsauberen schwarzen Rock hoch und zog eine lange rosafarbene, harte Rute hervor: er warf nur den Kopf zurück, das Gesicht verzerrt, und ein Pfeifen ging ihm durch die Zähne. Er ließ Simone, die das Biest in den Mund nahm, gewähren.
Vor Bestürzung erstarrt, standen Sir Edmond und ich noch immer regungslos da. Bewunderung lähmte mich. Ich wußte nicht, was tun, als der rätselhafte Engländer näher trat. Behutsam schob er Simone zur Seite. Dann ergriff er die Larve am Handgelenk, zog sie aus dem Loch und ließ sie vor unseren Füßen auf die Fliesen niederfallen: da lag das schändliche Individuum wie ein Toter, und aus seinem Mund rann der Speichel auf den Boden. Der Engländer und ich packten ihn unter den Armen und trugen ihn in die Sakristei. Mit offenem Hosenschlitz und hängendem Schwanz, das Gesicht leichenblaß, wehrte er sich nicht mehr, aber sein Atem ging stoßweise; wir ließen ihn auf einem mit Schnörkeln verzierten Armstuhl nieder.
– Señores, sagte der Elende, Sie glauben, daß ich ein Heuchler bin!

– Nein, sagte Sir Edmond in kategorischem Ton.
Simone fragte ihn:
– Wie heißt du?
– Don Aminado, antwortete er.
Simone ohrfeigte das Priesteraas. Dabei bekam das Aas wieder einen steifen Schwanz. Es wurde ausgezogen; Simone, die sich hingehockt hatte, pißte wie eine Hündin auf die am Boden liegenden Kleider. Dann rieb sie den Schwanz des Priesters und nahm ihn in den Mund. Ich schob Simone meinen Schwanz in den Hintern.
Sir Edmond betrachtete die Szene mit einem typischen *hard labour*-Ausdruck. Er schaute sich in dem Raum um, in den wir geflüchtet waren. Er entdeckte an einem Nagel einen Schlüssel.
– Was ist das für ein Schlüssel? fragte er Don Aminado.
An der Angst, die das Gesicht des Priesters verzerrte, erkannte er, daß es der Schlüssel zum Tabernakel war.

Wenige Augenblicke darauf kam der Engländer zurück und trug ein goldenes Ziborium herbei, das mit Engeln, nackt wie Amoretten, verziert war.
Don Aminado blickte starr auf dieses Gefäß Gottes, das nun auf dem Fußboden stand; sein idiotisches, schönes Gesicht, das unter den Bissen zuckte, mit denen Simone seinen Schwanz erregte, schien vollkommen verstört.
Der Engländer hatte die Tür verbarrikadiert. Er durchwühlte die Schränke und fand einen großen Kelch. Darauf bat er uns, für einen Augenblick von dem Elenden abzulassen.
– Schau her, sagte er zu Simone, das sind die Hostien in ihrem Ziborium, und dies ist der Kelch, in den man den Wein tut.

– Die riechen nach Samen, sagte sie, an den Oblaten schnuppernd.
– Richtig, fuhr der Engländer fort, die Hostien, die du hier siehst, sind das Sperma Christi in Gestalt kleiner Plätzchen. Und was den Wein angeht, so behaupten die Geistlichen, es sei sein *Blut*. Sie täuschen uns. Wenn es wirklich das Blut wäre, würden sie Rotwein trinken, aber sie trinken Weißwein, wohl wissend, daß es sein Urin ist.

Die Demonstration war überzeugend. Simone bewaffnete sich mit dem Kelch, und ich nahm das Ziborium an mich: Don Aminado in seinem Armstuhl wurde von einem leichten Zittern geschüttelt. Simone versetzte ihm zunächst mit dem Fuß des Kelches einen heftigen Schlag über den Schädel, der ihn aus dem Gleichgewicht brachte und ihn vollends stumpf machte. Abermals begann sie an ihm zu saugen. Er gab ein schmähliches Röcheln von sich. Sie brachte ihn auf den Gipfel der Sinneswut, dann:
– Das ist nicht alles, sagte sie, er muß pissen.
Sie schlug ihn ein zweites Mal ins Gesicht.
Sie entblößte sich vor ihm, und ich erregte sie.
Der Blick des Engländers war so hart, so starr auf die Augen des abgestumpften jungen Mannes gerichtet, daß die Sache ohne Schwierigkeiten vonstatten ging.
Geräuschvoll füllte Aminado den Kelch, den Simone ihm unter die Rute hielt, mit Urin.
– Und nun trink, sagte Sir Edmond.
Der Elende trank in unreiner Ekstase.
Simone leckte ihn abermals; unglücklich schrie er auf vor Lust. Mit der Gebärde eines Wahnsinnigen schleuderte er das heilige Nachtgeschirr ge-

gen die Wand, so daß es zersprang. Vier robuste Arme ergriffen ihn. Mit gespreizten Beinen und eingeknicktem Körper, spritzte er, schreiend wie ein Schwein, seinen Samen über die Hostien, während Simone, die ihn wichste, das Ziborium darunter hielt.

Fliegendreck

Wir ließen das Aas fallen. Krachend schlug es auf die Fliesen. Wir waren beseelt von einer klaren Entschlossenheit, zu der sich Erregung gesellte. Der Priester erschlaffte. Die Zähne auf die Steine gepreßt, lag er am Boden, geschlagen von der Schmach. Seine Hoden waren leer, und sein Verbrechen begann ihn zu zersetzen. Man hörte ihn stöhnen:

– Elende Gotteslästerer ...

Und andere gestammelte Klagen.

Sir Edmond stieß mit dem Fuß nach ihm; das Monstrum zuckte zusammen und schrie vor Wut. Es war so lächerlich, daß wir in Lachen ausbrachen.

– Erhebe dich, befahl Sir Edmond, du sollst das *girl* beschlafen.

– Ihr Elenden, drohte die erstickte Stimme des Priesters, die spanische Justiz ... das Zuchthaus ... die Garotte ...

– Er vergißt offenbar, daß es sein Samen ist, bemerkte Sir Edmond.

Eine Grimasse, ein tierisches Zittern antworteten ihm, dann:

– ... die Garotte ... auch für mich ... aber *für euch* ... zuerst ...

– Idiot, sagte der Engländer und lachte höhnisch, *zuerst!* Glaubst du etwa, daß dir noch soviel Zeit bleibt?

Der Dummkopf sah Sir Edmond an; sein schönes Gesicht drückte äußerste Einfalt aus. Eine seltsame Freude öffnete ihm den Mund; er kreuzte die Hände, warf einen verzückten Blick gen Himmel.

Dann murmelte er mit schwacher, ersterbender Stimme:

– ... das Martyrium ...

Eine Hoffnung auf Heil kam auf den Elenden herab: seine Augen blickten wie erleuchtet.

– Ich will dir vorher noch eine Geschichte erzählen, sagte Sir Edmond. Du weißt doch, daß die Gehenkten oder die Garottierten im Augenblick des Erdrosselns ein so steifes Glied bekommen, daß sie ejakulieren. Du sollst ein Märtyrer werden, aber ein fickender Märtyrer.

Der von Schrecken ergriffene Priester richtete sich auf, aber der Engländer drehte ihm den Arm um und stieß ihn auf die Fliesen zurück.

Sir Edmond band ihm die Arme hinten zusammen. Ich stopfte ihm einen Knebel in den Mund und fesselte seine Beine mit meinem Gürtel. Der Engländer, der sich selbst auf dem Boden ausgestreckt hatte, hielt ihm mit den Händen die Arme wie im Schraubstock. Er sorgte dafür, daß der Pater die Beine nicht bewegen konnte, indem er sie mit den eigenen Beinen umschloß. Kniend hielt ich den Kopf zwischen den Schenkeln.

Der Engländer sagte zu Simone:

– Jetzt hock dich rittlings auf diese Kirchenratte.

Simone zog ihren Rock aus. Sie setzte sich auf den Bauch des Märtyrers, den Arsch dicht an seinem weichen Schwanz.

Der Engländer fuhr fort, unter dem Körper des Opfers hervor zu sprechen.

– Jetzt würge ihm die Kehle, das Röhrchen gleich hinter dem Adamsapfel: dann ein kräftiger, nach und nach stärkerer Druck.

Simone würgte ihn; ein Beben durchzuckte den unbeweglich gemachten Körper, und die Rute richtete sich auf. Ich nahm sie in meine Hände und

führte sie in das Fleisch von Simone ein. Sie würgte ihm weiter die Kehle.
Ungestüm, trunken bis zum Blut, ließ das Mädchen den steifen Schwanz in ihrer Vulva auf und ab gehen. Die Muskeln des Priesters spannten sich.
Schließlich würgte sie so entschlossen, daß ein noch heftigerer Schauer den Sterbenden erbeben ließ: sie spürte, wie der Samen ihren Arsch überschwemmte. Darauf ließ sie ihn los, entkräftet, zurückgesunken in einem Sturm der Lust.
Simone blieb auf den Fliesen liegen, den Leib nach oben gekehrt, die Schenkel tropfend vom Sperma des Toten. Ich legte mich über sie, um meinerseits meinen Samen in sie zu ergießen. Ich war wie gelähmt. Ein Übermaß an Liebe und der Tod des Elenden hatten mich erschöpft. Ich war noch nie so zufrieden gewesen. Ich beschränkte mich darauf, Simone auf den Mund zu küssen.
Das junge Mädchen hatte Lust, ihr Werk zu betrachten, und schob mich zur Seite, um aufstehen zu können. Sie setzte sich mit ihrem nackten Hintern auf den nackten Kadaver. Sie schaute das Gesicht an, tupfte den Schweiß von der Stirn. Eine Fliege, die in einem Sonnenstrahl summte, kehrte immer wieder zurück, um sich auf dem Toten niederzulassen. Sie verjagte das Insekt, plötzlich aber stieß sie einen leichten Schrei aus. Etwas Seltsames war geschehen: die Fliege hatte sich auf das Auge des Toten gesetzt und kroch langsam über die glasige Kugel. Simone griff sich mit beiden Händen an den Kopf und schüttelte ihn schaudernd. Ich sah sie in einen Abgrund von Gedanken versunken.
So bizarr das scheinen mag, wir hatten gar nicht darüber nachgedacht, wie die Geschichte wohl en-

den könnte. Wäre irgendein Störenfried aufgetaucht, wir hätten ihm gewiß nicht lange Zeit gelassen, sich zu entrüsten ... Gleichviel. Simone, die sich aus ihrer Stumpfheit zu lösen begann, erhob sich und ging zu Sir Edmond hinüber, der mit dem Rücken an der Wand lehnte. Man hörte die Fliege summen.

– Sir Edmond, sagte Simone, und legte ihre Wange an seine Schulter, werden Sie alles tun, was ich sage?

– Ich werde es tun ... wahrscheinlich, sagte der Engländer.

Sie winkte mich an die Seite des Toten, kniete nieder, zog die Lider auseinander und öffnete ganz weit das Auge, auf dessen Oberfläche sich die Fliege niedergelassen hatte.

– Siehst du das Auge?

– Ja, und?

– Es ist ein Ei, sagte sie in aller Natürlichkeit.

Verstört fragte ich weiter.

– Worauf willst du hinaus?

– Ich will mich damit amüsieren.

– Und dann?

Sie richtete sich auf und schien erhitzt (sie war auf furchtbare Weise nackt).

– Hören Sie, Sir Edmond, sagte sie. Sie müssen mir sofort das Auge geben, reißen Sie es ihm aus.

Sir Edmond nahm, ohne mit der Wimper zu zukken, eine Schere aus seiner Brieftasche, kniete sich hin, schnitt das Fleisch zurück, grub dann die Finger in die Augenhöhle und zog das Auge heraus, indem er die gespannten Sehnen durchtrennte. Dann legte er die kleine weiße Kugel in die Hand meiner Freundin.

Sie betrachtete diese Extravaganz offensichtlich verstört, zögerte aber nicht einen Moment. Sie

streichelte sich die Beine und schob das Auge an ihnen entlang. Die Liebkosung des Auges auf der Haut ist von einer unendlichen Sanftheit ... mit einer schrecklichen Nähe zum Hahnenschrei.
Simone jedoch amüsierte sich, ließ das Auge in die Spalte ihrer Hinterbacken gleiten. Sie streckte sich aus, hob die Beine und den Hintern an. Sie versuchte, die Kugel unbeweglich zu machen, indem sie die Hinterbacken zusammenpreßte, aber sie sprang daraus hervor – wie ein Kern zwischen den Fingern – und fiel auf den Bauch des Toten.
Der Engländer hatte mich ausgezogen.
Ich warf mich über das junge Mädchen, und ihre Vulva verschlang meinen Schwanz. Ich begann sie zu stoßen: der Engländer ließ das Auge zwischen unseren Leibern rollen.
– Stecken Sie es mir in den Hintern, schrie Simone.
Sir Edmond steckte die Kugel in die Spalte und schob sie tief hinein.
Am Ende ließ Simone von mir ab, nahm Sir Edmond das Auge aus den Händen und führte es in ihr Fleisch ein. In diesem Moment zog sie mich an sich, küßte mich und ließ dabei ihre Zunge mit so viel Leidenschaft in meinen Mund gleiten, daß mir der Orgasmus kam: ich spritzte meinen Samen über ihr Fell.
Ich stand auf, ich spreizte Simones Schenkel: sie lag ausgestreckt auf der Seite; und ich sah vor mir, was ich – so bilde ich mir ein – seit jeher erwartet hatte: wie eine Guillotine den abzuschneidenden Kopf erwartet. Meine Augen, schien mir, waren vor Schrecken angeschwollen; in der behaarten Vulva *Simones* erblickte ich das blaßblaue Auge *Marcelles,* das mich anschaute und Tränen von Urin vergoß. Spuren von Samen in

dem dampfenden Haar verliehen dieser Vision vollends den Charakter schmerzlicher Trauer. Ich hielt Simones Schenkel geöffnet: der heiße Urin strömte unter dem Auge hindurch auf den niedriger liegenden Schenkel ...

Wir verließen Sevilla in einem Mietwagen: Sir Edmond und ich mit schwarzen Bärten geschmückt, Simone mit einem lächerlichen schwarzen Seidenhut mit gelben Blumen auf dem Kopf. Beim Betreten einer neuen Stadt wechselten wir jedesmal unsere Rollen. Ronda durchquerten wir als spanische Priester verkleidet, trugen flauschige schwarze Filzhüte, hatten uns einen Priesterrock umgehängt und rauchten männlich dicke Zigarren; Simone in ihrem Seminaristengewand war so engelsschön wie je.
So flohen wir endlos durch Andalusien, Land der gelben Erde und des gelben Himmels, unermeßliches Nachtgeschirr, überströmt von Licht, wo ich jeden Tag in einer neuen Rolle eine neue Simone vergewaltigte, und vor allem gegen Mittag, auf dem Erdboden, in der Sonne und unter den roten Augen Sir Edmonds.
Am vierten Tag kaufte der Engländer eine Yacht in Gibraltar.

Reminiszenzen

Als ich eines Tages in einer amerikanischen Zeitschrift blätterte, ließen zwei Fotografien mich innehalten. Auf der ersten sah man die Straße eines abgelegenen Dorfes, aus dem meine Familie kommt. Auf der zweiten die Ruine einer benachbarten Burg. Mit dieser Ruine, die hoch oben auf einem Felsen im Gebirge liegt, verbindet sich eine Episode meines Lebens. Als ich einundzwanzig war, verbrachte ich den Sommer im Hause meiner Familie. Eines Tages kam mir die Idee, in der Nacht jene Ruine zu besuchen. Sittsame junge Mädchen und meine Mutter schlossen sich mir an (eines der Mädchen liebte ich, und sie liebte mich, aber wir hatten uns nie ausgesprochen: sie war eine der Frömmsten, und da sie fürchtete, Gott werde sie nicht zu sich rufen, wollte sie im Gebet verharren). Es war eine finstere Nacht. Nach einer Stunde Weges erreichten wir das Ziel. Wir kletterten gerade die steilen Hänge hinauf, über denen die Burgmauern aufragen, als ein weißes, leuchtendes Gespenst aus einem Winkel der Felsen hervortrat und uns den Weg versperrte. Eines der jungen Mädchen und meine Mutter fielen auf den Rükken. Die anderen stießen Schreie aus. Von Anfang an überzeugt, daß es sich um einen Scherz handelte, wurde ich gleichwohl von unleugbarem Schrecken ergriffen. Ich ging auf die Erscheinung zu und schrie sie an, sie möge die albernen Späße unterlassen, aber die Kehle war mir wie zugeschnürt. Die Erscheinung löste sich auf: ich sah meinen älteren Bruder davonlaufen. Zusammen mit einem Freund war er uns auf dem Fahrrad

vorausgefahren und hatte uns Angst eingejagt: in ein Laken gehüllt und im plötzlich aufleuchtenden Licht einer Azetylenlampe: die Umgebung bot sich dazu an, und die Inszenierung war gelungen. An dem Tage, als ich die Zeitschrift durchblätterte, hatte ich gerade die Episode mit dem Laken beschrieben. Ich sah das Laken zu meiner Linken, und ebenso tauchte das Gespenst auf der linken Seite der Burg auf. Die beiden Bilder ließen sich übereinanderlegen.
Ich wunderte mich immer mehr.
Ich malte mir dann in allen Einzelheiten die Szene in der Kirche aus, insbesondere das Herausreißen des Auges. Und als mir aufging, daß diese Szene eine Beziehung zu meinem wirklichen Leben hatte, verband ich sie mit der Szene einer berühmten Corrida, die ich tatsächlich gesehen hatte – das Datum und die Namen stimmen, Hemingway hat diesen Stierkampf in seinen Büchern mehrmals erwähnt. Zunächst sah ich keine Verbindung, doch als ich den Tod Graneros beschrieb, war ich endgültig verwirrt. Das Herausreißen des Auges war nicht etwa eine freie Erfindung; vielmehr übertrug ich auf eine erfundene Gestalt eine ganz bestimmte Verletzung, die ein lebender Mensch vor meinen Augen davongetragen hatte (im Verlauf des einzigen tödlichen Unfalls, den ich gesehen habe). So traten die beiden grellsten und eindrucksvollsten Bilder, die in meinem Gedächtnis ihre Spur hinterlassen hatten, in unkenntlicher Gestalt in dem Augenblick wieder hervor, als ich nach der größtmöglichen Obszönität gesucht hatte.
Ich war mir dieser zweiten Verbindung bewußt geworden und hatte eben die Corrida-Szene abgeschlossen, als ich sie einem befreundeten Arzt

vorlas, in einer Fassung, die von der dieses Buches leicht abweicht. Ich habe niemals die herausgeschälten Hoden eines Stiers gesehen. Ich hatte sie zunächst als von einem kräftigen Rot beschrieben, das dem des Gliedes gleicht. Damals gehörten die Hoden für mich noch nicht zu der Assoziation *Auge* und *Ei*. Mein Freund wies mich auf meinen Irrtum hin. Wir schlugen in einem Lehrbuch der Anatomie nach, wo ich sehen konnte, daß die Hoden von Tieren und Menschen eiförmig sind und Aussehen und Farbe des Augapfels haben.

Übrigens verbinden sich auch andere Erinnerungen mit den Bildern meiner Obsessionen.

Mein Vater war syphiliskrank (tabische Syphilis). Er wurde blind (er war es bereits, als er mich zeugte), und als ich zwei oder drei Jahre alt war, lähmte die Krankheit ihn. Als kleines Kind betete ich diesen Vater an. Nun führten die Lähmung und die Blindheit unter anderem dazu, daß er nicht wie wir zur Toilette gehen konnte: er mußte sein Wasser im Sessel sitzend lassen und hatte ein Gefäß dafür. Er pinkelte vor mir, unter einer Dekke, die er, da er blind war, nicht richtig über sich breitete. Doch das Peinlichste war, wie er dabei blickte. Obwohl er nichts sah, verlor sich seine Pupille des Nachts unter dem oberen Augenlid: es war die gleiche Verdrehung der Augen, die sich gewöhnlich bei der Paarung vollzieht. Er hatte große, weit geöffnete Augen in einem abgezehrten Gesicht, das an einen Adlerschnabel erinnerte. Meist wurden diese Augen, wenn er Wasser ließ, nahezu weiß; sie drückten dann Verwirrung aus; sie hatten nur eine Welt zum Ziel, die er allein sehen konnte und deren Anblick ihm ein abwesendes Lächeln entlockte. Das Bild jener weißen *Au-*

gen ist für mich mit dem von *Eiern* verbunden; und wenn ich im Laufe dieser Erzählung vom *Auge* oder von *Eiern* spreche, erscheint gewöhnlich auch der Urin.

Wenn ich an diese verschiedenen Beziehungen denke, dann glaube ich darin etwas Neues zu erkennen, das das Wesentliche der Geschichte (als Ganzes genommen) mit dem am schwersten wiegenden Ereignis meiner Kindheit verbindet.

Während meiner Pubertät verwandelte sich meine Zuneigung zu meinem Vater in eine unbewußte Aversion. Ich litt weniger unter den Schreien, die ihm die stechenden Tabes-Schmerzen unablässig entrissen (die Ärzte zählen sie zu den grausamsten Schmerzen überhaupt). Der übelriechende Schmutz, in dem zu leben ihn seine Gebrechen zwangen (es kam vor, daß er sich mit Kot beschmutzte), war es auch nicht, was mich damals quälte. In allem machte ich mir die Haltung oder Meinung zu eigen, die der seinen entgegengesetzt war.

Eines Nachts wurden meine Mutter und ich von einer Rede geweckt, die der Kranke in seinem Zimmer brüllend hielt: er war plötzlich wahnsinnig geworden. Der Arzt, den ich gerufen hatte, kam sehr rasch. In seinem Redefluß malte sich mein Vater die glücklichsten Erlebnisse aus. Als der Arzt sich mit meiner Mutter ins Nebenzimmer zurückgezogen hatte, schrie der Wahnsinnige mit Stentorstimme:

– SAG BESCHEID, DOKTOR, WENN DU MEINE FRAU ZU ENDE GEVÖGELT HAST! Er lachte. Dieser Satz, der die Wirkung einer strengen Erziehung zunichte machte, löste bei mir eine schreckliche Heiterkeit aus, und unbewußt nahm ich die beständige Verpflichtung

auf mich, in meinem Leben und meinen Gedanken entsprechende Vorgänge aufzuspüren. Dies mag vielleicht ‹*Die Geschichte des Auges*› erhellen.
Ich beende die Aufzählung dieser Höhepunkte meiner persönlichen Erschütterungen und Schmerzen ...
Ich konnte Marcelle nicht mit meiner Mutter identifizieren. Marcelle ist die vierzehnjährige Unbekannte, die ich eines Tages im Café mir gegenüber sitzen sah. Trotzdem ...
Einige Wochen nach dem Wahnsinnsanfall meines Vaters verlor meine Mutter nach einer häßlichen Szene, die ihr meine Großmutter in meiner Gegenwart machte, ihrerseits den Verstand. Lange Zeit verbrachte sie im Zustand der Melancholie. Die Vorstellungen ewiger Verdammnis, die sie beherrschten, ärgerten mich um so mehr, als ich gezwungen war, sie ständig zu beaufsichtigen. Ihr Delirium erschreckte mich so sehr, daß ich eines Nachts zwei schwere Kerzenleuchter mit einem Marmorfuß vom Kaminsims entfernte: ich hatte Angst, sie würde mich, während ich schlief, damit erschlagen. Es kam so weit, daß ich sie schlug und ihr, am Ende meiner Geduld, in meiner Verzweiflung die Handgelenke verdrehte, um sie zu zwingen, Vernunft anzunehmen.
Eines Tages nutzte meine Mutter einen Moment aus, als ich ihr den Rücken gekehrt hatte, und verschwand. Wir haben sie lange gesucht; mein Bruder fand sie gerade noch rechtzeitig: sie hatte sich auf dem Boden aufgeknüpft. Allerdings kehrte sie dennoch ins Leben zurück.
Sie verschwand ein zweites Mal: ich mußte sie endlos suchen, am Ufer eines Baches, in dem sie sich hätte ertränken können. Im Laufschritt durchquerte ich das sumpfige Gelände. Schließlich er-

blickte ich sie vor mir auf einem Weg: sie war bis zum Gürtel durchnäßt, und aus ihrem Rock rieselte das Wasser des Baches. Sie war freiwillig aus dem eisigen Wasser herausgekommen (es war mitten im Winter); der Bach war an dieser Stelle zu flach, um sich zu ertränken.

Gewöhnlich halte ich mich bei diesen Erinnerungen nicht mehr auf. Sie haben, nach den langen Jahren, ihre Macht eingebüßt, sie treffen mich nicht mehr: die Zeit hat sie neutralisiert. Nur entstellt, unkenntlich gemacht, können sie wieder lebendig werden: sie haben im Verlauf ihrer Entstellung eine andere Bedeutung angenommen, einen obszönen Sinn.

Entwurf für eine Fortsetzung der Geschichte des Auges

Nach fünfzehn Jahren immer schwererer Ausschweifungen endet Simone in einem Folterlager. Durch einen Irrtum; Geschichten von Qualen, Tränen, der Dummheit des Unglücks; Simone nahe daran, sich bekehren zu lassen, bekniet von einer blutleeren Frau, ein neues Glied in der Reihe der Frommen der Kirche von Sevilla zu werden. Sie ist inzwischen fünfunddreißig Jahre alt. Noch schön bei ihrer Ankunft im Lager, versetzt das Alter ihr nach und nach harte Schläge. Schöne Szene mit einem weiblichen Henker und der Betschwester: die Betschwester und Simone werden zu Tode geschlagen, doch Simone entrinnt der Versuchung. Sie stirbt, so wie man sich bei der Liebe hingibt, aber in der Reinheit (Keuschheit) und der *Dummheit* des Todes: Fieber und Agonie verklären sie. Der Henker schlägt sie, aber sie erträgt die Schläge gleichgültig, so wie sie gleichgültig die Worte der Betschwester über sich ergehen läßt, versunken in die Arbeit der Agonie. Keine erotische Freude, es ist sehr viel mehr. Aber ohne Ausweg. Kein Masochismus mehr, und im Grunde ist diese Exaltation größer als die Imagination, die sie sich vorstellen kann, sie überschreitet alles. Aber sie gründet in der Einsamkeit und Sinnlosigkeit.

Madame Edwarda

Vorwort

> Der Tod ist das Furchtbarste,
> und das Tote festzuhalten das,
> was die größte Kraft erfordert.
> Hegel

Der Autor* von ‹*Madame Edwarda*› hat selbst auf den Ernst seines Buches hingewiesen. Doch angesichts der üblichen Leichtfertigkeit, mit der man Texte zu behandeln pflegt, deren Thema die Sexualität ist, scheint es mir richtig, darauf zu beharren. Nicht daß ich die Hoffnung – oder die Absicht – hätte, in dieser Hinsicht etwas zu ändern. Allerdings möchte ich den Leser meines Vorwortes bitten, einen kurzen Moment über die traditionelle Einstellung zur Lust (die im Spiel der Geschlechter ihre wildeste Intensität erreicht) und zum Schmerz (den der Tod zwar stillt, vorher aber auf das Heftigste steigert) nachzudenken. Ein ganzer Komplex von Voraussetzungen hat uns dazu geführt, daß wir uns vom Menschen (von der Menschheit) ein Bild machen, das von der äußersten Lust und vom äußersten Schmerz gleich weit entfernt ist: von jeher betrafen die meisten Verbote einerseits das Sexualleben und andererseits den Tod, so daß beide Bereiche als sakral, als der Religion zugehörig empfunden wurden. Das Schlimmste trat ein, als es dahin kam, daß man allein noch die Verbote, die mit den Umständen des Sterbens des Menschen zusammenhingen, für ernst nahm, während man jene, welche die Um-

* Siehe die Anmerkung auf Seite 351.

stände seiner Zeugung betrafen – die ganze geschlechtliche Aktivität –, immer leichter zu nehmen begann. Ich denke nicht daran, gegen die profunde Tendenz der großen Zahl zu protestieren: sie ist Ausdruck des Schicksals, das es wollte, daß der Mensch über seine Fortpflanzungsorgane lacht. Aber dieses Lachen, das den Gegensatz von Lust und Schmerz betont (Schmerz und Tod sind ehrfurchtgebietend, während die Lust lächerlich, verächtlich ist), enthüllt auch ihre tiefe Verwandtschaft. Das Lachen ist nicht mehr ehrfurchtsvoll – es ist Zeichen des Schreckens. Das Lachen ist Ausdruck der Kompromißhaltung, die der Mensch gegenüber dem einnimmt, was ihn abstößt, wenn dieses ihm nicht mehr ernst erscheint. So bedeutet der ernst, der tragisch genommene Erotismus eine völlige Umkehr unserer Vorstellungen.

Ich möchte zunächst deutlich machen, wie fruchtlos jene banalen Versicherungen sind, denen zufolge das sexuelle Verbot ein Vorurteil ist, von dem es Zeit wird, sich zu befreien. Die Scham, die Schamhaftigkeit, die das starke Lustgefühl begleiten, wären danach nur Zeichen mangelnder Intelligenz. Ebensogut kann man sagen, wir müßten reinen Tisch machen und zur Stufe der Tierheit zurückkehren, zum gegenseitigen Verschlingen und zur Gleichgültigkeit gegenüber Unrat und Schmutz. Als ginge nicht die gesamte Menschheit aus den großen und gewaltigen Regungen des Schreckens und der ihm folgenden Anziehung hervor, die mit Sensibilität und Intelligenz verbunden sind. Wir wollen nicht etwa versuchen, dem von der Schamlosigkeit provozierten Gelächter entgegenzutreten, aber wir möchten – zum Teil –

auf eine Haltung zurückkommen, die das Lachen erst ermöglicht hat.
Ist es doch das Lachen, das eine Art entehrender Verdammung rechtfertigt. Das Gelächter führt uns auf jenen Weg, wo das Prinzip eines Verbotes, das Prinzip notwendigen, unvermeidlichen Anstands sich in verständnislose Heuchelei verwandelt, in ein Unverständnis dessen, was auf dem Spiele steht. Die vom Spott begleitete, äußerste Zügellosigkeit geht Hand in Hand mit der Weigerung, die Wahrheit der Erotik ernst – ich meine: *tragisch* – zu nehmen.

Das Vorwort zu diesem kleinen Buch, in dem ohne Umschweife dargestellt wird, wie die Erotik das Bewußtsein aufzureißen vermag, bietet mir die Gelegenheit zu einem leidenschaftlichen Appell. Nicht daß es mich überraschte, daß der Geist sich von selbst abwendet, sich sozusagen den Rükken kehrt und in seinem Eigensinn zur Karikatur seiner Wahrheit wird. Wenn die Menschen die Lüge brauchen, so ist das schließlich ihre Sache! Der Mensch, der vielleicht seinen Stolz besitzt, geht in der menschlichen Masse unter... Aber sei's drum: ich werde nie die Heftigkeit und das Staunen vergessen, das mit dem Willen verbunden ist, die Augen zu öffnen, um *dem, was geschieht, dem, was ist,* ins Gesicht zu sehen. Und ich wüßte *das, was geschieht,* nie zu erkennen, wüßte ich nichts von der äußersten Lust, wüßte ich nichts vom äußersten Schmerz!
Verstehen wir uns richtig. Pierre Angélique sagt ausdrücklich: Wir wissen nichts, und wir befinden uns auf dem Grund der Nacht. Aber zumindest können wir sehen, was uns täuscht, was uns

davon abhält, unser Elend zu erkennen, oder besser: zu erkennen, daß die Freude das gleiche ist wie der Schmerz, das gleiche wie der Tod.
Jenes große Lachen aber, das der zügellose Spott hervorruft, lenkt uns eben von der Identität der äußersten Lust und des äußersten Schmerzes ab: die Identität des Seins und des Todes, des Wissens, das sich in dieser leuchtenden Perspektive und der endgültigen Finsternis vollendet. Über diese Wahrheit können wir am Ende sicherlich lachen, doch diesmal mit einem vollständigen Lachen, das nicht haltmacht bei der Verachtung für das, was abstoßend sein kann, wo aber Abscheu uns versinken läßt.

Um bis ans Ende der Ekstase zu gehen, wo wir uns im Sinnengenuß verlieren, müssen wir ihm immer die unmittelbare Grenze ziehen: diese Grenze ist der Schrecken. Nicht allein der Schmerz, der Schmerz anderer oder mein eigener, vermag mich dem Augenblick näherzubringen, da der Schrecken mich erfaßt und in mir den ins Delirium übergehenden Freudenzustand erzeugt. Es gibt nicht eine einzige Art von Widerwillen, in der ich nicht eine Affinität zum Verlangen erkenne. Der Schrecken vermischt sich zwar nie mit der Anziehung: aber wenn er sie nicht aufhalten, sie nicht zerstören kann, *verstärkt der Schrecken die Anziehung*. Die Gefahr lähmt, aber wenn sie weniger bedrohlich ist, kann sie das Verlangen erregen. Wir erreichen die Ekstase nicht, wenn wir nicht – und sei es nur in der Ferne – den Tod, die Vernichtung vor uns sehen.
Ein Mensch unterscheidet sich vom Tier dadurch, daß ihn bestimmte Empfindungen verwunden und

im Innersten treffen. Diese Empfindungen sind bei jedem Individuum verschieden und richten sich nach den Lebensgewohnheiten. Doch der Anblick von Blut, der Geruch von Erbrochenem erwecken in uns den Schrecken des Todes und versetzen uns manchmal in einen Zustand von Ekel, der uns grausamer trifft als der Schmerz. Wir ertragen diese mit dem äußersten Schwindelgefühl verbundenen Empfindungen nicht. Manche ziehen den Tod der Berührung mit einer Schlange vor – selbst wenn sie harmlos ist. Es gibt einen Bereich, in dem der Tod nicht das bloße Verschwinden bedeutet, sondern jenen unerträglichen Aufruhr, in dem wir *gegen unseren Willen* verschwinden, während wir *um jeden Preis* nicht verschwinden sollten. Gerade dieses *um jeden Preis*, dieses *gegen unseren Willen* zeichnet den Augenblick der äußersten Lust und der nicht benennbaren, aber wunderbaren Ekstase aus. Wenn es nichts gäbe, das uns überschreitet, das uns *gegen unseren Willen* überschreitet, das *um keinen Preis* eintreten dürfte, erreichten wir nie den Augenblick, in dem wir *von Sinnen* sind, den wir mit allen unseren Kräften anstreben und gegen den wir uns zugleich mit allen Kräften wehren.

Die Lust wäre verächtlich, wenn es nicht ein überwältigendes Überschreiten wäre, das nicht nur der sexuellen Ekstase vorbehalten ist. Die Mystiker haben es in der gleichen Weise erfahren. Das Sein wird uns gegeben in einem *unerträglichen* Überschreiten des Seins, das nicht weniger unerträglich ist als der Tod. Und da das Sein uns im Tod zur gleichen Zeit, da es uns geschenkt, auch wieder genommen wird, müssen wir es im *Erleben*

des Todes suchen, in jenen unerträglichen Momenten, in denen wir zu sterben glauben, weil das Sein in uns nur noch Exzeß ist, wenn die Fülle des Schreckens und die der Freude zusammenfallen.
Selbst das Denken (die Reflexion) vollendet sich in uns nur im Exzeß. Was bedeutet Wahrheit, außerhalb der Vorstellung des Exzesses, wenn wir nicht das sehen, was über die Möglichkeit des Sehens hinausgeht, das zu sehen unerträglich ist, wie in der Ekstase der Genuß unerträglich ist? Wenn wir das nicht zu denken vermögen, was die Möglichkeit, zu denken, übersteigt ...? [1]

Am Ausgang dieser leidenschaftlichen Reflexion, die sich in einem Schrei selbst vernichtet, die sich selbst nicht ertragen kann und in ihrer Unduldsamkeit versinkt, finden wir Gott wieder. Das ist der Sinn, das ist die Ungeheuerlichkeit dieses kleinen, von Sinnen geratenen Buches: die Erzählung bringt, in der Fülle seiner Attribute, Gott selber ins Spiel; und nichtsdestoweniger ist dieser Gott eine öffentliche Dirne wie jede andere. Aber was die Mystik nicht zu sagen vermochte (denn in diesem Augenblick verlor sie das Bewußtsein), sagt der Erotismus: Gott ist nichts, wenn er nicht das Überschreiten Gottes nach allen Seiten ist, in Richtung des banalen Seins, des Entsetzens und der Unreinheit, und schließlich in der des Nichts ... Wir können der Sprache nicht ungestraft das Wort, das die Wörter überschreitet, hinzufügen: das Wort *Gott*. In dem Augenblick, da wir es tun, zerstört dieses Wort, indem es über sich selbst hinauswächst, in schwindelerregender Weise seine Grenzen. Das heißt, es schreckt vor nichts zurück. Es ist überall dort, wo man es unmöglich erwarten kann: es ist selbst eine *Ungeheuerlichkeit.* Wer immer die geringste Ahnung davon hat, verstummt augenblicklich. Oder den Ausgang suchend und wissend, daß er in ein offenes Messer rennen wird, beginnt er ihn in dem zu suchen, was ihn vernichten und so Gott ähnlich machen kann – ähnlich dem Nichts.[2]

Auf diesem unbeschreibbaren Weg, auf den uns das anstößigste aller Bücher geführt hat, gibt es vielleicht doch noch einige Entdeckungen zu machen.
Zum Beispiel, ganz zufällig, die des Glücks ...
Die Lust ließe sich genau in der Perspektive des Todes finden (derart ist sie durch die Erscheinung ihres Gegenteils, der Traurigkeit, maskiert).
Ich bin keineswegs geneigt, die Wollust für das Wesentliche auf dieser Welt zu halten. Der Mensch ist nicht auf das Organ der Lust beschränkt. Aber dieses Organ, das man nicht eingestehen kann, lehrt ihn sein Geheimnis.[3] Da der Genuß von der Perspektive abhängt, die sich dem Geist auf den Tod hin öffnet, liegt es nahe, daß wir mogeln und versuchen, die Lust zu erreichen und uns dem Schrecken dabei so wenig wie möglich zu nähern. Die Bilder, die das Begehren erregen oder den Orgasmus hervorrufen, sind gewöhnlich anrüchig, zweideutig: ob sie nun auf den Schrecken oder den Tod zielen, immer tun sie es auf eine hinterhältige Weise. Sogar bei de Sade wird der Tod auf das *andere* projiziert, und das *andere* ist zunächst ein köstlicher Ausdruck des Lebens. Im Bereich der Erotik herrscht eindeutig die List. Das Objekt, das die Regung des Eros hervorruft, gibt

sich als etwas anderes aus, als es ist. Und was die Materie des Erotismus betrifft, so haben die Asketen recht. Sie sagen von der Schönheit, daß sie die Falle des Teufels ist: in der Tat, nur die Schönheit vermag das Bedürfnis nach Ausschweifung, Gewaltsamkeit und Schmach, die Wurzel der Liebe ist, erträglich zu machen. Ich kann hier nicht im einzelnen die Delirien untersuchen, deren Formen so vielfältig sind und von denen uns die reine Liebe heimtückischerweise nur mit der gewaltsamsten bekannt macht, die den blinden Überschwang des Lebens bis an die Grenzen des Todes treibt. Gewiß, die asketische Verurteilung ist plump, sie ist feige, sie ist grausam: aber sie ist Ausdruck des Zitterns, ohne das wir uns von der Wahrheit der Nacht entfernen. Es gibt keinen Grund, der sexuellen Liebe eine Bedeutung zuzuschreiben, die nur das gesamte Leben besitzt: aber wenn wir das Licht nicht bis dorthin tragen, wo die Nacht hereinbricht, wie wüßten wir dann, wir, die wir aus der Projektion des Seins auf den Schrecken hervorgegangen, ob die Liebe untergeht in der Brechreiz erregenden Leere, die sie *um jeden Preis* fliehen sollte ...

Wahrlich, nichts wäre furchtbarer! Wie lächerlich müßten uns die Bilder der Hölle an den Kirchenportalen erscheinen! Die Hölle ist die Vorstellung der Schwäche, die Gott uns unfreiwillig von sich selber gibt. Aber auf der Stufenleiter des grenzenlosen Verderbens finden wir den Triumph des *Seins* wieder – das sich nur immer wieder mit dem Trieb in Übereinstimmung zu bringen braucht, der es vergänglich will. Das Sein fordert sich selbst zu dem furchtbaren Tanz auf, dessen Aussetzen der Rhythmus ist. Wir müssen ihn akzeptieren, wie er ist, nur müssen wir den Schrecken kennen, mit dem er harmoniert. Es gibt nichts Quälenderes, als wenn uns der Mut dazu fehlt. Der Augenblick der Qual wird nie ausbleiben: wie, wenn er ausbliebe, ihn überwinden? Aber das rückhaltlos – dem Tod, der Qual, der Freude – *geöffnete* Sein, das offene und sterbende, schmerzerfüllte und glückliche Wesen erscheint schon in seinem verhüllten Licht: dieses Licht ist göttlich. Und der Schrei, den dieses Wesen mit verzerrtem Mund – vielleicht verzerrt, aber doch – hervorbringt, ist ein unermeßliches *Halleluja*, verloren in einem Schweigen ohne Ende.

Georges Bataille

Anmerkungen zum Vorwort

1. Ich möchte mich entschuldigen, wenn ich hier hinzufüge, daß diese Definition des Seins und des Exzesses philosophisch nur dort begründet werden kann, wo der Exzeß die Begründung überschreitet: der Exzeß ist gerade das, was es dem Sein vor allem anderen ermöglicht, über alle Grenzen zu treten: diese Grenzen erlauben es uns, zu sprechen (auch ich spreche, aber beim Sprechen vergesse ich nicht, daß mir das Gesprochene nicht nur entgleiten wird, sondern mir ständig entgleitet). Diese methodisch geordneten Sätze sind möglich (sie sind es in einem weiten Maße, denn der Exzeß ist die Ausnahme, das Wunderbare, das Wunder ...; und der Exzeß bezeichnet die Anziehung – die Anziehung, wenn nicht den Schrekken, *all das, was mehr ist, als es ist,* wobei die Unmöglichkeit die Voraussetzung ist. So daß ich also nie gebunden bin, mich niemals unterwerfe, sondern meine Souveränität wahre, die einzig mein Tod mir nehmen kann; er wird mir die Unmöglichkeit, in der ich mich befand, beweisen: mich auf ein Sein ohne Exzeß zu beschränken. Ich lehne das Wissen nicht ab, ohne das ich nicht schreiben könnte, aber meine Hand, die schreibt, *stirbt,* während sie schreibt, und durch den ihr gewissen Tod entgleitet sie den beim Schreiben akzeptierten Grenzen (akzeptiert von der Hand, die schreibt, aber abgelehnt von der, die stirbt).

2. Das wäre also die erste Theologie, die von einem Menschen vorgeschlagen wird, den das Gelächter erleuchtet und der sich anheischig macht,

nicht zu begrenzen, was nicht weiß, was die Grenze ist. Merkt euch den Tag, an dem ihr von einem feurigen Kiesel lest, ihr, die ihr über den Schriften der Philosophen blaß geworden seid! Wie kann sich einer ausdrücken, der sie zum Schweigen bringt, wenn nicht auf eine Art, die sie nicht begreifen?

3. Ich könnte darüber hinaus darauf aufmerksam machen, daß der Exzeß das eigentliche Prinzip der sexuellen Fortpflanzung ist: tatsächlich wollte die *göttliche Vorsehung*, daß in ihrem Werk das Geheimnis lesbar bliebe! Kann dem Menschen denn nichts erspart werden? An dem gleichen Tag, da er bemerkt, daß ihm der Boden fehlt, wird ihm gesagt, daß dieses Fehlen im Plan der *Vorsehung* liege. Doch verdankte er das Kind seiner Blasphemie, so hieße das: indem er Gott lästert und auf seine eigenen Grenzen spuckt, gelangt auch der Armseligste zum Genuß; indem er Gott lästert, ist er Gott. Ja, die *Schöpfung* ist unentwirrbar, sie läßt sich auf keine andere Bewegung des Geistes zurückführen als auf die Gewißheit, überschritten zu werden, zu überschreiten.

Hast du Angst vor allem, so lies dies Buch,
aber zuerst hör zu, was ich dir sage:
wenn du lachst, so nur, weil du Angst hast.
Ein Buch, meinst du, ist ein lebloses Ding.
Das ist möglich. Aber was, wenn du –
das gibt es doch – nicht lesen kannst?
Wirst du dich fürchten . . .? Bist du allein?
Frierst du? Weißt du, bis zu welchem Grade
«du selbst» der Mensch bist?
Dumm? Und nackt?

MEINE ANGST IST ENDLICH ABSOLUT
UND SOUVERÄN.
MEINE TOTE SOUVERÄNITÄT LIEGT
AUF DER STRASSE.
UNGREIFBAR – UM SIE HERUM
DAS SCHWEIGEN DES GRABES –
GEDUCKT IN ERWARTUNG
DES FURCHTBAREN
UND DOCH LACHT IHRE TRAURIGKEIT
ÜBER ALLES.

An einer Straßenecke befiel mich die Angst, eine schmutzige und berauschende Angst begann mich zu zersetzen (vielleicht weil ich zwei Mädchen die Treppe zu einer Toilette hatte hinunterhuschen sehen). In solchen Momenten überkommt mich die Lust zu kotzen. Ich müßte mich dann nackt ausziehen oder die Mädchen, die ich begehre, nackt ausziehen: ihr feuchtes fades Fleisch würde mir Erleichterung verschaffen. Doch ich verfiel auf das armseligste Mittel: an der Theke bestellte ich einen Pernod und stürzte ihn herunter; ich ging von einer Kneipe zur anderen, bis ... Die Nacht war hereingebrochen.

Ich begann in jenen verheißungsvollen Straßen umherzuirren, die vom carrefour Poissonnière zur rue Saint-Denis führen. Einsamkeit und Dunkelheit vollendeten meinen Rausch. Die Nacht in den verlassenen Straßen war nackt, und ich wollte nackt sein wie sie: ich zog mir die Hose aus und legte sie über meinen Arm; am liebsten hätte ich die Frische der Nacht um meine Beine geschlungen; eine betäubende Freiheit trug mich dahin. Mir war, als sei ich gewachsen. In der Hand hielt ich mein steifes Glied.
(Mein Einstieg in den Stoff ist hart. Ich hätte das vermeiden und ‹glaubhaft› bleiben können. Dabei interessierte ich mich für Umwege. Aber es ist nun einmal so, der Anfang ist ohne Umweg. Ich fahre fort ... noch härter ...)

Ein Geräusch beunruhigte mich, ich zog meine Hose wieder an und lief weiter in Richtung der ‹Glaces›: dort war wieder Licht. Madame Edwarda, nackt, inmitten eines Schwarms von Mädchen, streckte die Zunge heraus. Sie war, für meinen Geschmack, hinreißend. Ich wählte sie: sie setzte sich zu mir. Kaum nahm ich mir die Zeit, dem Kellner zu antworten: ich zog Madame Edwarda an mich, die sich mir ganz überließ: unsere Münder trafen sich in einem kranken Kuß. Der Raum quoll über von Männern und Frauen, und das war die Wüste, in der das Spiel sich fortsetzte. Einen Augenblick glitt ihre Hand, ich barst wie eine Fensterscheibe, und ich erbebte in meiner Hose; ich spürte, wie Madame Edwarda, deren Hinterbacken in meinen Händen lagen, im gleichen Augenblick zerriß: und in ihren immer größeren, sich verdrehenden Augen war Schrecken, in ihrer Kehle ein langes Ersticken.

Ich mußte wieder daran denken, daß ich das Verlangen hatte, niederträchtig zu sein, oder vielmehr, daß ich es mit aller Gewalt hätte sein müssen. Durch das Gewoge der Stimmen, der Lichter, des Rauches hindurch vernahm ich Gelächter. Aber nichts zählte mehr. Ich schloß Edwarda in meine Arme, sie lachte mich an: in meiner Befangenheit empfand ich sogleich einen neuen Schock, eine Art eisigen Schweigens fiel von oben auf mich herab und ließ mich erstarren. Ich fühlte mich emporgehoben inmitten einer Schar von Engeln, die weder Körper noch Kopf hatten, die nur aus dem Gleiten von Flügeln bestanden, aber es war ganz einfach: ich war unglücklich und fühlte mich verlassen, wie man sich verlassen fühlt in der Gegenwart GOTTES. Das war schlimmer und wahnwitziger als Trunkenheit. Und anfangs überkam mich Traurigkeit bei dem Gedanken, daß diese Größe, die da auf mich herabkam, mich der Freuden beraubte, die ich mit Edwarda zu genießen hoffte.

Ich fand mich albern: wir, Edwarda und ich, hatten kaum zwei Worte gewechselt. Einen Moment lang empfand ich ein großes Unbehagen. Ich hätte nichts über meinen Zustand sagen können: unter Stimmenlärm und Lichtern brach die Nacht über mich herein! Ich wollte den Tisch umwerfen, alles umstoßen: der Tisch rührte sich nicht, er war am Fußboden befestigt. Etwas Lächerlicheres kann einem Mann nicht passieren. Alles war plötzlich verschwunden, der Raum und Madame Edwarda. Nur die Nacht ...

Aus diesem Stumpfsinn riß mich eine allzu menschliche Stimme heraus. Die Stimme Madame Edwardas, sie war, wie ihr graziler Körper, obszön:
– Willst du meine Falle sehen? fragte sie.
Beide Hände an den Tisch geklammert, drehte ich mich zu ihr herum. Sitzend hielt sie das eine abgespreizte Bein hoch: um die Spalte besser öffnen zu können, zog sie die Haut mit beiden Händen auseinander. So schaute mich Edwardas ‹Falle› an, behaart und rosa, voller Leben wie ein abstoßender Krake.
Leise stotterte ich:
– Warum tust du das?
– Siehst du, sagte sie, ich bin GOTT ...

– Ich bin wahnsinnig ...
– Nein, nein, du mußt hersehen: sieh her!
Ihre rauhe Stimme wurde sanft, sie wurde fast kindlich, um mir matt und mit dem Lächeln grenzenloser Hingabe zu sagen: «Ich habe es sehr genossen!»

Aber sie hatte ihre aufreizende Haltung nicht aufgegeben. Sie befahl:
– Küsse es!
– Aber ... protestierte ich, vor den Leuten?
– Natürlich!
Ich zitterte: ich sah sie an. Sie blieb unbewegt und lächelte mir so sanft zu, daß ich zitterte. Schließlich kniete ich nieder, ich schwankte, und ich legte meine Lippen auf die lebendige Wunde. Ihr nackter Schenkel liebkoste mein Ohr: mir war, als hörte ich das Rauschen einer Meereswoge, das gleiche Geräusch, das man vernimmt, wenn man das Ohr an eine große Muschel legt. In der Absurdität des Bordells und der Wirrnis um mich her (ich kam mir vor wie erstickt, ich war rot, ich schwitzte) blieb ich allein, seltsam schwebend, so als hätten Edwarda und ich uns in einer stürmischen Nacht am Meer verirrt.

Dann hörte ich eine andere Stimme, die von einer kräftigen und schönen, ehrbar gekleideten Frau kam:
– Kinder, verkündete die männlich wirkende Stimme, ihr müßt nach oben gehen.
Die Kassiererin nahm mein Geld, ich erhob mich und folgte Madame Edwarda, deren ruhige Nacktheit den Raum durchquerte. Doch dieses einfache

Durchqueren, an den von Mädchen und Kunden überfüllten Tischen vorbei, dieser plumpe Ritus der «Dame, die nach oben geht», während der Mann, der mit ihr schlafen will, ihr auf den Fersen folgt, war für mich in diesem Moment von halluzinatorischer Feierlichkeit: die Absätze Madame Edwardas auf dem Fliesenboden, der wiegende Gang dieses langen obszönen Körpers, der herbe Geruch der Frau, die ausgesogen von mir, diesen weißen Körper genoß ... Madame Edwarda schritt vor mir her ... auf Wolken. Die lärmende Gleichgültigkeit in dem Raum gegenüber ihrem Glück, der gemessenen Schwere ihrer Schritte war königliche Weihe und Blumenfest: der Tod selbst war auf diesem Fest zugegen, insofern als die Nacktheit des Bordells nach dem Messer des Schlächters ruft.

. . . .
. . . .
. . . .
. . . .
. . . . 109 . . . .
. . . .
. . . .
. . . .
. . . .
. . . .

. . . .
. . . .
. . . . die Spiegel, welche die Wände bedeckten und aus denen auch die Decke des Raumes zusammengesetzt war, vervielfältigten das animalische Bild einer Paarung: bei der leichtesten Bewegung öffneten sich unsere gesprengten Herzen der Leere, in der uns die Unzahl unserer Spiegelbilder zugrunde richtete.

Am Ende überschlug uns die Lust. Wir standen auf und betrachteten uns ernst. Madame Edwarda bezauberte mich, nie hatte ich ein hübscheres Mädchen gesehen – nie ein nackteres. Ohne mich aus den Augen zu lassen, holte sie aus einer Schublade weiße Seidenstrümpfe hervor: sie setzte sich auf das Bett und zog sie an. Der Rausch der Nacktheit beherrschte sie: abermals spreizte sie die Beine und öffnete sich; die herbe Nacktheit unserer beiden Körper stieß uns in die gleiche Erschöpfung des Herzens. Edwarda zog einen weißen Bolero über, verbarg ihre Nacktheit unter einem Domino: die Kapuze des Dominos bedeckte ihren Kopf, eine Maske mit einem Bart aus Spitzen verbarg ihr Gesicht. In dieser Verkleidung entwand sie sich mir und sagte:
– Komm, laß uns hinausgehen!

– Aber ... darfst du denn ausgehen? fragte ich sie.
– Schnell, Fifi, antwortete sie vergnügt. Du kannst doch nicht nackt auf die Straße!

Sie gab mir meine Sachen, half mir, mich anzuziehen, machte sich dabei aber einen Spaß daraus, zwischen ihrem und meinem Fleisch einen hinterhältigen Austausch fortzusetzen. Wir stiegen eine schmale Treppe hinunter, auf der uns ein Kammermädchen entgegenkam. In der jähen Dunkelheit der Straße wunderte ich mich, daß die schwarz verhüllte Edwarda zu entfliehen suchte. Sie ging mit eiligen Schritten, entschlüpfte mir immer wieder: die Maske, die ihr Gesicht verbarg, machte sie zum Tier. Es war nicht kalt, und doch fröstelte ich. Edwarda fremd, ein gestirnter Himmel, leer und irr, über unseren Köpfen: ich glaubte zu taumeln, aber ich ging weiter.

Zu dieser nächtlichen Stunde war die Straße verlassen. Böse und ohne ein Wort zu sagen, rannte Madame Edwarda mir plötzlich davon. Die Porte Saint-Denis tauchte vor ihr auf: sie hielt inne. Ich hatte mich nicht gerührt: regungslos wie ich wartete Edwarda unter dem Tor, in der Mitte des Durchgangs. Sie war schwarz, schwarz von oben bis unten, nichts weiter, beängstigend wie ein Loch: ich begriff, daß sie nicht lachte, und auch, daß sie unter dem Kostüm, das sie verhüllte, jetzt buchstäblich abwesend war. Da wußte ich – aller Rausch war verflogen –, daß SIE nicht gelogen hatte: sie war GOTT. Ihre Gegenwart hatte die undurchschaubare Einfachheit eines Steins: inmitten der Stadt hatte ich das Gefühl, die Nacht im Gebirge zu sein, umgeben von Einsamkeiten ohne Leben.

Ich fühlte mich befreit von IHR – ich war allein vor diesem schwarzen Stein. Ich zitterte, ich ahnte, daß da vor mir das Verlassenste war, das auf der Welt existiert. Dabei entging mir durchaus nicht das komische Grauen meiner Situation: die, deren Anblick mich jetzt erstarren ließ, war einen Augenblick vorher ... Die Verwandlung war wie ein Gleiten gewesen. In Madame Edwarda hatte die Trauer – eine Trauer ohne Schmerz und ohne Träne – ein leeres Schweigen vorüberziehen lassen. Und doch, ich wollte wissen: diese Frau, eben noch so nackt, die mich lustig «Fifi» genannt hatte ... Ich überquerte die Straße, meine Angst gebot mir, stehenzubleiben, aber ich ging weiter.

Sie glitt fast, stumm wich sie in Richtung auf den linken Pfeiler zurück. Ich war noch zwei Schritte von diesem monumentalen Stadttor entfernt: als ich unter den steinernen Bogen trat, verschwand der Domino lautlos. Ich horchte, atmete nicht mehr. Ich wunderte mich, daß ich so klar sah: als sie davonrannte, hatte ich gewußt, daß sie mit aller Kraft rennen, unter den Bogen stürzen mußte; und als sie stehenblieb, wußte ich, daß sie in einer Art Abwesenheit schwebte, fern, jenseits allen denkbaren Gelächters. Ich sah sie nicht mehr: eine Totenfinsternis sank vom Gewölbe herab. Ohne einen Moment daran gedacht zu haben, ‹wußte› ich, daß jetzt eine Zeit der Agonie begann. Ich willigte ein, ich begehrte zu leiden, weiterzugehen, immer weiter, würde ich am Ende auch kraftlos und niedergeschlagen sein, bis zur ‹Leere› selbst. Ich kannte, ich wollte kennenlernen, begierig auf ihr Geheimnis, ohne einen Augenblick daran zu zweifeln, daß der Tod in ihr herrschte.

Ich seufzte unter dem Gewölbe und erschrak, ich lachte:
–Nur Menschen dürfen das Nichts dieses Bogens durchschreiten!
Ich bebte bei der Vorstellung, daß sie fliehen, für immer verschwinden könnte. Ich bebte, ich akzeptierte es, doch wenn ich es mir vorstellte, wurde ich verrückt: ich stürzte los, ich lief um den Pfeiler herum. Ebenso schnell lief ich um den rechten Pfeiler herum: sie war verschwunden, aber ich konnte es nicht glauben. Niedergedrückt blieb ich vor dem Tor stehen, und in meiner Verzweiflung trat ich ein, als ich auf der anderen Seite des Boulevards, regungslos, den Domino erblickte, der in

dem tiefen Schatten kaum zu erkennen war: Edwarda stand aufrecht da, noch immer spürbar abwesend, vor den aufgereihten Stühlen einer Café-Terrasse. Ich ging auf sie zu: sie schien von Sinnen, kam offenbar aus einer anderen Welt und wirkte in den Straßen weniger wie ein Gespenst als wie ein verspäteter Nebel. Sachte wich sie zurück, bis sie gegen einen der Tische der leeren Terrasse stieß.
So als hätte ich sie aufgeweckt, sagte sie mit lebloser Stimme:
– Wo bin ich?

Verzweifelt wies ich auf den leeren Himmel über uns. Sie schaute hinauf: eine Weile verharrte sie so, die Augen unter der Maske leer, verloren unter den Gefilden der Sterne. Ich stützte sie: krankhaft hielten ihre beiden Hände den Domino geschlossen. Sie begann sich zuckend zu krümmen. Sie hatte Schmerzen, ich glaubte, sie weinte, aber es war, als ob die Welt und die Angst in ihr erstickten, ohne sich in Tränen auflösen zu können. Von einem dunklen Widerwillen ergriffen, ließ sie mich stehen, stieß mich zurück; plötzlich von Sinnen, stürzte sie los, hielt brüsk inne, ließ den Stoff des Dominos wirbeln, zeigte ihre Hinterbacken, indem sie mit einem Ruck den Hintern in Positur brachte, dann kam sie wieder zu sich und fiel über mich her. Ein Sturm von Wildheit brachte sie in Wallung: wütend schlug sie mich ins Gesicht, sie schlug mit geballten Fäusten, in sinnloser Kampflust. Ich stolperte, und ich fiel hin, sie rannte fliehend davon.

Ich hatte mich noch nicht wieder ganz erhoben, ich kniete noch auf dem Boden, da kehrte sie um. Sie brüllte mit krächzender, unmöglicher Stimme, sie schrie zum Himmel, und ihre Arme schlugen vor Entsetzen um sich.
– Ich ersticke, heulte sie, aber du, du falscher Priester, ICH SCHEISSE AUF DICH ...
Die Stimme erstarb schließlich in einer Art Röcheln. Edwarda streckte die Hände aus, um zu erwürgen ... und brach zusammen.

Wie ein Stück von einem Regenwurm wand sie sich auf der Erde, von Atemkrämpfen geschüttelt. Ich beugte mich über sie und mußte ihr die Spitze der Maske vom Gesicht ziehen, die sie in den Mund zerrte und mit den Zähnen zerriß. Die Raserei ihrer Bewegungen hatte sie bis zum Vlies entblößt: ihre Nacktheit hatte jetzt die Bedeutungslosigkeit und zugleich die Bedeutungsschwere der Kleider einer Toten. Das Seltsame – und das Beängstigende – war das Schweigen, in das Madame Edwarda verschlossen blieb: ihr Leiden machte jedes Wort unmöglich, und ich vertiefte mich in diese Ausweglosigkeit – in diese Nacht des Herzens, die nicht weniger verlassen und nicht weniger feindselig war als der leere Himmel. Die Fischsprünge ihres Körpers, die gemeine Wut, von der ihr böses Gesicht gezeichnet war, glühten das Leben in mir aus und zerbrachen und erschöpften es bis zum Ekel.

(Ich erkläre mich: es ist müßig, den Anteil der Ironie bestimmen zu wollen, wenn ich von Madame Edwarda sage, daß sie GOTT ist. Aber daß

GOTT eine Prostituierte in einem Bordell sei und eine Verrückte, dafür hat die Vernunft keinen Sinn. Schlimmstenfalls bin ich glücklich, daß man über meine Traurigkeit lachen kann: nur der versteht mich, dessen Herz unheilbar verwundet ist, von einer Wunde, von der niemand je wieder genesen wollte...; und wer, der verwundet ist, würde es akzeptieren, an einer anderen als jener Wunde zu ‹sterben›?)

Das Bewußtsein der Heillosigkeit war damals in jener Nacht, als ich neben Edwarda kniete, nicht weniger klar und nicht weniger eisig als zur Stunde, da ich schreibe. Ihr Leiden war in mir wie die Wahrheit eines Pfeils: man weiß, er dringt ins Herz, und mit ihm der Tod; in der Erwartung des Nichts hat das, was fortbesteht, die Bedeutung von Schlacken, bei denen mein Leben vergebens verweilt. Angesichts eines so schwarzen Schweigens erlebte ich in meiner Verzweiflung einen tiefen Fall; Edwardas Verrenkungen entrissen mich mir selbst und stürzten mich mitleidlos in ein schwarzes Jenseits, so wie man den Verurteilten dem Henker überantwortet.

Wenn der zum Henkertod Verurteilte nach unendlicher Wartezeit an dem großen Tag zu der Richtstätte kommt, wo das Furchtbare sich vollziehen soll, beobachtet er die Vorbereitungen; sein Herz schlägt zum Zerspringen: in seinem eingeengten Gesichtskreis erhält jeder Gegenstand, jedes Gesicht eine schwerwiegende Bedeutung und trägt dazu bei, den Schraubstock anzuziehen, dem er nun nicht mehr entrinnen kann. Als ich sah, wie Madame Edwarda sich auf der Erde krümmte, geriet ich in einen vergleichbaren Zustand der Absorption, doch die Verwandlung, die in mir geschah, schloß mich nicht ein, isolierte mich nicht: der Horizont, vor den Edwardas Unglück mich stellte, floh wie ein von Angst getriebenes Etwas; zerrissen und zersetzt, spürte ich eine Regung von Gewalt, die daher rührte, daß ich mich, da ich böse wurde, selber haßte. Das schwindelerregende Gleiten, das mich zugrunde richtete, hatte mir ein Feld der Gleichgültigkeit eröffnet; es ging nicht mehr um Sorge, um Verlangen: die ausdörrende Ekstase des Fiebers entstand jetzt aus der absoluten Unmöglichkeit, innezuhalten.

(Es ist enttäuschend, wenn ich hier meine Blöße zeigen muß, mit Worten spielen, mich mit der Schwerfälligkeit von Sätzen behelfen muß. Wenn keiner das, was ich sage, auf seine Nacktheit reduziert, ihm seine Verkleidung und seine äußere Form abreißt, dann schreibe ich vergeblich. [Ich weiß ohnehin sehr wohl, daß meine Anstrengung verzweifelt ist: der Blitz, der mich blendet – und der mich erschlägt –, hat offenbar nur meine Augen blind gemacht.] Madame Edwarda ist jedoch nicht das Gespenst eines Traums, ihr Schweiß hat mein Taschentuch genäßt: bis dahin, wohin ich, von ihr geführt, gelangte und ich sie meinerseits führen wollte. Dieses Buch hat ein Geheimnis, ich muß es verschweigen: es reicht weiter als alle Worte.)

Schließlich klang die Krise ab. Eine Weile dauerte der Krampf noch an, aber er war nicht mehr so von Wut geladen: sie kam wieder zu Atem, ihre Züge entspannten sich, hörten auf, häßlich zu sein. Am Ende meiner Kräfte, streckte ich mich für einen kurzen Augenblick auf dem Pflaster neben ihr aus. Ich deckte sie mit meinen Kleidern zu. Sie war nicht schwer, und ich beschloß, sie zu tragen: der Taxistand am Boulevard war in der Nähe. Leblos hing sie in meinen Armen. Der Weg brauchte Zeit, ich mußte dreimal innehalten; inzwischen kehrte sie zum Leben zurück, und als

wir ankamen, wollte sie wieder allein gehen: sie machte einen Schritt und taumelte. Ich hielt sie, sie stieg, von mir gestützt, ins Auto. Sie sagte mit schwacher Stimme:
– ... noch nicht ... er soll warten ...
Ich bat den Chauffeur, noch nicht loszufahren; außer mir vor Erschöpfung, stieg ich ein und ließ mich neben Edwarda fallen.

Wir verharrten lange in Schweigen, Madame Edwarda, der Chauffeur und ich, regungslos auf unseren Sitzen, so als führe der Wagen.
Edwarda sagte schließlich zu mir:
– Er soll zu den Markthallen fahren.
Ich sprach mit dem Chauffeur, der den Wagen in Gang setzte.
Er fuhr durch dunkle Straßen. Still und gemächlich knüpfte Edwarda die Schnüre ihres Dominos auf, der an ihr heruntenglitt, die Maske hatte sie nicht mehr; sie zog den Bolero aus und sagte leise vor sich hin:
– Nackt wie ein Tier.
Mit einem Klopfen gegen die Scheibe hielt sie den Wagen an und stieg aus. Sie trat zu dem Chauffeur heran, so nahe, bis sie ihn berührte, und sagte:
– Du siehst ... ich bin nackt ... komm.
Der regungslose Chauffeur betrachtete das Tier: sie war einen Schritt zurückgetreten und hatte das eine Bein hochgehoben, sie wollte, daß er die Spalte sah. Ohne ein Wort zu sagen und ohne Hast stieg der Mann von seinem Sitz herunter. Er war kräftig und grob. Edwarda umschlang ihn, bemächtigte sich seines Mundes und machte sich mit der einen Hand an seiner Hose zu schaffen,

die an den Beinen herunter zu Boden glitt. Sie sagte zu ihm:
– Komm mit ins Auto.

Er setzte sich neben mich. Sie folgte ihm, hockte sich auf ihn und ließ lüstern mit der Hand den Chauffeur in sich hineingleiten. Ich saß bewegungslos da und schaute zu; sie machte langsame, hinterhältige Bewegungen, die ihr offenbar eine schrille Lust verschafften. Der andere antwortete, er gab sich brutal mit seinem ganzen Körper: aus der Intimität, der Entblößung dieser beiden nackten Körper entstanden, erreichte ihre Umarmung nach und nach den Grad des Exzesses, wo das Herz aussetzt. Der Chauffeur war keuchend zurückgesunken. Ich machte die Innenlampe des Wagens an. Edwarda, aufrecht, rittlings auf dem Mann, den Kopf zurückgeworfen, mit hängendem Haar. Während ich ihren Nacken stützte, sah ich ihre weißen Augen. Sie wölbte sich über der Hand, die sie stützte, und die Anspannung verstärkte ihr Röcheln. Ihre Augen fanden zurück, und im gleichen Moment schien sie sich zu beruhigen. Sie erblickte mich: ihr Blick in jenem Moment sagte mir, daß sie aus dem Unmöglichen zurückkam, und ich gewahrte auf dem Grunde ihrer selbst eine schwindelnde Festigkeit. Das Naß, das sie an der Wurzel überschwemmte, schoß in ihren Tränen wieder hervor. Die Liebe war in diesen Augen erloschen, sie strahlten die Kälte der Morgenröte aus, eine Transparenz, in der ich den Tod las. Alles war in diesen traumverlorenen Blick eingewoben: die nackten Körper, die Finger, die das Fleisch öffneten, meine Angst und die Erinnerung an den Speichel auf den Lippen, da war nichts, das nicht beitrug zu diesem blinden Hinabgleiten in den Tod.

Die Lust Edwardas – Quelle lebendiger Wasser, die sie durchfloß und ihr das Herz zerriß – dehnte sich auf ungewöhnliche Weise: der Fluß der Wollust hörte nicht auf, ihr Dasein zu verherrlichen, ihre Nacktheit nackter zu machen, ihre Schamlosigkeit schändlicher. Der Leib und das Gesicht in Ekstase, einem unsagbaren Gurren hingegeben, lächelte sie in ihrer Sanftheit ein zerbrochenes Lachen: sie sah mich in der Tiefe meiner Dürre; und ich spürte, wie der Sturm ihrer Freude sich vom Grunde meiner Traurigkeit befreite. Meine Angst widersetzte sich der Lust, die ich hätte haben wollen: die schmerzhafte Lust Edwardas gab mir das verzehrende Gefühl eines Wunders. Meine Not und mein Fieber schienen mir belanglos, aber sie waren das, was ich besaß, das einzige in mir, das der Ekstase jener Frau antworten konnte, die ich auf dem Grunde eines kühlen Schweigens «mein Herz» nannte.

Letzte Schauer ergriffen sie, langsam entspannte sich dann ihr noch schäumender Körper: auf dem Rücksitz des Taxis hatte der Chauffeur sich nach der Liebe zurückgewälzt. Ich hatte nicht aufgehört, Edwardas Nacken zu stützen: der Knoten löste sich, ich half ihr, sich auszustrecken, trocknete ihr den Schweiß. Mit toten Augen ließ sie es geschehen. Ich hatte das Licht wieder gelöscht: sie schlief halb ein, wie ein Kind. Der gleiche Schlaf machte uns schwer, Edwarda, den Chauffeur und mich.

(Weitererzählen? Ich hatte es gewollt, aber ich pfeife darauf. Es interessiert nicht. Ich sage, was mich beim Schreiben bedrückt: ist es denn alles absurd? Oder hat es einen Sinn? Ich werde krank, wenn ich darüber nachdenke. Ich wache morgens auf – genau wie Millionen – Mädchen und Jungen, Säuglinge, Greise – der Schlaf ist für immer verscheucht... Mein Erwachen und das dieser Millionen, hat es einen Sinn? Einen verborgenen Sinn? Offensichtlich ist er verborgen! Aber wenn nichts einen Sinn hat, kann ich mich noch so sehr bemühen: ich werde zurückschrecken, mir mit Listen weiterhelfen. Ich sollte aufgeben und mich dem Unsinn verkaufen: er ist für mich der Henker, der mich quält und der mich tötet, ohne einen Schatten Hoffnung. Aber wenn es nun einen Sinn gäbe? Heute kenne ich ihn nicht. Und morgen? Was weiß ich? Ich kann mir keinen Sinn vorstellen, der nicht ‹meine› Hinrichtung bedeutete, soweit bin ich mir wohl im klaren. Und für den Augenblick: Nonsens! Monsieur Nonsens schreibt, er weiß, daß er verrückt ist: das ist grauenhaft. Aber seine Verrücktheit, dieser Unsinn – wie er mit einem Schlag ‹ernst› geworden ist: – sollte gerade da ‹der Sinn› sein? [Nein, Hegel hat nichts zu tun mit der ‹Apotheose› einer Verrückten...] Mein Leben hat nur unter der Voraussetzung Sinn, daß ich es verfehle; laßt mich verrückt sein: begreife, wer kann, begreife, wer stirbt...; also existiert der Mensch nicht wissend, warum, und zitternd vor Kälte...; die Unendlichkeit, die Nacht umschließen ihn, und er ist eigens da, um ... «nicht zu wissen». Und GOTT? Was soll ich über ihn sagen, meine Herren Schönredner, meine verehrten Gläubigen? – Gott, weiß wenigstens er es? GOTT, wenn er ‹wüßte›, wäre ein Schwein.*

Herr [ich rufe dich an in meiner Not, «mein Herz»], befreie mich, blende die anderen! Sollte ich die Geschichte weitererzählen?)

Ich habe geendet.
Aus dem Schlaf, der uns kurze Zeit auf dem Rücksitz des Taxis verharren ließ, bin ich krank erwacht, als erster... Der Rest ist Ironie, langes Warten auf den Tod...

Anmerkung

* Ich habe gesagt: «Gott, wenn er ‹wüßte›, wäre ein Schwein.» Wer (ich stelle mir vor, daß er im Augenblick schlecht gewaschen, ‹ungekämmt› ist) diese Vorstellung bis zum Ende erfaßte, was hätte er noch Menschliches? Jenseits und über alles hinaus... ferner, und immer ferner... ER SELBST, in Ekstase über einer Leere... Und jetzt? ICH ZITTERE.

Meine Mutter

DAS ALTER ERNEUERT DEN SCHRECKEN
BIS INS UNENDLICHE.
UNAUFHÖRLICH FÜHRT ES DAS SEIN
AN DEN URSPRUNG ZURÜCK.
DER URSPRUNG, DEN ICH, AM RANDE DES
GRABES, ERBLICKE,
IST DAS *SCHWEIN*, DAS WEDER HOHN
NOCH TOD
IN MIR TÖTEN KÖNNEN.
DER SCHRECKEN AM RANDE DES GRABES
IST GÖTTLICH,
UND ICH VERGRABE MICH
IN DEM SCHRECKEN,
DESSEN KIND ICH BIN.

– Pierre!
Das Wort kam mit leiser Stimme, mit beharrlicher Sanftheit.
Hatte jemand im Nachbarzimmer nach mir gerufen? So sanft gerufen, damit ich, falls ich schlief, nicht aufwachte? Aber ich war wach. War es möglich, daß ich auf die gleiche Weise wach geworden war wie damals als Kind, wenn ich Fieber hatte und meine Mutter mit dieser furchtsamen Stimme nach mir rief?
Ich rief meinerseits. Niemand war bei mir, niemand im Nachbarzimmer. Schließlich begriff ich, daß ich geschlafen und meinen Namen im Traum gehört hatte und daß das Gefühl, das er mir hinterließ, ungreifbar für mich bleiben würde.

Ich lag tief in meinem Bett, ohne Schmerz und ohne Glücksgefühl. Ich wußte nur, daß die gleiche Stimme mich während der langen Krankheiten und Fieberanfälle meiner Kindheit auf die gleiche Weise gerufen hatte: damals hatte der über meinem Bett schwebende Tod meiner Mutter, wenn sie sprach, diese letzte Sanftheit verliehen.
Ich lag träge da, aufmerksam, und in aller Klarheit wunderte ich mich, daß ich keine Schmerzen hatte. Diesmal konnte die Erinnerung an meine Mutter, die vor Intimität brannte, mich nicht mehr zerreißen. Sie war nicht mehr erfüllt von dem Schrecken ihrer schlüpfrigen Lachanfälle, die ich so oft gehört hatte.

1906, als mein Vater starb, war ich siebzehn Jahre alt.

Ich war krank gewesen und hatte lange bei meiner Großmutter in einem Dorf gelebt, wo meine Mutter mich manchmal besuchte. Aber inzwischen lebte ich schon seit drei Jahren in Paris. Mir war schnell klargeworden, daß mein Vater trank. Die Mahlzeiten wurden schweigend eingenommen. Manchmal begann mein Vater eine verworrene Geschichte zu erzählen, der ich nur schwer folgen konnte und der meine Mutter wortlos zuhörte. Er kam nie ans Ende und verstummte schließlich.

Nach dem Essen hörte ich häufig von meinem Zimmer aus eine laute Szene, deren Ursache ich nicht begriff, die bei mir aber das Gefühl hinterließ, daß ich meiner Mutter hätte zu Hilfe eilen sollen. Im Bett horchte ich auf das Geschrei, das sich mit dem Krachen umgestoßener Möbel vermischte. Manchmal stand ich auf und wartete im Flur so lange, bis der Lärm sich legte. Eines Tages öffnete sich die Tür: ich sah meinen Vater, rot, schwankend – ein Trunkenbold aus der Vorstadt, fremd im Luxus unseres Hauses. Wenn mein Vater mit mir sprach, lag immer eine Art Zärtlichkeit in seiner Stimme, und seine Gesten waren fahrig, fast kindisch in ihrer Zaghaftigkeit. Er versetzte mich in Schrecken. Ein andermal überraschte ich ihn, wie er durch den Salon stürmte. Er warf die Stühle um, und meine halb entkleidete Mutter floh vor ihm her. Mein Vater, selbst im wehenden Hemd, bekam sie zu fassen; gemeinsam stürzten sie schreiend zu Boden. Ich verschwand und begriff, daß ich lieber in meinem Zimmer hätte bleiben sollen. Eines schönen Tages irrte er sich in der Tür: eine Flasche in der Hand, stand er unversehens auf der Schwelle meines Zimmers; er erblickte mich, die Flasche entglitt ihm, zerbrach, und der Alkohol floß über den Fußboden. Einen Moment lang sah ich ihn an: nach dem schändlichen Geräusch der zerbrechenden Flasche nahm er den Kopf zwischen die Hände; er schwieg, und ich zitterte.

Ich verachtete ihn dermaßen, daß ich ihm in allen Dingen widersprach. In jener Zeit war ich sehr fromm, so daß ich mir vorstellte, ich würde später in einen Orden eintreten. Mein Vater war damals ein glühender Antiklerikaler. Erst nach seinem Tode entsagte ich dem geistlichen Stand, um mit meiner Mutter zu leben, die ich abgöttisch verehrte. Ich glaubte, meiner Mutter erginge es so, wie es in meiner albernen Einbildung allen Frauen erging. Ich glaubte, nur die Eitelkeit des Mannes hinderte sie daran, sich der Religion zu ergeben. Ging ich denn nicht jeden Sonntag mit ihr zur Messe? Meine Mutter liebte mich: ich glaubte, zwischen ihr und mir bestünde eine Identität der Gedanken und Gefühle, die nur die Gegenwart des Eindringlings, meines Vaters, beeinträchtigte. Gewiß, ich litt darunter, daß sie ständig ausging, aber wie hätte ich ihr nicht zugestehen sollen, daß sie mit allen Mitteln versuchte, dem verabscheuten Wesen zu entrinnen?

Allerdings wunderte ich mich, daß sie auch ausging, wenn mein Vater nicht da war. Mein Vater unternahm oft lange Reisen nach Nizza, wo er, wie ich wußte, wilde Nächte verbrachte, spielte und, wie immer, trank. Ich hätte meiner Mutter gern zu verstehen gegeben, mit welchem Frohlocken ich die Ankündigungen seiner Reisen aufnahm. Doch in seltsamer Traurigkeit wies meine Mutter solche Unterhaltungen zurück; allerdings war ich sicher, daß sie sich nicht weniger freute als ich. Zuletzt fuhr er in die Bretagne, wohin ihn seine Schwester eingeladen hatte: meine Mutter sollte ihn begleiten, aber im letzten Moment hatte sie den Entschluß gefaßt, zu Hause zu bleiben. Ich war so ausgelassen beim Essen, nachdem mein Vater fort war, daß ich es wagte, ihr zu beschreiben, wie sehr ich mich freute, mit ihr allein zu bleiben: zu meiner Überraschung schien sie davon entzückt und scherzte mit mir, mehr als recht war.

Ich war in der letzten Zeit sehr gewachsen. War plötzlich ein junger Mann geworden: sie versprach mir, mich bald in ein hübsches Restaurant auszuführen.

– Ich bin noch jung genug, um dir Ehre machen zu können, sagte sie. Aber du bist ein so gutaussehender Mann, daß alle dich für meinen Liebhaber halten werden.

Ich lachte, weil sie lachte. Aber ich war verblüfft. Ich konnte nicht fassen, daß meine Mutter dieses Wort aussprach. Mir schien, sie hatte getrunken.

Bis dahin hatte ich nie bemerkt, daß sie trank. Ich sollte rasch begreifen, daß sie Tag für Tag dasselbe Quantum zu sich nahm. Aber sie verriet sich nie durch jenes übersprudelnde Lachen oder jene Freude am indezenten Leben. Im Gegenteil, eine traurige, anziehende Sanftheit umhüllte sie; sie wurde von der tiefen Melancholie ergriffen, die ich immer auf die Bösartigkeit meines Vater zurückgeführt hatte, und diese Melancholie entschied über meine ein ganzes Leben währende Ergebenheit.

Beim Nachtisch ging sie fort, und ich blieb enttäuscht zurück. Wollte sie sich über meinen Kummer lustig machen? Meine Enttäuschung hielt auch die nächsten Tage an. Meine Mutter hörte nicht auf zu lachen – und zu trinken – und vor allem auszugehen. Ich blieb allein zurück über meiner Arbeit. Damals besuchte ich Vorlesungen, ich studierte, und so, wie ich getrunken hätte, berauschte ich mich an der Arbeit.

Eines Tages ging meine Mutter nicht wie gewöhnlich nach dem Mittagessen aus. Sie lachte mit mir. Sie entschuldigte sich, ihr Versprechen nicht gehalten und mich nicht, wie sie sagte, in «feiner Gesellschaft» ausgeführt zu haben. Der Anblick meiner einst so ernsten Mutter rief ein quälendes Gefühl hervor, die Vorahnung eines Gewitterabends. Sie erschien mir plötzlich in neuer Gestalt: der eines jungen Flittchens. Ich wußte, daß sie schön war: ich hatte es seit langem immer wieder sagen hören. Aber diese herausfordernde Koketterie kannte ich nicht an ihr. Sie war zweiunddreißig Jahre alt, und ich betrachtete sie: ihre Eleganz, ihre Art, sich zu geben, verwirrten mich.
– Ich nehme dich morgen mit, sagte sie zu mir. Ich küsse dich. Bis morgen abend, mein schöner Geliebter!
Daraufhin lachte sie haltlos, setzte ihren Hut auf, zog sich ihre Handschuhe an und glitt mir, sozusagen, durch die Finger.
Als sie gegangen war, sagte ich mir, daß sie über eine Schönheit, über ein Lachen verfügte, die satanisch waren. An jenem Abend kam meine Mutter nicht zum Abendbrot nach Hause.
Am nächsten Morgen hatte ich sehr früh eine Vorlesung, und als ich zurückkam, waren meine Ge-

danken noch bei meinen Studien. Das Zimmermädchen, das mir die Tür öffnete, sagte mir, daß meine Mutter mich in ihrem Zimmer erwartete. Sie saß da, in sich versunken, und sagte sogleich:
– Ich habe schlechte Nachrichten von deinem Vater.
Ich blieb stehen, ohne etwas zu sagen.
– Es ist ganz plötzlich gekommen, sagte meine Mutter.
– Ist er tot? fragte ich.
– Ja, sagte sie.
Sie verharrte eine Weile schweigend und fuhr dann fort:
– Wir nehmen gleich einen Zug nach Vannes. Vom Bahnhof in Vannes fahren wir im Wagen nach Segrais.
Ich fragte nur, woran mein Vater so plötzlich gestorben sei. Sie sagte es mir und erhob sich. Sie machte eine Geste der Ohnmacht. Sie war erschöpft, ein Gewicht schien auf ihren Schultern zu lasten, aber sie sagte nichts über ihre Gefühle, nur:
– Wenn du mit Robert oder Marthe sprichst, vergiß nicht, daß eigentlich der Schmerz dich überwältigen müßte. Nach dem Gefühl der braven Leute, die uns dienen, müßten wir in Tränen zerfließen. Du brauchst nicht zu weinen, aber schlag die Augen nieder.
Ich begriff, daß meine Gelassenheit meine Mutter, deren Stimme immer härter wurde, nervös machte. Ich sah sie fest an. Verwundert beobachtete ich, daß sie gealtert war. Ich wunderte mich, ich war fassungslos. Wie konnte ich mein frommes Frohlocken verbergen, das der konventionellen Trauer, zu der das heimtückische Kommen des Todes verpflichtete, stumm widersprach? Ich

wollte nicht, daß meine Mutter alterte, ich wollte sie befreit sehen – von ihrem Peiniger wie von der irren Fröhlichkeit, in die sie manchmal floh und die ihr Gesicht zur Lüge zwang. Ich wollte glücklich sein, ich hätte sogar gewünscht, daß die Trauer, die das Geschick uns gemeinsam auferlegte, unserem Glück jene Art zauberhafter Traurigkeit verlieh, die die Sanftheit des Todes ausmacht.
Aber ich senkte den Kopf: die Worte meiner Mutter beschämten mich nicht nur. Ich hatte das Gefühl, hinters Licht geführt worden zu sein. Ich dachte, daß ich jetzt, zumindest aus Trotz, aus lächerlicher Wut, heulen müßte. Und da der Tod nun einmal die allerdümmsten Tränen hervorlockt, begann ich, als ich den Dienstboten von unserem Unglück erzählte, zu weinen.

Es war ein Glück, daß das Geräusch der Droschke und schließlich das des Zuges uns erlaubten zu schweigen.
Ich verfiel in einen Dämmerschlaf, der mir erlaubte zu vergessen.
Ich war nur darauf bedacht, meine Mutter nicht weiter aufzuregen. Ich schlug ihr vor, die Nacht in dem Hotel in Vannes zu verbringen. Sie mußte unsere Ankunft für den nächsten Tag bereits telegrafisch angemeldet haben, denn sie nickte wortlos. Im Restaurant und dann auf dem Bahnhof sprachen wir schließlich doch von diesem und jenem. Meine Verlegenheit und mein kindisches Wesen ließen sich trotz allem nicht verleugnen. Ich hatte nicht gesehen, daß meine Mutter trank. Doch als sie eine zweite Flasche verlangte, begriff ich. Besorgt senkte ich die Augen. Als ich sie wieder hob, setzte mir der Blick meiner Mutter

eine Härte entgegen, die mich niederschmetterte. Herausfordernd füllte sie ihr Glas. Sie wartete auf den verfluchten Moment, den meine Dummheit herbeiführen mußte. Sie ertrug es schon seit langem nicht mehr ...

In diesem Blick, in dem ihre ganze Müdigkeit lastete, glänzte eine Träne.

Sie weinte, und die Tränen liefen ihr über die Wangen hinunter.

– Maman, ist es nicht besser so für ihn? und für dich auch? brach es aus mir hervor.

– Sei still, versetzte sie trocken.

Feindlich saß sie mir gegenüber, als ob der Haß aus ihr spreche.

Ich begann abermals, ich stotterte:

– Maman, du weißt gut, daß es in jedem Fall für ihn besser so ist.

Sie trank schnell. Und sie lächelte verständnislos.

– Sag es doch: ich habe ihm das Leben zur Hölle gemacht.

Ich konnte sie nicht begreifen und protestierte.

– Er ist tot, und wir dürfen nichts gegen ihn sagen. Aber du hast ein schweres Leben gehabt.

– Was weißt du davon? gab sie zurück.

Ihr Lächeln blieb auf ihrem Gesicht stehen. Sie sah mich nicht mehr.

– Du weißt nichts von meinem Leben.

Sie war entschlossen, das Gespräch abzubrechen. Schon war die zweite Flasche leer.

Der Kellner näherte sich, bediente uns. Ein trauriger, erniedrigender Geruch hing in dem Raum. Das Tischtuch hatte Rotweinflecken. Die Luft war heiß.

– Es sieht nach Gewitter aus, sagte der Kellner.

Niemand antwortete ihm.

Ich fragte mich (ich zitterte vor meiner Mutter):

«Wie sollte ich sie verurteilen?»
Und ich litt darunter, einen Augenblick an ihr gezweifelt zu haben. Ich errötete, ich wischte mir die Stirn, der Schweiß perlte.
Das Gesicht meiner Mutter verschloß sich vollends. Dann, plötzlich, verformten sich ihre Züge, begannen auseinanderzufließen wie Wachs, wurden immer weicher, und für einen Augenblick verschwand die Unterlippe in ihrem Mund.
– Pierre, sagte sie, sieh mich an!
Ihr unstetes, fliehendes Gesicht wurde schwer.
Ein Gefühl des Grauens löste sich von ihm ab. Sie versuchte vergebens, den Rausch, der Besitz von ihr ergriff, zurückzudrängen. Sie sprach gemessen, langsam, ihre Züge waren im Wahnsinn erstarrt.
Was meine Mutter sagte, zerriß mich. Ihre Feierlichkeit und, schrecklicher noch, ihre schauderhafte Größe ergriffen mich. Niedergeschlagen hörte ich zu.
– Du bist zu jung, sagte sie, und ich sollte nicht mit dir sprechen, aber du wirst dich am Ende doch fragen, ob deine Mutter der Achtung, die du ihr beweist, auch würdig ist. Jetzt ist dein Vater tot, und ich bin des Lügens überdrüssig: *ich bin schlimmer als er!*
Sie lächelte ein giftiges Lächeln, ein verleugnetes Lächeln. Mit beiden Händen griff sie nach dem Kragen ihrer Bluse und öffnete sie. Ihre Gebärde hatte keinerlei Indezenz, drückte nichts als Verzweiflung aus.
– Pierre, sagte sie weiter, du allein empfindest für deine Mutter eine Achtung, die sie nicht verdient. Erinnerst du dich an die Männer, die du eines Tages im Salon antrafst? Was glaubst du, was diese Stutzer wollten?

Ich antwortete nicht, ich hatte nicht zugehört.
– Dein Vater – er wußte es. Dein Vater war einverstanden. In deiner Abwesenheit haben diese Idioten keine Achtung mehr für deine Mutter gehabt... Schau sie dir an, deine Mutter!

Das schauderhafte Lächeln, das wirre Lächeln meiner Mutter war das Lächeln des Unglücks.

Meine Mutter liebte mich: hätte sie auf die Dauer die Dummheit ertragen können, zu der meine Frömmigkeit und ihre Lügen mich trieben?
Später sollte sie mir von der Bitte meines Vaters erzählen: «Leg alles mir zur Last.» Mein Vater, wohl wissend, daß meine Mutter in meinen Augen unangreifbar war, hatte gewünscht, daß sie es um jeden Preis bleiben sollte. Sein Tod machte die Abmachung unerträglich. Und in der darauffolgenden Verwirrung gab sie der Versuchung nach, sich mir in ihrer Schmutzigkeit zu zeigen, so wie sie sich immer dann zu zeigen verlangte, wenn sie sich gehenließ.
– Ich möchte, so las ich auf dem Zettel, den sie mir, als sie Gift nahm, hinterließ, daß Du mich bis in den Tod liebst. Ich für meinen Teil liebe Dich in diesem Augenblick, im Tod. Aber ich will Deine Liebe nur, wenn Du weißt, daß ich widerwärtig bin, und mich in dem Bewußtsein meiner Widerwärtigkeit liebst.

Niedergeschlagen verließ ich an jenem Tag den Speisesaal, schluchzend ging ich hinauf in mein Zimmer.
Am offenen Fenster horchte ich einen Augenblick unter dem gewittrigen Himmel auf das Zischen, das Pfeifen und das Schnaufen der Lokomotiven.

Ich stand da und wandte mich an jenen Gott, der mich, in meinem Herzen, zerriß und den dieses Herz, als es zersprang, nicht festhalten konnte. In meiner Angst glaubte ich zu spüren, wie die Leere in mich drang. Ich war zu klein, zu schäbig. Ich war dem, was mich überwältigte, dem Grauen nicht gewachsen. Draußen donnerte es. Ich ließ mich auf den Teppich niedersinken. Schließlich kam mir die Idee, mich auf den Bauch zu legen und die Arme in der Haltung eines Bittstellers zum Kreuz zu öffnen.
Sehr viel später hörte ich meine Mutter in ihr Zimmer gehen. Mir fiel ein, daß ich die Tür zwischen ihrem und meinem Zimmer offengelassen hatte. Ich hörte, wie ihre Schritte sich näherten und wie sie sanft die Tür schloß. Die sich schließende Tür gab mich der Einsamkeit zurück – nichts, schien mir, würde mich von jetzt an daraus befreien können, und ich blieb auf dem Boden liegen und ließ schweigend meine Tränen fließen.
Der langanhaltende Donner rollte vorüber, ohne die Schlaftrunkenheit zu stören, die Besitz von mir ergriff. Plötzlich sprang die Tür auf, ein heftiger Donnerschlag hatte mich aus dem Schlaf geschreckt. Das Prasseln eines Sturzregens betäubte mich. Ich hörte, wie meine Mutter mit bloßen Füßen in mein Zimmer kam. Sie zögerte, aber ich hatte nicht die Zeit, mich zu erheben. Sie sah mich weder in meinem Bett noch in meinem Zimmer und schrie:
– Pierre!
Sie stolperte über mich. Ich stand auf. Ich nahm sie in meine Arme. Wir ängstigten uns, und wir weinten. Wir bedeckten uns mit Küssen. Ihr Hemd war von den Schultern geglitten, so daß ich in meinen Armen ihren halbnackten Körper

drückte. Eine Regenbö, die durch das eine Fenster kam, hatte sie durchnäßt: in der Trunkenheit, mit aufgelöstem Haar, wußte sie nicht mehr, was sie sagte.

Unterdes half ich meiner Mutter, sich zu setzen.

Sie fuhr fort, wie wild zu reden, doch da das Hemd wieder an seinem Platz war, wirkte sie jetzt wieder dezent.

Sie lächelte mir unter Tränen zu, krümmte sich aber vor Schmerz, und sie preßte ihre Hand gegen das Herz, so als müßte sie sich übergeben.

– Du bist freundlich, sagte sie zu mir. Ich habe dich nicht verdient. Ebensogut hätte ich doch an einen Rüpel geraten können, an einen, der mich beleidigt hätte. Das wäre mir lieber gewesen. Deine Mutter fühlt sich nur im Schmutz wohl. Nie wirst du erfahren, welcher Scheußlichkeiten ich fähig bin. Ich wünschte, du wüßtest es. Ich liebe den Schmutz, in dem ich lebe. Ich werde mich heute noch übergeben müssen: ich habe zuviel getrunken, das wird mich erleichtern. Vor dir werde ich das Schlimmste tun und werde doch in deinen Augen rein sein.

Dann entfuhr ihr jenes «schlüpfrige Lachen», von dem ich noch heute zerrissen bin.

Ich stand da mit gesenkten Schultern und gesenktem Kopf.

Meine Mutter war aufgestanden: sie ging auf ihr Zimmer zu. Sie brach noch einmal in ihr falsches Lachen aus, doch dann drehte sie sich um und faßte mich, obgleich sie unsicher auf den Füßen war, am Arm und sagte:

– Entschuldige!

Dann mit leiser Stimme:

– Du mußt mich verstehen: ich bin abscheulich, und ich habe getrunken. Aber ich liebe dich, und

ich achte dich, und ich konnte die Lügerei nicht mehr ertragen. Ja, deine Mutter ist abstoßend, und um das zu überwinden, wirst du noch viel Kraft brauchen.
Schließlich, mit großer Anstrengung, brachte sie es über sich, in einer Art Ausbruch zu sagen:
– Ich hätte dich schonen, dich belügen können, aber dann hätte ich dich nicht ernst genommen. Ich bin schlecht, haltlos, und ich trinke, aber du bist kein Feigling. Denk an den Mut, den ich aufbringen mußte, um mit dir zu sprechen. Wenn ich diese Nacht so maßlos getrunken habe, dann um mir zu helfen, und vielleicht auch, um dir zu helfen. Jetzt hilf du mir, bring mich in mein Zimmer, zu meinem Bett.

Es war eine alte, niedergeschlagene Frau, die ich in dieser Nacht am Arm führte. Ich kam mir selber abgestumpft vor, schwankend in einer frostigen Welt.
In jener Nacht wäre ich gern gestorben.
An das Begräbnis meines Vaters, den Gang vom Haus der Familie zur Kirche und später zum Friedhof von Segrais, erinnere ich mich als eine leere Zeit, der jede Substanz fehlte. Meine Mutter in ihren langen Witwenschleiern, die Verlogenheit der Priester, die, weil es sich um einen Gottlosen handelte, nicht singen durften... Das ging mich nichts an, und die Schleier meiner Mutter, die mich, weil sie soviel Widerwärtiges verbargen, gegen meinen Willen zum Lachen reizten, gingen mich noch weniger an. Ich war gerädert, ich verlor den Kopf.
Ich hatte begriffen, daß der Fluch, daß der Schrekken in mir Fleisch zu werden begann.
Ich hatte geglaubt, daß der Tod meines Vaters

mir das Leben zurückgeben würde, aber dieses Scheinleben in meinem schwarzen Anzug ließ mich jetzt zittern. Ich war von flackernder Unruhe erfüllt, der gegenüber mir von nun an nichts mehr gleichgültig sein durfte. Auf dem Grunde meines Abscheus fühlte ich mich wie GOTT. Was hatte ich noch in dieser abgestorbenen Welt zu schaffen, wenn nicht den Blitz zu vergessen, der mich geblendet hatte, als meine Mutter in meinen Armen lag? Aber ich wußte es schon jetzt: ich würde es nie vergessen.

Gott ist das Grauen in mir über das, was war,
über das, was ist, und über das, was sein wird,
so GRAUENHAFT war, ist und sein wird,
daß ich es um jeden Preis leugnen
und mit aller Kraft schreien sollte,
ich leugne, daß es so war, daß es so ist
und daß es so sein wird,
aber ich werde lügen.

Nach der Rückkehr von Segrais fühlte ich mich so elend, daß ich mich ins Bett legte und sagte, ich sei krank. Der Arzt kam und untersuchte mich. Meine Mutter trat ins Zimmer, und das «Nichts Ernstliches», das Achselzucken als Resultat der Untersuchung erlösten mich. Aber ich blieb im Bett, nahm meine Mahlzeiten in meinem Zimmer ein.

Dann sagte ich mir, daß ich mit meinem Eigensinn nur ein wenig Zeit gewinnen könnte. Ich zog mich an und klopfte bei meiner Mutter an die Tür.

– Ich bin nicht krank, sagte ich ihr.

– Das wußte ich, sagte sie.

Trotzig sah ich ihr ins Gesicht, aber in ihren Augen gewahrte ich ein drohendes Gewitter und eine Feindseligkeit, die mich erschreckten.

– Ich stehe jetzt auf und werde, wenn du erlaubst, im Eßzimmer frühstücken.

Sie blickte mir ins Gesicht. Ihre vollkommene Würde, ihre Ungezwungenheit paßten schlecht zu dem schrecklichen Gefühl, das mich ergriffen hatte. Aber in ihr war, zugleich mit jener Gewitterglut, die sie erhaben machte, eine unerträgliche Verachtung für mich.

Offenbar versuchte sie so, die Schande, die sie in Vannes hatte auf sich laden wollen, zu kompensieren. Doch sollte ich später noch öfter jener souveränen Verachtung begegnen, die sie für Leute empfand, die sie nicht so akzeptierten, wie sie war.

Bemüht, ihre Ungeduld zu verbergen, sagte sie ganz ruhig zu mir:

– Ich freue mich, dich zu sehen. Schon ehe der Arzt es bestätigt hatte, wußte ich, daß du nicht krank warst. Ich habe es dir gesagt: Flucht hilft dir nicht weiter. Vor allem mußt du jetzt aufhören, vor mir zu fliehen. Ich weiß, du hast deine tiefe Achtung vor mir nicht verloren, aber ich werde nicht zulassen, daß eine Art Wahnsinn sich zwischen dich und mich schleicht. Ich verlange von dir, daß du mir diese Achtung ebenso wie in der Vergangenheit erweist. Du sollst der ergebene Sohn einer Mutter bleiben, deren Würdelosigkeit dir bewußt ist.

– Ich fürchte, antwortete ich, du hältst das Unbehagen, das ich in deiner Nähe empfinde, für Respektlosigkeit. Ich habe keine Kraft mehr. Ich bin so unglücklich. Mein Kopf ist verrückt.

Sanft begannen meine Tränen zu fließen. Ich fuhr fort:

– Ich bin mehr als unglücklich. Ich habe Angst.

Meine Mutter antwortete mir mit jener feindseligen und stürmischen Härte, die mich schon beim Hereinkommen getroffen hatte und die irgendwie beängstigend war.

– Richtig. Aber du wirst dich nur befreien können, wenn du dich den Dingen stellst, vor denen du Angst hast. Du wirst deine Arbeit wiederaufnehmen, und zuerst wirst du mir helfen. Jetzt, da dein Vater nicht mehr da ist, muß ich im Haus Ordnung schaffen, die Unordnung beseitigen, die er hinterlassen hat. Ich bitte dich, nimm dich zusammen, geh in sein Büro und versuch, das Chaos von Büchern und Papieren zu ordnen. Mir fehlt der Mut dazu, und ich kann es nicht länger mit ansehen. Außerdem muß ich jetzt gehen.

Sie wollte, daß ich sie umarmte.

Sie war rot geworden. Das Blut war ihr, wie man so sagt, zu Kopfe geschossen.

Während sie noch vor mir stand, setzte sie sorgfältig ihren Hut mit dem Witwenschleier auf. Ich merkte erst jetzt, daß sie dekolletiert und geschminkt war und daß die Trauer ihre Schönheit wie etwas Anstößiges unterstrich.

– Ich weiß, was du denkst, sagte sie. Ich habe mich entschlossen, dich nicht mehr zu schonen. Ich werde meine Begierden nicht aufgeben. Du wirst mich als das achten, was ich bin. Ich will vor dir nichts mehr verbergen. Ich bin froh, endlich nichts mehr vor dir verbergen zu müssen.

– Maman, rief ich erregt, nichts, was du je unternimmst, wird die Achtung, die ich für dich habe, beeinträchtigen. Ich sage es dir bebend, aber du verstehst, ich sage es dir mit all meiner Kraft.

Sie eilte so schnell davon, daß ich mich fragte, ob ihr Verlangen nach dem Amüsement, das sie suchen wollte, oder die Enttäuschung über meine mangelnde Zärtlichkeit sie trieb. Damals konnte ich noch nicht ermessen, welche Verheerungen die Gewohnheit der Lust in ihrem Herzen angerichtet hatte. Aber von da an drehte ich mich in einem Kreis, aus dem es kein Entrinnen gab. Weniger denn je durfte ich mich entrüsten, denn ich betete meine Mutter noch immer an und verehrte sie wie eine Heilige. Für eine solche Verehrung gab es zwar, wie ich mir eingestand, keinen Grund mehr, aber ich konnte mich nicht dagegen wehren. So litt ich Folterqualen, die nichts lindern konnte, von denen mich nur der Tod oder ein endgültiges Unglück befreit hätten. Da ich dem Schrecken der Ausschweifungen nachgab, in denen sich meine Mutter, wie ich jetzt wußte, gefiel, machte meine Achtung vor ihr mich und nicht sie zum Objekt des Schreckens. Kaum fand ich zu meiner Verehrung zurück, mußte ich mir sagen, daß mir beim Gedanken an ihre Ausschweifungen übel wurde. Doch als sie fortging, wußte ich nicht, obwohl ich mir sagen mußte, wohin sie ging, was für eine teuflische Schlinge sie mir gelegt hatte. Ich begriff es erst sehr viel später. Damals, auf dem Grunde der Verderbtheit und des Schreckens, hörte ich nicht auf, sie zu lieben: ich trat in jenes Delirium ein, in dem ich mich zu verlieren schien: an GOTT.

Im Arbeitszimmer meines Vaters herrschte eine widerwärtige Unordnung. Die Erinnerung an seine Bedeutungslosigkeit, an seine Dummheit, an seine Wichtigtuerei erstickte mich. Ich hatte damals kein Gefühl für das, was er ohne Zweifel gewesen war: ein Spaßvogel voll unerwarteter Einfälle, mit krankhaften Manieren, aber stets köstlich, immer bereit, alles herzugeben, was er besaß.

Ich war ein Kind der Liebe, die er vor der Hochzeit für meine vierzehnjährige Mutter empfunden hatte. Die Familie mußte die beiden jungen Ungeheuer verheiraten, und das kleinste Ungeheuer war in dem Chaos, das bei ihnen herrschte, groß geworden. Ihr Reichtum hatte für mancherlei gesorgt, doch in der Bibliothek meines Vaters hatte nichts das Durcheinander begrenzen können, das der Tod jetzt vollendet und dem Staub anheimgegeben hatte. In einem solchen Zustand hatte ich das Zimmer noch nie gesehen. Reklamebroschüren, aufgehäufte Rechnungen, Arzneifläschchen, graue Hüte, Handschuhe, zahlreiche Knöpfe, Alkoholflaschen und schmutzige Kämme zwischen den verschiedenartigsten und belanglosesten Büchern. Als ich die Fensterläden öffnete, flogen die Motten in der Sonne von den Filzhüten auf. Ich war entschlossen, meiner Mutter zu sagen, nur ein Besen könne hier, in diesem einzigen

Durcheinander, Ordnung schaffen, aber bevor ich das tat, wollte ich mich etwas näher umsehen. Ich mußte mich überzeugen, ob nicht doch etwas Wertvolles darunter war. Und tatsächlich entdeckte ich ein paar sehr schöne Bücher. Ich zog sie heraus, die Reihen stürzten um, und in dem Wirbel von Staub und dem vermehrten Durcheinander verfiel ich in den äußersten Zustand der Entkräftung. Da machte ich eine sonderbare Entdeckung. Hinter den Büchern, in den verglasten Schränken, die mein Vater immer verschlossen hielt, zu denen aber meine Mutter mir die Schlüssel gegeben hatte, fand ich Stöße von Fotografien. Die meisten waren mit Staub bedeckt. Alsbald stellte ich jedoch fest, daß es sich um unglaubliche Obszönitäten handelte. Ich errötete, ich knirschte mit den Zähnen, und ich mußte mich setzen, aber ich hielt einige dieser abstoßenden Bilder in der Hand. Ich wollte fliehen, aber unter allen Umständen mußte ich sie wegwerfen, sie verschwinden lassen, ehe meine Mutter zurückkehrte. Ich mußte sie so schnell wie möglich auf einen Haufen werfen und verbrennen. Fieberhaft packte ich sie aufeinander, schichtete mehrere Stapel auf. Tische, auf die ich sie hob, Stapel, die zu hoch waren, fielen um, und ich schaute mir das Verhängnis an: zu Dutzenden lagen die Bilder über den ganzen Teppich verstreut, schändlich und doch die Sinne verwirrend. Hätte ich gegen diese steigende Flut ankämpfen können? Von Anfang an hatte ich den unfreiwilligen inneren Umsturz gefühlt, brennend und verzweiflungsvoll, damals, als meine Mutter, halb nackt, sich mir in die Arme warf. Bebend betrachtete ich die Bilder und achtete darauf, daß das Beben nicht aufhörte. Ich verlor den Kopf, und in Gebärden

der Ohnmacht stieß ich die aufgeschichteten Stapel um.
Aber ich mußte die Fotografien zusammenraffen ... Mein Vater, meine Mutter und dieser Sumpf von Obszönität ... in meiner Verzweiflung beschloß ich, bis ans Ende dieses Grauens zu gehen. Schon begann ich mich als Affe zu fühlen: ich schloß mich in dem Staub ein und zog mir die Hose herunter.
Freude und Schrecken verknoteten sich in mir zu dem Strick, der mich würgte. Ich erdrosselte mich und röchelte vor Wollust. Je mehr diese Bilder mich schreckten, um so mehr genoß ich es, sie zu sehen. Wie hätte ich auch, nach den Aufregungen, den Fieberträumen, den Beklemmungen der letzten Tage, gegen meine eigene Schande revoltieren wollen? Ich rief sie herbei, und ich segnete sie. Sie war mein unvermeidbares Schicksal: meine Freude war um so größer, als ich lange Zeit dem Leben nichts anderes entgegengesetzt hatte als den Entschluß zu leiden und nun, im Genuß, mich unaufhörlich erniedrigen und meinen Verfall vorantreiben konnte. Ich fühlte mich verloren, ich beschmutzte mich angesichts der Schweinereien, in denen mein Vater – und vielleicht meine Mutter – sich gesuhlt hatten. Das war eine gute Lehre für mich, den künftigen Schmutzfinken, der hervorgegangen war aus der Paarung des Schweins – und der Sau.

Die Mutter, sagte ich mir, ist gehalten, das zu tun, was den Kindern diese schrecklichen Stöße versetzt.
Vor mir, auf dem Boden, breiteten sich die vielfältigen Schamlosigkeiten aus.
Große Männer mit kräftigen Schnurrbärten in

Strumpfhaltern und gestreiften Frauenstrümpfen* wälzten sich auf anderen Männern oder auf Mädchen, von denen einige, die dicken, mir Grauen einflößten. Aber andere, die meisten, entzückten mich: ihre abstoßenden Haltungen steigerten noch mein Entzücken. In diesem Zustand des Krampfes und des Unglücks erschien mir eine, deren Bild ich in der Hand hielt (ich hatte mich auf dem Teppich ausgestreckt und auf den einen Ellbogen gestützt, ich litt und war beschmutzt vom Staub), so schön (sie lag unter einem Mann, den Kopf zurückgeworfen und die Augen ins Leere irrend), daß die Worte: «Die Schönheit des Todes», die mir durch den Kopf gingen, die sich mir aufdrängten, einen klebrigen Schauer hervorriefen, und daß ich mit zusammengebissenen Zähnen beschloß, mich zu töten (zu beschließen glaubte!).
Lange blieb ich auf dem Teppich liegen: reglos, halb nackt, obszön inmitten der obszönen Bilder. Ich dämmerte vor mich hin.
Nachts klopfte meine Mutter an die Tür.
Ich schrak auf. Ich schrie, daß sie einen Moment warten solle. Während ich noch meine Kleidung in Ordnung brachte, sammelte ich, so gut und so schnell ich konnte, die Fotografien zusammen, versteckte sie und öffnete die Tür. Meine Mutter knipste das Licht an.
– Ich war eingeschlafen, sagte ich zu ihr.
Mir war elend.
Ich kann mich nicht erinnern, je einen qualvolle-

* Bald waren die Strümpfe horizontal, bald vertikal gestreift. Die freien Fotografien, die obszönen Fotografien jener Zeit behalfen sich mit solchen absonderlichen Verfahren, die einen komischen und abstoßenden Anblick hervorrufen sollten, damit die Bilder zugkräftiger – schamloser – wirkten.

ren Albtraum erlebt zu haben. Ich hoffte nur, ihn nicht zu überleben. Offensichtlich spürte auch meine Mutter, daß sie zu schwanken begann. Wenn ich heute an die Situation zurückdenke, so ist die einzige Erinnerung, die ich damit verbinden kann, das Zähneklappern bei hohem Fieber. Sehr viel später gab meine Mutter zu, sie habe Angst gehabt, sie habe das Gefühl gehabt, zu weit gegangen zu sein. Und doch war sie im Einklang mit sich selbst, und wenn sie sich einen Selbstmord ausmalte, täuschte sie sich, aber was konnte sie im Moment tun, als sich ihre Furcht vor dem monströsen Verlangen einzugestehen, das sie auf die Idee gebracht hatte, alles so zu arrangieren. Denn sie hatte selbst versucht, hier Ordnung zu schaffen, und als der Abscheu sie zu würgen begann, hatte sie in einem Anfall von Sadismus beschlossen, mich damit zu belasten. Dann war sie ihren Vergnügungen nachgeeilt.

Sie liebte mich, sie hatte mich aus dem Unglück und den schrecklichen Wollüsten, die sie in ihrem Unglück fand, heraushalten wollen, aber hatte ich selbst der Suggestion des Schreckens widerstanden? Ich kannte diese Wollust jetzt: gegen ihren Willen hatte sie keine Ruhe gegeben, bis sie mich auf irgendeine Weise an dem hatte teilhaben lassen, was unseren gemeinsamen Ekel auslöste, der sie bis zum Wahnsinn erregte.
Jetzt stand sie vor mir – ähnlich wie ich: in der Umklammerung der Angst.
Aus dieser Angst vermochte sie die Ruhe zu schöpfen, eine Wahnsinnsruhe, um mir nach einer langen Pause mit heißer Stimme, deren Zauber besänftigte, zu sagen:
– Komm mit in mein Zimmer. Ich will dich nicht

allein lassen. Tu, was ich sage. Wenn du selbst kein Mitleid mehr mit dir hast, dann bitte ich dich, hab Mitleid mit mir. Aber wenn du willst, kann ich auch für uns beide kämpfen.
Nach meiner langen Todesnot führte mich diese Stimme ins Leben zurück. Ich liebte sie um so mehr, als ich jetzt, da ich wußte, zu denken bereit war, daß es nichts gab, was nicht verloren sei, und plötzlich jene unangreifbare Heiterkeit empfand, die über das Schlimmste triumphierend unversehrt aus der Infamie hervorsprudelte.

Sie ging mir voran in ihr Zimmer, wo ich über dem Stuhl, auf den zu setzen sie mich gebeten hatte, zusammenbrach.
Beim Verlassen der Bibliothek hatte ich Fotografien am Boden herumliegen sehen, die mir in meiner Eile entglitten waren.
Ich war erleichtert, sie gesehen zu haben, zu wissen, daß jeder Zweifel ausgeschlossen war. Ich war erleichtert, so auf die Scham, die meine Mutter, wie mir schien, vor mir, der ich ihre Verworfenheit kannte, empfinden mußte, mit einer Scham zu antworten, die ich mir noch vollkommener vorstellte. Während ich meine Erniedrigung akzeptierte, stieg ich hinunter auf die Ebene, wo mein Leben sich – falls ich am Leben blieb – von nun an hinschleppen mußte. Jetzt konnte auch meine Mutter in meinen von dunklen Rändern umgebenen Augen die Schmach lesen. Es widerte mich an, aber ich zog es vor, meine Mutter wissen zu lassen, daß ich das Recht verloren hatte – das ich mir im Grunde niemals genommen hatte –, über sie zu erröten. Nun würde sie in mir nicht mehr eine Tugend wittern, die ihre Schwächen verabscheuenswert machte und zwischen ihr und

mir einen Abgrund öffnete. Ich mußte mich nur daran gewöhnen, mich langsam mit dem Gedanken vertraut machen, nur noch ein Wesen ohne Substanz zu sein. Ich würde Zugang gewinnen zu dem einzigen Glück, das von nun an noch meinem Verlangen entsprechen konnte: daß – mochte es sich auch als furchtbar unglücklich erweisen, und selbst wenn wir niemals davon sprechen durften – ein Gefühl der Komplicenschaft meine Mutter und mich verband.

Ich verweilte bei diesen Gedanken, bei denen ich keine Ruhe finden konnte, und versteifte mich darauf, sie gerade hier zu suchen, so als hätte ich auf dem Abhang, den ich nun hinabglitt, nicht die geringste Chance verloren, einen Halt zu finden.

Meine Mutter hatte in ihrem Gesichtsausdruck stets einen fremden Zug gehabt, der sich meinem Verstehen entzog: eine Art gewittrigen Unmuts, der sehr nahe an Fröhlichkeit grenzte, zuweilen aber herausfordernd wurde, ein Eingeständnis der Schmach. Während sie jetzt vor mir saß, schien sie abwesend, und dennoch ahnte ich in ihr das Toben, eine wahnwitzige Fröhlichkeit oder die schändliche Herausforderung – so wie man im Theater manchmal weiß, daß in der Kulisse Schauspieler stehen, jeden Augenblick bereit, auf die Bühne zu springen.

Vielleicht lag ja aber, in einem bestimmten Sinn, eine Illusion in dieser Erwartung des Unmöglichen, die meine Mutter so oft in mir schürte. Denn ihre Stimme, die sich selten von einer verführerischen Vornehmheit und Festigkeit entfernte, hatte die Erwartung bald enttäuscht und in Friedfertigkeit verwandelt. Sie weckte mich diesmal aus jenem schmerzlichen Traum, in dem sich, wie mir schien, das Leben vergaß.

– Ich schulde dir zwar keine Erklärung, sagte sie. Aber in Vannes habe ich gegen alle Vernunft getrunken. Ich bitte dich, daß du es vergißt.
– Hör zu, sagte sie weiter, du wirst nicht vergessen, was ich gesagt habe: Aber ich hätte nicht die Kraft gehabt, es zu sagen, wenn nicht deine Kindlichkeit – wenn nicht der Alkohol – und vielleicht der Schmerz mich verwirrt hätten.
Sie wartete, so schien mir, daß ich ihr antwortete, aber ich senkte den Kopf. Sie fuhr fort:
– Ich möchte *jetzt* mit dir sprechen. Ich weiß nicht, ob ich dir helfen kann, aber gewiß ist es besser, ich bringe dich dazu, noch tiefer hinabzusteigen, als daß ich dich der Einsamkeit überlasse, in der du dich, wie ich fürchte, einschließt. Ich weiß, du bist schrecklich unglücklich. Du bist schwach – auch du. Dein Vater war schwach, wie du es bist. Du weißt seit neulich, bis wohin meine Schwäche gehen kann. Du weißt jetzt vielleicht auch, daß die Begierde uns zur Haltlosigkeit zwingt. Aber du weißt noch immer nicht, was ich weiß ...
Wie fand ich nur den Mut – oder die Unbefangenheit – zu sagen:
– Ich möchte wissen, was du weißt ...
– Nein, Pierre, sagte sie, von mir sollst du es nicht erfahren. Aber du wirst mir verzeihen, wenn du es weißt. Du wirst sogar deinem Vater verzeihen. Und vor allem ...
– ...
– Du wirst dir selbst verzeihen.
Es verging ein langer Augenblick, ich blieb stumm.
– Jetzt mußt du leben, sagte meine Mutter.
Ich sah, wie sie in diesem Augenblick starr vor sich auf den Boden blickte und wie ihr schönes

Gesicht sich verschloß. Dann lächelte sie vor sich hin, ein einfaches Lächeln.
– Du bist nicht gerade fröhlich, sagte sie.
– ...
– Ich bin es auch nicht.
Es war Zeit, sich zu Tisch zu setzen. Sie verlangte, daß ich ihr von meinen Studien erzählte. So als wäre nichts gewesen.
Ich fing an zu erzählen.
Als meine Mutter wieder das Haus verließ, lag ich im Bett. In der Verdorbenheit, in der die Phantasie so oft gegen unseren Willen schwelgt, stellte ich mir vor, sie sei ausgegangen, um der Lust nachzujagen. Doch ehe sie das Haus verlassen hatte, war sie noch einmal zu mir ins Zimmer gekommen, so wie früher, als ich ein kleiner Junge war. Nicht einen Moment war mir an diesem Tag der Gedanke gekommen, sie habe mich den aufreizenden Fotografien aussetzen wollen! Ich lebte in Bewunderung, hingerissen von ihrem Schwanken zwischen liebevoller Sanftheit und einer Liederlichkeit, der sie, wie mir schien, zum Opfer gefallen war und die sie offensichtlich unglücklich machte, so wie ich unglücklich war über das, was mir am Nachmittag wider Willen zugestoßen war. Ich ruhte in dem Bett, an das sie herangetreten war, wie das Opfer nach einem Unfall. Ein Schwerverletzter, der leidet und der viel Blut verloren hat, wird, denke ich, wenn er schließlich in seinen Verbänden, aber im Frieden der Klinik erwacht, ähnliche Gefühle haben.

Wenn in der Einsamkeit, die ich betrat,
die Maßstäbe dieser Welt fortbestehen,
so um in uns das schwindelerregende Gefühl
der Maßlosigkeit aufrechtzuerhalten:
diese Einsamkeit ist GOTT.

Das Leben setzte wieder ein. Die Zeit in ihrer Trägheit ließ den Riß vernarben. Meine Mutter vor mir schien ruhig, ich bewunderte, ich liebte ihre Beherrschung, die mir ein Gefühl tiefen Friedens einflößte. Nie habe ich sie mehr geliebt. Nie habe ich für sie eine größere Ergebenheit empfunden, die um so wahnsinniger war, als uns jetzt derselbe Fluch verband, der uns von den übrigen Menschen trennte. Zwischen ihr und mir war ein neues Band entstanden: das der Erniedrigung und der Schändlichkeit. Weit davon entfernt, zu bedauern, daß ich meinerseits gefallen war, sah ich, daß meine *Schuld* mich dem geöffnet hatte, was mir das Unglück meiner Mutter schien, das sie niederwerfen mußte, wie es mich niederwarf, uns aber, wie ich später begriff, dadurch und weil es uns folterte, dem einzigen Glück öffnen mußte, das nicht eitel ist, da es uns in der Umklammerung des Unglücks in Entzücken versetzt.
Doch anfangs konnte ich mich auf diese heimliche Hochzeit von Hölle und Himmel nicht einlassen. Trotz allem litt ich unter dem Gefühl, daß meine Mutter sich in dem Elend, zu dem sie, wie ich wußte, verdammt war, gefiel. Jeden Abend und manchmal auch am Nachmittag ging sie aus. Wenn sie zu Hause aß, bemerkte ich oft, daß sie getrunken hatte. Ich schwieg, ich wartete, um zu weinen, daß sie wieder fortging, in ihren Sumpf zurückkehrte. Ich dachte an die Zeit zurück, als ich mich über die Trunkenheit meines Vaters gegrämt hatte, als das Schweigen und der Ernst meiner Mutter mich glauben ließen, daß sie meine Gefühle teilte. Jetzt wußte ich, daß sie zur gleichen Zeit wie mein Vater – wenn nicht mit ihm – getrunken hatte. (Allerdings hatte sie stets eine Würde bewahrt, die mein Vater nie besessen hatte –

sie hatte sie, außer in Vannes, kaum je aufgegeben.) Das Törichte ist, daß ich damals trotz aller Gewißheit nicht aufhörte, meinen Vater – und meinen Vater allein – anzuklagen. Mein Vater, dessen Schamlosigkeit die abscheuliche Unordnung ausgebreitet hatte, mein Vater, der – ich war dessen sicher – meine Mutter zum Trinken verleitet und sie mit der Zeit verdorben hatte, mein Vater, dessen Unrat nach seinem Tode noch auf mich kam und mich verkommen ließ.

Ich vermied es mit aller Kraft, die Wahrheit zu erkennen, die zu sehen später, ehe sie starb, meine Mutter mich zwang: mit vierzehn Jahren war sie meinem Vater nachgelaufen, und als die Schwangerschaft, deren Frucht ich bin, die Familie zwang, meine Eltern zu verheiraten, war es meine Mutter, die sich von einer Ausschweifung in die andere stürzte, die ihn bis aufs äußerste korrumpierte, mit derselben scharfsinnigen Beharrlichkeit, die sie mir gegenüber beweisen sollte. Wenn meine Mutter am Ende von herausfordernder Aufrichtigkeit war, so war sie doch hinterhältig: ihre ungemeine Sanftheit, selbst wenn sie zuweilen jene beängstigende Schwüle hatte, die einem Gewitter vorangeht, ließ mich in Blindheit zurück. Ich lebte in dem Gefühl, daß eine Lepra innen an uns nagte: von dieser Krankheit würden wir niemals genesen, dieser Krankheit waren wir, sie und ich, tödlich verhaftet. Meine kindliche Einbildungskraft kaute mir immer wieder die Beweise vor, daß meiner Mutter mit mir ein Unglück widerfahren war.

Dennoch kam der Zusammenbruch nicht ohne meine Mitschuld. Ich hatte mich in der Gewißheit der unausweichlichen Krankheit eingerichtet. Eines Tages nutzte ich die Abwesenheit meiner Mutter und wurde rückfällig. Benommen von der Angst der Versuchung betrat ich die Bibliothek, wo ich zunächst zwei Fotografien hervorzog, dann zwei weitere, bis mich langsam ein Schwindel erfaßte. Ich genoß die Unschuld des Unglücks und der Ohnmacht. Konnte ich mir eine Verfehlung vorwerfen, die mich verführte, mich mit Lust überschwemmte, einer Lust, die genau dem Maß meiner Verzweiflung entsprach?

Ich zweifelte, ich lebte weiter in Angst, und in der Angst gab ich unaufhörlich dem Verlangen nach, selber ein Objekt meines Grauens zu sein: der faule Zahn in einem schönen Gesicht. Immer wieder verfolgte mich der Gedanke an die Beichte, in der ich meine Niederträchtigkeiten hätte bekennen müssen, aber ich schreckte nicht nur davor zurück, eine unbekennbare Verirrung zu bekennen. Mehr und mehr erschien mir der Gedanke an eine Beichte Verrat an meiner Mutter, ein Zerreißen des unvermeidlichen Bandes, das unsere gemeinsame Schmach zwischen ihr und mir geknüpft hatte. Die wahre Niederträchtigkeit wäre es, dachte ich, meinem Beichtvater, der meine Mutter kannte und mir gegenüber von der alleinigen Verderbtheit meines Vaters gesprochen hatte, zu gestehen, daß ich jetzt die Sünde meiner Mutter *liebte*, daß ich stolz darauf war wie ein Wilder. Im voraus malte ich mir die banale Sprache seiner Erwiderung aus. Würden seine banalen Ermahnungen der Größe meiner Angst, der unheilbaren Situation gerecht werden, in die Gottes Zorn mich gestellt hatte?
Für mich war allein die zärtliche – und stets tragische – Sprache meiner Mutter einem Drama gewachsen – einem Mysterium, das nicht weni-

ger wog, nicht weniger blendete als Gott selbst. Mir schien, daß die monströse Unreinheit meiner Mutter und die meine, die ebenso widerwärtig war, zum Himmel schrien, daß sie Gott gleich waren, so wie nur die vollkommene Finsternis dem Licht gleicht. Der lapidare Ausspruch von La Rochefoucauld kam mir in den Sinn: «Weder die Sonne noch der Tod können sich unverwandt ansehen» ... Der Tod war in meinen Augen nicht weniger göttlich als die Sonne, und meine Mutter war in ihren Verbrechen Gott näher als alles, was ich je durch das Fenster der Kirche erblickt hatte. In jenen unendlich langen Tagen meiner Einsamkeit und meiner Sünde richtete mich immer wieder wie ein Schrei – wie das Knirschen einer Gabel auf einem Fensterglas – das Gefühl auf, daß das Verbrechen meiner Mutter sie zu Gott erhob, so wie der Schrecken und die schwindelnde Vorstellung von Gott eins sind. Und bei meiner Suche nach Gott wollte ich im Schmutz versinken und mich mit Schmutz bedecken, um seiner nicht unwürdiger zu sein als meine Mutter. Die schändlichen Szenen und die Fotografien erhielten in meinen Augen etwas von dem Glanz und der Größe, ohne die das Leben ohne Taumel wäre und niemals den Tod oder die Sonne schaute.

Die Gefühle der Erniedrigung zum Affen, die mich in meinen blaugeränderten Augen das Abbild meines Verfalls sehen ließen, interessierten mich wenig. Dieser Verfall brachte mich nur der Nacktheit meiner Mutter näher, der Hölle, in der zu leben sie gewählt hatte, oder richtiger: wo sie nicht mehr atmen, nicht mehr leben wollte. Manchmal nahm ich die widerwärtigsten Bilder meines Vaters, zog mich nackt aus und schrie laut auf: «Gott des

Schreckens, so tief führst du uns hinab, so tief hast du uns hinabgeführt, meine Mutter und mich ...» Doch ich wußte, daß ich auf die Dauer stolz darauf war, und ich brauchte mir nur zu sagen, daß die Sünde des Hochmuts die schlimmste war, um mich wieder aufzurichten. Denn ich wußte, die Ehrbarkeit, die mein Beichtvater in meinen Augen vertrat, hätte für mich die Negation jenes Gottes der blendenden Sonne, jenes Gottes des Todes bedeutet, den ich suchte und zu dem mich die Unglückswege meiner Mutter zurückführten. Dann kam mir der Anblick meines betrunkenen Vaters wieder in den Sinn. Am Ende zweifelte ich an dem Recht, das ich mir genommen hatte, ihn zu verfluchen: durch ihn gehörte ich dem Rausch und dem Wahnsinn, allem, was die Welt an Bösem umfaßt, wovon Gott sich nur abwendet, um sich Schlimmerem zuzuwenden. Mein Vater, dieser stockbetrunkene Hanswurst, den zuweilen die Polizisten auflasen, mein Vater rührte mich plötzlich: ich weinte. Ich dachte zurück an die Nacht auf dem Bahnhof von Vannes, an meine Mutter und die Momente ihrer verzweifelten Stille, die dann plötzlich in das schlüpfrige Lachen umschlug, das ihre Züge entstellte, so als wären sie zerflossen.

Ich bebte, und ich war unglücklich, aber ich genoß es, mich all der Unordnung der Welt zu öffnen. Wäre es mir möglich gewesen, nicht dem Bösen zu verfallen, das meine Mutter erstickte? Sie blieb mehrere Tage von zu Hause fort. Ich brachte meine Zeit damit hin, mich zu zerstören – oder zu weinen: auf sie zu warten.

DAS GELÄCHTER IST GÖTTLICHER,
UND ES IST SOGAR UNFASSBARER
ALS DIE TRÄNEN.

Als meine Mutter nach Hause kam, sah sie die Schatten unter meinen Augen. Sie lächelte:

– Wir müssen etwas unternehmen, sagte sie. Aber heute abend bin ich zu kaputt, ich gehe zu Bett.

– Du siehst nicht viel anders aus als ich, Maman. Schau in den Spiegel, sieh sie dir an, die Schatten um deine Augen...

– Wahrhaftig, du hast recht, sagte sie. Deine Bosheit gefällt mir besser als dein schlechtes Aussehen.

Darauf lachte sie herzlich und küßte mich.

Ich sah sie am nächsten Morgen beim Frühstück. Sie schrie:

– Ich will nicht, daß du immer so elend aussiehst. Weißt du, wie Réa dich nennt?

– Réa –?

– Du kennst sie noch nicht, das ist richtig. Du bist ihr einmal im Treppenhaus begegnet. Sie ist ein hübsches Mädchen, aber offenbar jagen dir hübsche Mädchen Angst ein. Sie, Réa, hat dich gesehen und in dir den hübschen Jungen erkannt, von dem ich ihr manchmal erzähle. Jetzt fragt sie mich immer nach dir: «Wie geht es unserem Ritter von der traurigen Gestalt?» Ich nehme an, es ist an der Zeit, daß du ein weniger einsames Leben führst. Ein Junge in deinem Alter muß Frauen kennenlernen. Wir werden heute abend mit Réa ausgehen. Ich lege meine Trauerkleidung ab; du ziehst dich hübsch an. Ich vergaß dir zu sagen, Réa ist meine beste Freundin: sie ist wunderbar, sie ist Tänzerin von Beruf. Sie ist das übermütigste Mädchen der Welt. Ich komme um fünf Uhr mit ihr nach Hause, ihr werdet Freundschaft schließen, wenn du willst. Ehe wir essen gehen, werden wir zur Erfrischung etwas trinken.

Mit sanfter Stimme ihre Sätze modulierend, lachte sie.
– Ja, Maman, stammelte ich.
Ich war bestürzt. Ich sagte mir, daß dieses Lachen auf ihrem Gesicht eine Maske war.
In diesem Moment stand meine Mutter auf. Wir gingen zu Tisch.
– Du weißt wohl selbst, daß deine Reaktion nicht gerade ermutigend ist, sagte sie. Ich muß offenbar die Liederlichkeit für zwei aufbringen.
Sie brach in Gelächter aus. Doch die traurige Wahrheit – die ich so liebte – schimmerte durch ihre Maske hindurch.
– Maman! schrie ich.
– Deine Mama, sagte sie, muß dich hart anfassen.
Sie streckte die Hände nach mir aus und faßte mich bei den Wangen.
– Laß dich anschauen.
– ...
– Es ist nicht alles damit getan, seine Mutter zu lieben, intelligent zu sein, schön zu sein und von einem tiefen Ernst... der mich erschreckt. Wohin soll dich dieser Ernst noch führen, wenn er dich die Fröhlichkeit der anderen nicht wahrnehmen läßt?
Ich dachte an das Verbrechen, an den Tod... Ich verhüllte mein Gesicht.
– Du selber bist auch ernst.
– Dummkopf! Das ist doch nur Schein! Du wirst ein einfältiger Tropf bleiben, solange es dir an Leichtigkeit mangelt.
Das Gebäude, das ich mir errichtet hatte, in dem ich Zuflucht suchte, stürzte zusammen. Gewiß, meine Mutter war manchmal guter Laune. Aber sie hatte nie diese fallenlose Fröhlichkeit, diese un-

beschwerte Heiterkeit gehabt, die mich sprachlos machten.
Sie frühstückte und behielt ihre gute Laune bei, machte sich über meine Schwermut lustig oder brachte mich gegen meinen Willen zum Lachen.
– Siehst du, sagte sie, ich habe nicht getrunken, aber ich bin wie vom Teufel besessen. Sei du nur stolz auf deine Tiefe. Sie hat mich in diesen schönen Zustand versetzt! Aber sag mir, ohne jeden Scherz: hast du Angst?
– Wieso? ... Nein.
– Schade.
Sie brach von neuem in Gelächter aus und ging fort.
Ich blieb im Eßzimmer, setzte mich dort in eine Ecke und brütete vor mich hin.
Ich wußte im voraus, daß ich gehorchen würde. Ich würde meiner Mutter sogar zeigen, daß sie unrecht hatte, sich über mich lustig zu machen. Ich zweifelte nicht mehr daran, daß ich es fertigbringen würde, Leichtigkeit an den Tag zu legen ... In diesem Augenblick kam mir der Gedanke, daß – so wie ich jetzt eine erkünstelte Leichtigkeit bekundete – meine Mutter ein Gefühl vorgetäuscht haben konnte, das sie gar nicht hatte. Auf diese Weise konnte ich das Gebäude, in dem ich mich einzuschließen pflegte, bewahren. Und auf diesem Wege konnte ich auch der Einladung meines Schicksals folgen, das von mir verlangte, zugrunde zu gehen, tiefer und tiefer hinabzusteigen, wohin meine Mutter mich auch führte, und mein Glas mit ihr zu trinken, es, sobald sie wollte, bis zur Neige zu leeren ... Ihre Heiterkeit blendete mich, aber mußte ich nicht erkennen, daß sie mir zu meiner Erleichterung verhieß, was meinem Verlangen, mich der höchsten Gefahr auszu-

setzen, am besten entsprach und mich den äußersten Taumel erleben ließ? Wußte ich denn nicht, daß meine Mutter mich am Ende dahin führen würde, wo sie hinging? Das war sicherlich das Infamste. Wenn sie mich jetzt verführte, dann mit Ausschweifungen, die ihre scheinbare Würde vollends infernalisch machte. Und so wie meine Mutter ständig zwischen Schande und Ansehen, zwischen Abenteuer und Ernst hin und her schlitterte, so gerieten meine Gedanken bei der wechselhaften Aussicht durcheinander, dic Réas vorstellbare Leichtigkeit so verwirrend machte.
Meine Mutter, dachte ich, will, daß ich ihre Freundin kennenlerne, aber ist es nicht verrückt, daraus zu schließen, sie habe sie gebeten, mich ins Verderben zu stürzen?
Ich stellte mir sogleich vor, daß eine Tänzerin, die meiner Mutter Freundin war, sich auch an ihren Ausschweifungen beteiligen müsse. Fieberhaft erwartete ich sie. Réa zog mich schon im voraus an. Was sage ich, sie faszinierte mich. Réa, die mich in die Welt einführen würde, die mich erschreckte und doch, in meinem Schrecken, das Ziel aller meiner Gedanken war.

Diese Gedanken waren unglücklich, aber das, womit sie mich bedrohten, war eine exzessive Freude, die aus meinem Schrecken hervorgehen würde. So brachte mich das verrückte Bild, das ich mir von Réa gemacht hatte, vollends durcheinander. Ich lebte im Wahn: ich sah sie, wie sie sich beim ersten Wort entkleidete und wie sie durch ihre Niederträchtigkeit meine Mutter zur Flucht zwang, so daß ich diesem Kraken ausgeliefert war, der aussah wie die Mädchen auf den Bildern meines Vaters, deren Obszönitäten meine Phantasie erfüllten. Kindisch gab ich mich diesen Träumereien hin. Ich glaubte nicht daran, aber ich hatte mich schon so weit verirrt, daß ich die lebhaftesten Szenen erfand, um mich in Aufruhr zu versetzen und mich immer sinnlicher in der Schande zu suhlen.

Es fällt mir heute schwer, mir jene fieberhaften Augenblicke zu vergegenwärtigen, in denen meine Revolte sich mit der Gier nach einer erschrekkenden Lust verband, in denen ich mich würgte und um so mehr genoß, je heftiger ich mich würgte. Was mich dazu bringt, zu glauben, daß es sich um ein Spiel handelte, ist nicht nur die Raffinesse, die ich aufwandte, um mich gleiten zu lassen, sondern das Geschick und die Meisterschaft, die ich entfaltete, sobald sich eine Schwierigkeit vor mir auftat. Ich fühlte mich wie gelähmt; als ich den großen Salon betrat und im Hintergrund, vor luxuriösen Tapeten und Schleiern, meine Mutter und ihre Freundin erblickte, beide in roten Kleidern, beide lachend, verschlug es mir die Sprache; ich war erschlagen, doch vor Bewunderung. Lächelnd trat ich näher. Ich begegnete dem Blick meiner Mutter, in dem ich Zustimmung las. Ich hatte mich in der Tat mit einer Sorgfalt gekleidet und frisiert, die ich gewöhnlich nicht auf diese Dinge verwandte. Während ich zu ihnen trat, zitterte ich nicht. Ich küßte, wenn auch ein wenig zu lange, die Hand der hübschen Réa, deren Parfum, deren Décolleté – und deren Augenzwinkern – mich nicht weniger berührten, nicht weniger intim, als es die Erfüllung all der Träumereien vermocht hätte, die mich in meinem Zimmer gequält hatten.

– Seien Sie mir nicht böse, Madame, sagte ich zu

Réa, wenn ich, wie soll ich sagen, betroffen bin. Aber ich wäre gewiß noch verlegener, wenn sich mir nicht der Kopf drehte.
– Wie amüsant er ist! sagte Réa schwärmerisch. So jung, so gewandt im Gespräch mit Frauen, so ein fabelhafter Lügner …
Soviel stand fest, ich war für die Welt, die Réa mir eröffnete, geboren. Aber als meine Mutter in schallendes Gelächter ausbrach, horchte ich auf und sah sie an: ihre Gegenwart, an die ich im Augenblick nicht mehr gedacht hatte, und dieses anstößige Lachen bestürzten mich. Mir wurde plötzlich sterbensübel.
– Ich kränke Sie, sagte Réa, aber Pierre – Sie erlauben doch, meine Liebe, daß ich ihn so nenne –, wenn Sie nicht gelogen haben, Pierre, wäre ich sehr glücklich.
Réas Mißverständnis verwirrte mich.
– Pierre, sagte meine Mutter vermittelnd, setz dich neben meine Freundin: wenn ich richtig verstanden habe, ist sie auch deine.
Sie wies mir einen Platz auf dem Sofa.
Meine Mutter und Réa benahmen sich genauso, wie ich mir zwei leichtfertige Frauenzimmer in Gesellschaft ihres Partners vorstellte. Réa machte mir neben sich Platz. Dann rückte sie näher an mich heran. Schon tat der Rausch des in Strömen fließenden Champagners seine Wirkung.

Das Décolleté meiner Nachbarin machte mich unruhig. Ich war purpurrot geworden.
– Aber Pierre, sagte Réa, amüsieren Sie sich nicht gern? Ihre Mutter tut es doch so gern …
– Madame …
– Aber vor allem sagen Sie bitte Réa zu mir. Abgemacht?

Sie nahm meine Hand, streichelte sie und legte sie dann auf ihr Bein. Das war zuviel! Wäre das Sofa nicht so tief gewesen, ich wäre aufgesprungen und geflohen. Aber ich hätte die Gewißheit gehabt, schwach zu sein, ihr nicht entkommen zu können...

Réa gab den leicht affektierten Ton, den sie angenommen hatte, wieder auf.

– Es ist wahr, sagte sie, ich gebe mich der Lust hin, aber niemals, verstehen Sie, habe ich es bereut, obgleich ich aus wohlhabender Familie bin ... Sehen Sie, Pierre, Frauen, die ein lockeres Leben führen, sollten Sie nicht erschrecken. Übrigens Ihre Mutter ist besser als...

– Besser? unterbrach meine Mutter. Plötzlich war die Maske des Lachens gefallen, und sie war wieder sie selbst geworden. Wen kennen Sie, der schlimmer wäre? Ich will, daß Pierre es weiß...

– Meine Liebe, Sie tun ihm weh, warum?

– Ich will ihn von seiner Einfalt befreien, Réa. Pierre, mehr Champagner, bitte!

Ich griff nach der Flasche und füllte die Gläser, bestürzt über den Zustand, in den meine Mutter sich hineingesteigert hatte. Sie war groß, zerbrechlich, und plötzlich flößte sie mir das Gefühl ein, nicht mehr zu können. Ihr Augen blitzten vor Haß, und ihre Züge waren verzerrt.

– Ich will, daß du es ein für allemal erfährst.

Sie zog Réa zu sich herüber, und ohne zu zögern, küßte sie sie unter lustvollen Zuckungen.

Sie wandte sich zu mir.

– Ich bin glücklich! schrie sie mir zu. Ich will, daß du es weißt: ich bin die schlimmste aller Mütter...

Ihr Gesicht verzog sich zu einer Grimasse.

– Hélène, stöhnte Réa, du bist grauenhaft...

Ich stand auf.

– Pierre, hör zu, sagte meine Mutter (sie war wieder ruhig geworden; ihre Sprache war noch wirr, aber ernst, und ihre Sätze kamen gelassen, einer nach dem anderen). Darum habe ich dich heute nicht hergebeten. Aber ich kann dich nicht länger ertragen. Ich will Verachtung in deinen Augen lesen, Verachtung, Angst. Ich bin glücklich, dich soeben in diesem Zustand gesehen zu haben: du warst am Ende. Du siehst, wie sehr ich deinen Vater vergessen habe. Von mir kannst du lernen, daß nichts so sehr zur Bösartigkeit inspiriert wie das Glück.

Ich war betrunken, und doch begriff ich, daß meine Mutter, die es bereits gewesen war, als ich hereinkam, nicht mehr die Kraft hatte, an sich zu halten.

– Mama, sagte ich, laß mich jetzt gehen.

– Ich hätte nicht gedacht, sagte meine Mutter, ohne mich anzusehen, daß mein Sohn mir an dem Tag, an dem er das schlechte Benehmen seiner Mutter entdeckt, den Gehorsam verweigert.

Mit einer Leichtigkeit, die mich plötzlich beruhigte und mich mir selbst zurückgab, sagte sie noch:

– Bleib hier, ich liebe dich von ganzem Herzen, jetzt da ich dir das Recht gegeben habe, dein Urteil über mich zu fällen.

Ihr Lächeln war ein unglückliches, unfreiwilliges Lächeln, das ich jetzt schon gut kannte: ein Lächeln, das ihre Unterlippe verschlang.

– Hélène! schrie Réa, sichtlich enttäuscht.

Sie stand auf.

– Liebste, du willst also nicht mit ihm essen gehen? Willst du gleich mit ihm ins Bett?

– Hélène! gab Réa zurück. Ich gehe jetzt. Auf Wiedersehen, Pierre, ich hoffe, bis bald.

Réa küßte mich liebevoll auf den Mund. Sie tat, als ob sie gehen wollte. Ich war verblüfft. Und ich war völlig betrunken.
Nun stand meine Mutter auf. Ich sah, wie sie Réa anschaute, so als wollte sie sich über sie werfen und sie schlagen.
– Komm! sagte sie.
Sie nahm sie an die Hand und zog sie ins Nebenzimmer. Ich konnte sie nicht sehen, aber die Zimmer gingen ineinander über; wenn ich in diesem Augenblick nicht von dem vielen Champagner eingeschlafen wäre, hätte ich ihr rasches Atmen hören müssen.
Als ich aufwachte, stand meine Mutter vor mir, ein Glas in der Hand, und sah mich an.
Auch Réa sah mich an.
– Siehst du, wie unsere Augen glänzen? fragte meine Mutter.
Réa lachte, ich sah, wie ihre Augen glänzten.
– Kommt jetzt, sagte meine Mutter, der Kutscher wartet.
– Aber vorher wollen wir seine traurige Miene verscheuchen, sagte Réa.
– Wir wollen die Flasche leeren, sagte meine Mutter. Nimm dein Glas und gib uns zu trinken.
– Nehmt die Gläser, sagte Réa, laßt uns trinken.
Ein Strom guter Laune erfaßte uns. Plötzlich küßte ich Réa auf den Mund.
Wir stürzten die Treppe hinunter. Ich war entschlossen, immer weiter zu trinken und immer weiter so zu leben.
Das ganze Leben.

In der Kutsche lagen wir einer über dem anderen. Der Arm meiner Mutter um Réas Hüfte, Réa biß ihr in die Schulter. Réa, die meine Hand ergriffen hatte, preßte sie gegen die Nacktheit ihres Schenkels und schob sie so hoch wie möglich hinauf. Ich sah meine Mutter an: sie schien zu strahlen.

– Pierre, sagte sie, vergiß nicht, vergib mir, ich bin glücklich.

Ich hatte immer noch Angst. Ich hoffte, ich würde sie dieses Mal verbergen können.

Im Restaurant hob meine Mutter ihr Glas und sagte feierlich:

– Du siehst, mein Pierre, ich bin betrunken. Und so geht es alle Tage. Sag es ihm, Réa.

– Ja, Pierre! sagte Réa, alle Tage geht es so. Wir genießen unser Leben. Aber deine Mutter mag keine Männer, jedenfalls nicht sehr. Ich liebe Männer dafür um so mehr. Deine Mutter ist wunderbar.

Réa, die betrunken war, sah meine Mutter an. Sie waren beide sehr ernst.

Meine Mutter sprach zärtlich auf mich ein:

– Ich bin glücklich, daß du mich nicht mehr für unglücklich halten mußt. Ich habe uneingestehbare Neigungen, und ich bin überglücklich, sie dir eingestehen zu können.

Ihre Augen verloren sich jetzt nicht mehr im Leeren.

– Ich weiß, was ich will, sagte sie schalkhaft. Aber das Lächeln, eben erst geboren, erstarb auf ihren vollen Lippen, die bebten und zuckten, als ginge ihr der Atem aus. Ich weiß, was ich will, sagte sie noch einmal.

– Maman, sagte ich verwirrt, ich will wissen, was du willst. Ich will es wissen, und ich will es lieben.

Réa sah uns an, sie beobachtete meine Mutter. Aber meine Mutter und ich waren inmitten die-

ser lärmenden Tische in der Einsamkeit einer Wüste.
– Was ich will? sagte meine Mutter zu mir, ich will, und koste es mich das Leben, *allen* meinen Wünschen nachgeben.
– Auch den irrsinnigsten, Maman?
– Ja, den irrsinnigsten auch, mein Sohn.
Sie lächelte, oder eher: das Lächeln verzerrte ihre Lippen. So als wollte sie mich lachend fressen.
– Pierre! sagte Réa, ich habe zuviel getrunken, aber deine Mutter ist so von Sinnen, daß ich an den Tod denken muß, wenn ich sie ansehe. Ich sollte es dir nicht sagen: aber ich habe Angst. Du mußt dich darauf gefaßt machen. Ich habe zuviel getrunken, ich weiß, aber wie sollen wir jetzt leben? Du weißt, Pierre, ich bin verliebt in deine Mutter. Du zerstörst sie. Du verdirbst ihr das Lachen, und sie kann nur lachend leben.
– Aber meine Mutter lacht doch, Réa, sagte ich, sie sieht mich lachend an. Mama, was kann ich tun? Ich möchte ... Wir haben zuviel getrunken.
Meine Mutter kam plötzlich wieder zu sich:
– Réa und du, ihr habt zuviel getrunken. Pierre, denk an die Zeit zurück, als du geschlafen hast und ich meine Hand auf deine Stirn gelegt habe. Du hast vor Fieber gezittert: mein Unglück ist, daß ich in meinen Exzessen niemals das Glück des Zitterns finde, das du mir geschenkt hast. Pierre, Réa kann mich nicht verstehen. Und vielleicht bist du taub für meine Wünsche. Aber du hast mich lachen sehen: lachend dachte ich an den Moment, in dem ich glaubte, du müßtest sterben. Pierre? Ah, laß nur, ich muß weinen. Frag nicht!
Ich sah, sie wäre in Schluchzen ausgebrochen, wenn sie sich nicht mit übermenschlicher Anstrengung zurückgehalten hätte.

– Réa, sagte sie, du hast recht. Hab Mitleid jetzt, bring mich zum Lachen!
Réa lehnte sich zu mir herüber. Sie machte mir einen so obszönen Vorschlag, daß ich in dem Gewirr von Reaktionen, die uns alle drei krank machten, nicht mehr an mich halten konnte und in Gelächter ausbrach.
– Sag es noch einmal, sagte meine Mutter zu mir.
– Komm, sagte Réa, ich sage es dir ins Ohr.
Meine Mutter beugte sich zu Réa hinüber. Dasselbe kindische Lachen kitzelte uns so heftig, Réas obszöner Vorschlag war von so närrischer Ungereimtheit, daß wir uns krümmten und die Bäuche verrenkten, mitten zwischen den anderen Leuten. Die Gäste begannen zu uns herüberzuschauen, aber da sie selbst schon heiter waren und nichts verstehen konnten, glotzten sie nur. Einige stutzten. Trotz furchtbarer Anstrengungen waren wir außer Rand und Band, wir waren verrückt, und unser Gelächter verstärkte sich noch durch das Stutzen, das wir ringsum spürten: dann fing das ganze Restaurant zu lachen an, ohne zu wissen, warum, aber es war ein Lachen, das fast weh tat und in Wut umschlagen konnte. Schließlich verebbte dieses ungehörige Lachen, aber in dem eingetretenen Schweigen brach plötzlich ein Mädchen, das nicht mehr an sich halten konnte, von neuem los: noch einmal bemächtigte sich das Lachen des Saales. Schließlich tauchten die Gäste, die Nase noch in der Serviette, verstohlen aus ihrer Verzauberung, wagten es jedoch nicht mehr, einander anzusehen.
Als letzter mußte ich Unglücklicher immer noch lachen. Réa flüsterte mir zu:
– Denk an mich, denk an die Treibjagd...

– Ja, sagte meine Mutter, an die Treibjagd!
– Ich werde dich in die Enge treiben, sagte Réa mit verschlossenem Gesicht.
Sie nahm ihren Vorschlag in den verschiedensten Wendungen wieder auf, die mich nun jedoch nicht mehr zum Lachen brachten, wohl aber aufs äußerste mein Verlangen reizten.
– Ich bin deine Hündin, fuhr sie fort, ich bin schmutzig, ich bin läufig. Wenn wir nicht im Restaurant wären, läge ich auf der Stelle nackt in deinen Armen.
Und meine Mutter sagte, während sie uns eingoß:
– Dich schenke ich Réa, und Réa schenke ich dir.
Ich trank. Wir hatten alle drei erhitzte Gesichter.
– Ich werde mich schlecht benehmen, sagte Réa. Tu deine Hand unter den Tisch. Schau her.
Ich sah Réa an: mit der Hand unter dem Tisch verdeckte sie, was sie tat.
Ich leerte mein frischgefülltes Glas.
Réa sagte zu mir:
– Du sollst mich im Wald umwerfen, Pierre.
– Ich halte es nicht mehr aus, sagte ich zu Réa.
– Ich bin verrückt, sagte Réa.
– Ich will noch mehr trinken. Ich habe keine Kraft mehr. Bringt mich weg von hier.
Mit wirrem Blick weinte ich leise vor mich hin.
Meine Mutter sagte:
– Wir sind verrückt, Réa, wir haben den Kopf verloren. Wir sind stockbetrunken, alle drei. Es war zu schön. Mitleid, Pierre, hab Mitleid, weine nicht. Wir gehen nach Hause.
– Ja, Maman! Es ist zuviel! Es ist zu schön, zu furchtbar.
Plötzlich bemerkten wir die entsetzten Blicke, die wir auf uns zogen, und erstarrten.

Ich sah, wie meine Mutter ganz ruhig, ganz selbstsicher wurde. Und ehe ich mich's versah, saß ich wieder in der Kutsche. Ich schlief ein. Réa und meine Mutter wußten schon, daß der Wahnsinn sie so schnell nicht wieder loslassen werde ... Gefügig (ich konnte nichts mehr erkennen) ließ ich mich zu Bett bringen.

Am nächsten Tag, beim Essen, sprach meine Mutter mit mir.
Sie war ganz in Schwarz und machte mir trotz ihrer Selbstbeherrschung den Eindruck, als ob ein verhaltener Wahnsinn sie verzehrte. Wie gewöhnlich erwartete sie mich im Salon auf dem Sofa. Als ich bei ihr war, küßte ich sie und nahm sie in die Arme. Ich war fast krank und zitterte.
Wir verharrten regungslos. Schließlich brach ich das Schweigen.
– Ich bin glücklich, sagte ich ihr, aber ich weiß sehr wohl, daß mein Glück nicht dauern kann.
– Von gestern, fragte mich meine Mutter, bist du glücklich?
– Ja, ich bete dich an, so wie du bist, aber ...
– Aber was?
– Wir werden alles ändern müssen ...
– Gewiß ...
Sie drückte mich noch fester an sich. Ich genoß es, aber ich sagte zu ihr:
– Du weißt es genau: wir haben uns umarmt, aber das Glück, das ich darüber empfinde, schmerzt wie Gift.
– Komm, wir wollen uns zu Tisch setzen, sagte meine Mutter.
Wir setzten uns, und die Ordnung des Eßzimmers, der gedeckte Tisch, ließ mich aufatmen. Im Eiskübel stand eine Flasche, aber nur eine.

– Hast du nun verstanden? sagte meine Mutter, das Vergnügen beginnt erst, wenn der Wurm in der Frucht ist. Erst wenn wir unser Glück mit Gift tränken, wird es köstlich. Alles andere ist Kinderkram. Verzeih, wenn ich dich so überrumpele. Du hättest Zeit gehabt, es langsam zu lernen. Nichts ist rührender, ergreifender als Kindereien. Aber du warst so einfältig, und ich bin so verderbt, daß ich mich entschließen mußte. Gewiß, ich hätte auf dich verzichten können, andernfalls mußte ich mit dir sprechen ... Ich glaubte, du würdest die Kraft haben, mich zu ertragen. Deine Intelligenz ist ungewöhnlich, aber sie offenbart dir, was deine Mutter ist: du hast also sehr wohl das Recht, zu erschrecken. Wärst du weniger intelligent, hätte ich mich verstellt, hätte so getan, als schämte ich mich. Ich schäme mich aber meiner nicht, wie du weißt. Schnell, öffne die Flasche ... Nur ruhig Blut: die Situation ist durchaus erträglich, und du bist nicht feiger als ich: Kaltblütigkeit ist mehr wert als ein wirrer Kopf ... Aber vom Wein beschwingt können wir besser erkennen, warum das Schlimme das Schönere ist ...

Wir hoben die Gläser, und ich schaute auf die Uhr an der Wand.

– Der Zeiger, sagte ich zu meiner Mutter, hört nicht einen Moment auf, sich zu bewegen. Schade ...

Ich wußte, wir wußten, daß es in der Zweideutigkeit, in der wir lebten, nichts gab, das nicht schnell entglitt, das nicht schnell versank.

Meine Mutter wollte mehr Champagner.

– Nur eine Flasche, sagte sie zu mir.

– Ja, vielleicht, eine Flasche. Und doch, weil ...

Nach dem Mittagessen saßen wir auf dem Sofa und hielten uns umschlungen.

– Ich trinke auf deine Liebschaft mit Réa, sagte meine Mutter.
– Aber ich habe Angst vor Réa, antwortete ich.
– Ohne sie, hörte ich sie sagen, wären wir verloren. Ihr verdanke ich, daß ich vernünftig geworden bin: sie ist von Sinnen, toll, weißt du. Jetzt bist du an der Reihe, heute wirst du in ihren Armen zur Ruhe kommen. Es ist schon zwei Uhr. Um sieben werde ich zurück sein. Wir essen alle drei zusammen, und du wirst die Nacht mit Réa verbringen.
– Du gehst aus?
– Ja, ich gehe aus. Ich weiß, du möchtest den Zeiger anhalten. Aber wie? Du erregst mich, ich kann dich nicht glücklich machen. Wenn ich bleiben würde, würde mich die Lust überkommen, dich unglücklich zu machen. Ich möchte, daß du mich genau kennst. Ich mache alle unglücklich, die mich lieben. Deshalb suche ich meine Lust bei Frauen, deren ich mich mit Gleichgültigkeit bedienen kann. Ich schrecke nicht davor zurück, andere leiden zu machen, aber es ist eine aufreibende Lust. Für dich ...
– Maman, du weißt, du machst mich ohnehin leiden ...
Sie lachte, aber dieses zweideutige Lachen ähnelte ihrem Lachen am Abend zuvor, im Restaurant, als sie vom Tod zu sprechen begann, es war ihr Lachen am Rande der Tränen ...
– Ich gehe jetzt, sagte sie.
Sie erstickte mich mit ihren Küssen.
– Schnell, es ist zum Sterben, fügte sie hinzu. Du weißt, deine Mutter ist nicht ganz richtig im Kopf.
Ich weinte.

Bald verfiel ich auf das einzige Heilmittel gegen meinen Schmerz.
Ich mußte ihn verstärken, ihm nachgeben.
Ich schlürfte den Atem Réas ein. Ich dachte an die Obszönität, an die Wollust, in der Réa sich verlor. Die Fotografien brachten mir Erleuchtung. Réa hatte in mein Ohr Worte träufeln lassen, die mich würgten, die mir das Blut in die Schläfen trieben und diesmal nicht aufhörten, meinen Körper schmerzhaft zu durchzucken. Réa hatte mich geführt, hatte meine Hand zu der durchlässigen Feuchte geführt, und als sie mich geküßt hatte, hatte sie in meinen Mund eine riesige Zunge eingeführt. Réa, deren Augen ich hatte glänzen sehen, Réa, deren klirrendes Lachen ich noch immer hörte, die stockbetrunken war und erfüllt von der uneingestehbaren Lust, die meine Mutter ihr verschafft hatte. Ich stellte mir das Leben des schönen Mädchens wie eine erstarrte Hurerei vor, atemlos und ohne Befriedigung, wie die der Mädchen auf den Fotografien. Aber Réa war viel schöner, und für mich verkörperte sie jenen endlosen Taumel des Genusses, in dem ich fortan für immer versinken wollte. Schwachsinnig sagte ich immer wieder die Worte: «Réas Hintern», den sie in ihrer Gossensprache meiner jungen Männlichkeit angeboten hatte. Dieser Teil von Réa, den ich sehen wollte und den ich auf ihre Einladung hin mißbrauchen wollte, gewann Gestalt: das, was sie mir anbot, war der Tempel des irren Gelächters, und zugleich diente es als Emblem oder als Totenrede bei der Wasserspülung. Ich lachte nicht über dieses Lachen: es war ein irres Lachen, gewiß, aber es war erloschen, es war ein mürrisches, heimtückisches Lachen, es war das unglückliche Lachen. Der Ort des Teils ihrer selbst, den Réa

mir angeboten hatte, und jenes komischen Gestanks, der uns immer wieder mit Scham erfüllt, gab mir das Gefühl, glücklich zu sein – eines Glücks, das kostbarer war als alle denkbaren – jenes schändlichen Glücks, an dem niemand etwas lag. Aber Réa, die schamlose, würde selig sein, es mir zu schenken, so wie ich wild darauf brannte, es zu genießen. Ich segnete sie für das komische Geschenk, das sie mir machen wollte, indem sie mir, statt der reinen Stirn, die meine Mutter mir zum Küssen bot, etwas hinstreckte, das nur eine Wahnsinnige mir zum Küssen darbieten konnte. Ich war auf dem Gipfel des Deliriums, und in meinem Fieber murmelte ich:

– Ich will von dir die unnennbare Lust, die du mir anbietest, *und ich will sie benennen.*

In diesem Moment bediente ich mich der Worte, die aus Réas Mund gekommen waren; ich artikulierte sie, und ich schmeckte genüßlich ihre Schändlichkeit.

Als ich die Worte wiederholte, wurde mir bewußt – ich war rot geworden –, daß Réa dasselbe meiner Mutter vorgeschlagen hatte; so wie meine Mutter es ihr vorschlug. Alles, was ich mir da ausmalte, schnürte mir die Kehle zu, aber dieses Würgen vergrößerte nur meine Lust. Ich hatte das Gefühl, daß ich verzückt lachte und zugleich mit dem Tode rang und daß ich in dem Krampf, der mich erbeben ließ und mir die Wollust brachte, sterben würde. Ich hatte tatsächlich Réas obszönen Vorschlag ausgesprochen, und ebenso verlangte ich in meiner Zerschlagenheit mit lauter Stimme nach dem Tod. Ich wußte, wenn ich am Leben blieb, würde ich schnell zu diesem erbrochenen Unrat zurückkehren. Denn gerade die Aspekte unserer Lust, die wir am wenigsten eingestehen können, binden uns am stärksten. Ich konnte mich also in aller Einfalt entschließen, zu beichten und auf die Übereinstimmung, die ich soeben mit meiner Mutter gefunden hatte, zu verzichten. Müßte ich denn von vornherein annehmen, daß die Idee Gottes fade war im Vergleich zu der der Verdammnis? Der unnennbare Kuß, der mir vorgeschlagen worden war (und der, wie ich annahm, meiner Mutter gefiel), er allein war es wert, daß ich zitterte. Nur dieser Kuß war tragisch: er hatte den anrüchigen Geschmack und den verwirrenden Glanz des Blitzes. Ich wußte, daß meine Beichte eine Lüge sein würde und daß fortan mich nichts mehr von meinem Verlangen zurückhalten würde, dem Verlangen, das ich am Abend zuvor empfunden hatte, dem Verlangen nach Schmach. Dieser Geschmack oder der Tod hatten mich jetzt gelehrt, was ich lange Zeit nicht den Mut gehabt hatte, mir zu sagen: daß ich den Tod liebte, daß ich dem Tod gehörte, daß ich ihn herbeirief, wenn ich mich dem Verlangen nach dem abscheulichen, dem komischen Kuß öffnete.

Auf dem Weg zur Kirche, als ich mich in meiner Verwirrung entschloß, mich an den erstbesten zu wenden, begriff ich das Ausmaß meiner Unsicherheit. Ich wußte nicht einmal, ob ich nicht auf der Stelle nach Hause laufen und meine Mutter, sobald sie zurückkam, bitten sollte, daß wir uns wieder mit Réa zusammentaten. Nichts war mehr in mir, das nicht ins Gleiten geraten wäre. Mußte ich nicht an meinen baldigen Fall glauben? Und aus Furcht, meine Mutter zu irritieren, dachte ich nur daran, ihn zu beschleunigen. Ich beeilte mich, in den Beichtstuhl zu gelangen und mich anzuklagen, wohl wissend, daß ich die Gewissensbisse, die ich dem Priester gegenüber bekundete und die ich in Wahrheit gar nicht empfand, alsbald vergessen und abtun konnte. Doch als es darum ging, mich all dessen zu bezichtigen, wobei meine Mutter Komplice war, sträubte ich mich, hielt inne. Ich dachte daran, einfach davonzulaufen, und ich beendete meine Beichte nur aus Feigheit, in die sich sowohl der Trotz des Sakrilegs mischte als auch die Weigerung, meine Mutter zu verraten. Der Rausch der Versuchung entzückte mich, im Taumel meiner Angst genoß ich Réas Nacktheit. Nicht einen Moment lang berührte mich der Gedanke an einen Gott, und wenn ich ihn gleichwohl suchte, dann vielmehr im Delirium, in den Wonnen der Versuchung. Ich suchte nur den Schrecken des Bösen, nur das Gefühl, in mir die Grundlage aller Ruhe zu zerstören. Ich fühlte mich reingewaschen von dem Verdacht, den ich gehegt hatte, nämlich um Frieden gebeten, Angst gehabt zu haben. Hatte ich wirklich nichts von der uneingestehbaren Rolle meiner Mutter gestanden? Ich befand mich im Zustand der Todsünde, und ich genoß es. Nicht lange, und ich würde meine Mutter wiedersehen. Das Herz hüpfte mir im Leibe, es ging mir über vor Freude. Ich dachte an die Schande, in der meine Mutter sich gefiel; ich dachte voll Angst daran – und zweifellos sogar in einer irren Angst –, aber ich wußte jetzt, daß aus dieser Angst meine Wonne, meine Lust hervorbrechen würde. Keinerlei Zweideutigkeit mischte sich mehr in die Achtung, die ich für sie empfand. Und dennoch schnürte mir diese Wonne der Angst bei dem Gedanken an ihre zärtlichen Küsse die Kehle zu. Hätte ich jetzt noch an der zärtlichen Komplicenschaft meiner Mutter zweifeln können? Ich war auf dem Gipfel eines

Glückes, das ich um so mehr genoß, je mehr ich zitterte. Meine Mutter, sagte ich mir, war mir im Laster vorangegangen. Denn das Laster war von allen begehrenswerten Gütern am schwersten zu erlangen. Wie Alkohol gärten und schäumten diese Gedanken in meinem glücklichen Kopf, und das Übermaß des Glücks floß in mir über. Ich hatte das Gefühl, die Welt zu besitzen, und ich rief mir zu:

– Mein Glück ist grenzenlos! Könnte ich denn glücklich sein, wenn ich nicht meiner Mutter gliche, wenn ich nicht, wie sie, gewiß wäre, mich an der Schande zu berauschen, trunken vor Schmach!

Schon mein entschlossenes Verlangen berauschte mich. Ich glaube nicht, daß an jenem Tage Alkohol mein Glück um eine neue Trunkenheit hätte bereichern können. Lachend betrat ich das Zimmer meiner Mutter. Sie schien überrascht, zumal als ich ihr erzählte, daß ich gerade aus der Kirche kam. Ich schloß:

– Du weißt, was Réa mir vorgeschlagen hat. Mama, sieh, wie ich lache: im Gebet habe ich mich entschlossen, zu tun, was Réa vorschlägt.

– Aber Pierre, was bist du plötzlich für ein Rüpel! Küß mich, schließ mich in deine Arme.

– O Maman! Wie herrlich, wir sind Komplicen!

– Ja, Pierre! Komplicen! Wir wollen darauf trinken!

Ich stotterte:

– Mama, Mama!

Ich umarmte sie.

– Der Champagner steht bereit, sagte sie zu mir. Seit langem schon bin ich nicht mehr so ausgelassen gewesen. Wir wollen uns vorbereiten. Komm, laß uns trinken! Der Wagen ist schon fort, um Réa zu holen. Jetzt trinke ich mit dir, aber sobald ich den Wagen höre, werde ich mein schönstes Kleid anziehen. Ja, erröte nur! Wir werden gleich in einem Séparée zu Abend essen. Ich will mich amüsieren, mit euch lachen, so als ob ich noch in eurem Alter wäre. Aber nach dem Essen werde ich euch allein lassen.

– Ich bete dich an, Maman! Aber trotz allem ...

– Trotz allem ...

– Ich werde traurig sein, wenn du weggehst ...

– Aber schau doch, ich bin nicht mehr in deinem Alter ... In deinem Alter, Pierre, weißt du, da würde ich mein Kleid an den Dornen zerreißen, in den Wäldern leben. Ich schenke die Gläser voll.

– Ich würde mit dir in den Wäldern leben. Trinken wir.

– Nein, Pierre, ich würde allein in die Wälder laufen. Ich war verrückt. Und es ist richtig, ich bin auch heute noch verrückt, auf dieselbe Weise. Aber in den Wäldern, da würde ich reiten, ich würde den Sattel abnehmen und meine Kleider ausziehen. Pierre, hör zu, ich bin mit dem Pferd durch den Wald gejagt... Damals geschah es, daß ich mit deinem Vater schlief. Ich war nicht in deinem Alter: ich war dreizehn, und ich war tollwütig. Dein Vater hat mich im Wald gefunden. Ich war nackt, ich glaubte, daß ich und mein Pferd, daß wir Tiere des Waldes wären...

– Und so bin ich zur Welt gekommen.

– Ja, so! Aber für mich existiert dein Nichtsnutz von Vater fast gar nicht in dieser Geschichte. Ich wollte lieber allein sein, ich war allein in den Wäldern, ich war nackt in den Wäldern, ich war nackt, ich ritt splitternackt. Ich war in einem Zustand, den ich nie im Leben wiedererlangen werde. Ich träumte von Mädchen und von Faunen:

ich wußte, daß sie mich nur gestört hätten. Dein Vater hat mich gestört. Doch wenn ich allein war, krümmte ich mich auf meinem Pferd. Ich war ein Ungeheuer und ...

Plötzlich fing meine Mutter an zu weinen, sie zerfloß in Tränen. Ich nahm sie in die Arme.

– Mein Kind, sagte sie, mein Kind der Wälder! Küß mich: du kommst aus dem Laub der Wälder, aus der Feuchte, die ich genoß, aber deinen Vater, den wollte ich nicht, ich war böse. Als er mich nackt fand, hat er mir Gewalt angetan, aber ich habe sein Gesicht blutig gekratzt: ich wollte ihm die Augen auskratzen. Ich habe es nicht vermocht.

– Maman, schrie ich.

– Dein Vater hatte mir nachspioniert. Ich glaube, daß er mich liebte. Ich lebte damals allein mit meinen Tanten, diesen alten dummen Tanten, an die du dich vielleicht noch dunkel erinnerst ...

Ich nickte.

– Die Dummen taten, was ich wollte, und wir haben dafür gesorgt, daß du in der Schweiz zur Welt kamst. Aber nach meiner Rückkehr mußte ich deinen Vater heiraten. Er war in deinem Alter, Pierre, er war zwanzig Jahre. Ich habe deinen Vater furchtbar unglücklich gemacht. Niemals, vom ersten Tag an, habe ich ihm erlaubt, sich mir zu nähern. Da hat er angefangen zu trinken: das ist wahrlich entschuldbar. «Kein Mensch», sagte er zu mir, «kann den Albtraum ermessen, der mein Leben ist. Lieber hätte ich mir die Augen von dir ausreißen lassen sollen.» Er verlangte nach mir wie ein Tier, und ich war sechzehn Jahre alt, ich war zwanzig Jahre alt. Ich floh ihn, ich ging in die Wälder. Ich ritt davon, und nie hat er mir, wie ich argwöhnte, nachgestellt. Im Wald lebte ich immer in Angst, aber ich fürchtete mich vor ihm. Ich habe immer meine Lust in der Angst gefunden, und doch wurde ich bis zu seinem Tod mit jedem Tag kränker.

– Maman, ich zittere wie ein Blatt, und jetzt habe ich Angst, daß Réa ...

– Réa kann noch nicht ankommen. Sie konnte nicht pünktlich sein. Ich wußte nicht, daß ich heute mit dir sprechen würde... Gleichviel, im ersten möglichen Augenblick habe ich mit dir gesprochen. Hätte ich eher mit dir sprechen sollen? Und hätte ich es anhören sollen, wenn du von der Roheit deines Vaters gesprochen hättest? Pierre, ich bin schändlich! Ich sage es, ohne zu weinen: dein Vater war so zärtlich, er war so tief unglücklich.

– Ich hasse ihn, sagte ich.

– Aber ich habe ihn verdorben, sagte meine Mutter.

– Er hat dir Gewalt angetan, und ich bin das Ungeheuer, das daraus entstanden ist. Als du mir erzählt hast: ich habe sein Gesicht blutig gekratzt, war ich unglücklich, aber ich hätte ihm mit dir zusammen das Gesicht zerrissen, Mama!

– Pierre! Du bist nicht sein Sohn, sondern die Frucht der Angst, die ich in den Wäldern gehabt habe. Du bist aus dem Schrecken hervorgegangen, den ich empfand, wenn ich nackt in den Wäldern war, nackt wie die Tiere, und den ich zitternd genoß. Pierre, ich genoß meine Lust stundenlang, während ich mich in der Fäulnis der Blätter wälzte: aus dieser Lust bist du geboren. Niemals werde ich mich mit dir erniedrigen, aber du mußtest es wissen. Pierre, wenn du willst, verabscheue deinen Vater, aber wer außer mir, welch andere Mutter hätte dir von der unmenschlichen Wut erzählen können, aus der du hervorgegangen bist. Ich war sicher, daß die Wut mich noch lüsterner machte, ich war nur ein Kind, das das Verlangen in mir verbrannte, grenzenlos, ungeheuerlich. Du bist groß geworden, und ich habe um dich gezittert, und du weißt, wie ich gezittert habe.

Aufgewühlt begann ich zu weinen. Ich weinte über die Furcht, die meine Mutter um mein Leben gehabt hatte, gleichviel, diese Tränen beluden sich mit einem noch tieferen, noch drückenderen Schmerz, und wenn sie mich überströmten, so weil diese Tränen endlich in mir die äußerste Grenze der Dinge berührten, die äußerste Grenze allen Lebens.

– Du weinst, sagte meine Mutter, und du weißt nicht, warum, aber weine nur weiter ...

– Maman, sagte ich zu ihr, es sind Tränen vor Glück, ich glaube ... Ich weiß nicht mehr ...

– Du weißt gar nichts. Laß mich sprechen. Gib dir Mühe, mir zuzuhören. Ich will lieber sprechen, als daß ich selber anfange zu weinen. Und ich möchte, daß du, wenn Réa kommt, sie nicht mit dem Taschentuch, sondern mit dem Glas in der Hand begrüßt. Ich habe dir noch nicht von dem Leben erzählt, daß dein Vater und ich in dieser Wohnung geführt haben und das ganz anders war, als du es dir vorgestellt hast. Ich weiß nicht, ob ich wirklich Frauen liebe. Ich glaube, daß ich nur in den Wäldern geliebt habe. Ich liebte nicht die Wälder, ich liebte gar nichts. Ich liebte auch mich nicht, aber ich liebte ohne Maß. Ich habe immer nur dich geliebt, aber was ich in dir liebe, täusche dich nicht, das bist nicht du. Ich glaube, daß ich nur die Liebe liebe, und selbst in der Liebe nur die Angst, zu lieben, und diese Angst habe ich nur in den Wäldern gespürt oder an dem Tag, als der Tod ... Aber mit einer hübschen Frau amüsiere ich mich, ohne mich zu quälen, eben ohne Angst: ich finde Frieden. Ich werde dir nichts Neues offenbaren, denke ich, wenn ich dir sage, daß nur eine zügellose Ausschweifung mir wirkliche Lust verschafft. Aber gleich zu Anfang hatte ich, ohne daß dein Vater von mir auch nur die geringste Befriedigung empfing, Liebschaften mit jungen Mädchen, und sehr bald kam ich auf die Idee, dem Unglücklichen davon etwas zugute kommen zu lassen: das entsprach der Abneigung, die ich seit jeher gegen gewöhnliche Situationen hatte. Es war schändlich: ich führte ihn in mein Zimmer und verlangte von ihm, daß er sich beteiligte. Du verstehst nicht recht? Oft brachte ich zwei Mädchen mit nach Hause, und die eine schlief dann mit deinem Vater, die andere mit mir. Manchmal brachten die Mädchen auch Männer mit, und ich bediente mich ihrer. Manchmal sogar den Kutscher ... An jedem Abend brauchte ich Personen für eine neue Orgie, und dann schlug ich deinen Vater, ich schlug ihn vor den anderen. Ich wurde niemals müde, ihn zu demütigen, ich verkleidete ihn als Frau, ich verkleidete ihn als albernen Tölpel, und so setzten wir uns zum Abendessen. Ich lebte wie ein wildes Tier, und wenn es um deinen Vater ging, dann gab es keine Grenzen mehr für meine Grausamkeit. Ich war dem Wahnsinn verfallen. Pierre, du wirst bald wissen, was eine unerfüllte Leidenschaft bedeutet: das ist das Zuchthaus. Anfangs die Wonnen eines Bordells, die schmutzige Lüge, dann das Versinken im Dreck und der nicht endende Tod.

– Maman, das ist zuviel ...

– Komm, trink! Aber vor allem, vergiß nicht, daß ich nicht mehr frei bin: ich habe einen Pakt mit dem Wahnsinn geschlossen, und heute nacht bist

du an der Reihe, jetzt bist du an der Reihe, zu unterschreiben.
Meine Mutter lachte. Sie lachte jenes gewöhnliche Lachen, das mich anwiderte, mich erstarren ließ.
– Ich will das nicht, sagte ich. Ich lasse dich nicht. Du hast ganz ruhig mit mir gesprochen, und plötzlich redest du wie eine Fremde und so als wolltest du mir Böses zufügen.
– Ich werde dich in den Wahnsinn treiben!
– Ja, ich fürchte mich. Erzähl mir von deinem Leben in den Wäldern!
– Nein, mein Leben ist nur noch ein Haufen Schmutz. Du hast recht, dein Vater hat mich besiegt.
– Nie! schrie ich. Schau dich an, schau mich an: siehst du es nicht? Ich bin das Kind des wilden Festes im Wald.
– Das lüsterne Kind? fragte sie.
– Du weißt es selbst, das lüsterne Kind!

Ich sah meine Mutter an. Ich nahm sie in die Arme. Langsam kam sie wieder zu sich, fand sie zu jener gewittrigen Ruhe zurück, die die Ruhe des Verlangens war, die sanfte Entfaltung ihres rasenden Verlangens. Ich las in ihren Augen dieses stille Glück, und ich wußte, daß es ihre Angst nicht fortnahm, sondern linderte, zu einem köstlichen Genuß machte. Ich wußte, wie groß die Qual war, die sie zerstörte, aber größer noch war ihre Kühnheit, die sie über jede vorstellbare Furcht hinwegtrug. Sie glaubte an jenen zerbrechlichen Zauber, der listig tiefes Leid zum Schweigen brachte. Und schon beschwingte uns beide die Heiterkeit, die uns wieder jener Welt der Lust zuführte, wo meine junge Mutter zwischen Dornen und Wut ihren göttlichen Weg gefunden hatte.

In diesem Augenblick gab mir die Ironie, ein leichter Anflug von Ironie, die Kraft, dem zu trotzen, was mich einst niedergeworfen hatte und mich jetzt lustvoll erzittern ließ und vor dem ich nie aufhören werde, zu lächeln.
In diesem ruhigen Schweigen und diesem uns selbst unverständlichen Glück sah ich meine Mutter an. Mein Glück erstaunte mich um so mehr, als mein Verlangen mich weniger zu einer wilden Entfesselung trug, die ich in der Einsamkeit kennengelernt hatte, als vielmehr zur Kontemplation eines vollkommenen Lasters, das mir, einer Droge gleich, aber bei grausamer Luzidität den Taumel der unendlichen Möglichkeiten erschloß. Anders gesagt, die mir greifbare Befriedigung verheißende Réa verwirrte mich weniger als meine Mutter, von der ich doch nichts erwarten konnte als die immaterielle Ekstase der Schande. Réa zog mich zweifellos an, aber in ihr begehrte ich weniger die leicht erreichbare Lust als das Objekt, das den Ausschweifungen meiner Mutter verbunden war. Und in meiner Mutter liebte ich die Möglichkeit einer äußersten Ausschweifung, der für mich die fleischlicher Lust nicht folgen konnte, da diese sie nicht in eine wohlige Befriedigung hätte verwandeln können. Nur im Taumel der Trunkenheit und in meiner einsamen Raserei hatte ich es fertigbringen können, nicht länger nach meiner Mutter, sondern nach ihrer Freundin zu verlangen. Ich zweifelte jetzt nicht mehr an meinem Irrtum und stellte mich darauf ein, so wie ich es am Abend zuvor getan hatte: Ich wollte Réa berühren, sie küssen, bis ich in ihr nichts mehr sah als den Zugang, einen über einen Umweg führenden Zugang zu dem, was mir bei meiner Mutter unerreichbar war.

Ich mußte einen Moment hinausgehen. Inzwischen tauchte Réa auf. Als ich wieder ins Zimmer trat, in einem Wirbel von Gelächter und Küssen, reichte ich ihnen Gläser und schenkte sie voll. Der Champagner floß über die Ränder.
– Aber Pierre, seufzte Réa sogleich, du hast mich noch nicht umarmt.
– Ich komme gleich zurück, sagte meine Mutter. Ich will mir ein hübscheres Kleid anziehen.
Im gleichen Moment preßte ich Réa an mich.
– Pierre, sagte Réa, ich habe dir versprochen, erinnere dich ...
Ich wurde rot.
– Deine Mutter hat mich daran erinnert. Wir haben gelacht.
– Das macht mich verlegen, sagte ich.
Sie hielt mich von sich, sah mich trotzig an und lachte über meine mit Rouge verschmierten Lippen.
Réa, die über meine verschmierten Lippen lacht, über mein verdutztes Gesicht, als ich mich im Spiegel erblicke, Réa, deren Bild ich nicht mehr von dem Geschmack des Lippenstiftes trennen kann, der für mich der Geschmack der Ausschweifung geblieben ist, Réa, die vor mir steht und darauf brennt, sich einer namenlosen Obszönität zu überlassen – sie hat nie aufgehört, mich heimzusuchen: Réa sieht mich heute noch auf dieselbe Art an, aber heute ist ihr schönes Gesicht [ich könnte ebensogut sagen, ihr schändliches Gesicht] bar der Magie des überfließenden Champagners. Dieses Gesicht taucht in mir jetzt nur noch aus dem Grunde der Zeiten auf.
Sicherlich ist es mit allen Gesichtern so, die diese Erzählung widerspiegelt. Die Erinnerung an Réa aber nimmt unter anderem deshalb eine Son-

derstellung ein, da sie nur an eine sehr flüchtige Erscheinung gebunden ist und sich fortsetzt in der Obsession eines Bühnenhintergrunds, auf dem sich ihre Obszönität deutlich abhebt. Dieser Prospekt ist das Karmeliterkloster, in das sie der Selbstmord meiner Mutter ein Jahr später treiben sollte. Glückliche Réa, vor der sich ein Refugium auftat, zu dem diese Erzählung nicht hinführt, sondern von dem sie sich abwendet...
Denn darin liegt mein Stolz: zu erreichen, daß der das Unglück, das einzige Unglück, erwartet, der, da er dieses unglückliche Buch liest, würdig ist, auf sich das einzige Gut herabzuwünschen, das dieses Namens würdig ist, das einzige, das ihn nicht zu täuschen vermag...
Réa vermochte nicht bis ans Ende dieses aberwitzigen Opfers zu gehen: sie hätte wenigstens der grenzenlosen Hingabe, mit der sie ihren Körper, ihre Intimität und den Aberwitz ihrer Lust schenkte, den banalen Übergang zur begrenzten Verrichtung ersparen sollen.

Der unterschwellige Schrecken in den vorangehenden Zeilen erlaubt es mir, über die Szene hinwegzugehen, die die Abwesenheit meiner Mutter möglich machte. Wenn ich die possenhaften Aspekte dieser Szene beschrieb, dann habe ich damit auf den schrecklichen Preis hinweisen wollen – der später durch Réas Eintritt in das Karmeliterkloster offenbar wurde.

Réa durfte nicht zulassen, daß man den Schrekken wahrnahm, der in ihr wohnte. War er überhaupt vorhanden? Wahrscheinlich erging es ihr wie dem Kind, das sich am Rande eines Abgrunds vergnügt und sich des Abgrunds erst bewußt

wird, wenn es abgerutscht ist und allein das Brombeergestrüpp, in dem sich sein Rock verfing, den furchtbaren Fall verhindert hat. Das Kind hat darum dem Abgrund nicht weniger getrotzt. Als sie sich aus einer unbequemen Haltung aufrichtete, lachte Réa.
Aber konnte ich ihren irren Blick vergessen, diese Augen, die einen aus einer anderen Welt, aus der Tiefe ihrer Obszönität anstarrten?
Jetzt lachte Réa, und diesmal lachte sie zärtlich.
– Du hast mir den Kopf verdreht, sagte sie.
Ich antwortete ihr erschöpft:
– Ich habe selbst den Kopf verloren.
– Ich rufe deine Mutter, sagte sie.
Auf Zehenspitzen kam meine Mutter herein.
Sie kam unvermutet durch eine andere Tür.
Als ich fühlte, wie ihre Hände sich über meine Augen legten, und hörte, wie sie sich von jenem irren Lachen überwältigen ließ, das ihr in seinem unwiderstehlichen Schwung gleichwohl fremd war (so fremd wie die schwarze Samtmaske, die sie am Abend vor ihrem Selbstmord trug), und wie sie mir erschöpft «Kuckuck» ins Ohr rief, dachte ich bei mir, daß sicher noch niemals jemand auf eine so perverse Weise zu der glücklichen Verwirrung der Kindheit zurückgefunden hatte. Meine Mutter war in ihrem wunderbaren Kleid von geradezu verletzender Schönheit. Das Décolleté am Rücken grenzte ans Indezente. Und als ich sie in die Arme nahm, setzte meine Erregung jene andere Erregung fort, welche die grenzenlose Unanständigkeit ihrer Freundin in mir ausgelöst hatte. Ich hätte sterben mögen in dieser alles umstürzenden Verwirrung, von der ich heute weiß, daß nichts ihr gleichkommt.

Réa, rosarot vor Glück, reichte uns die Gläser. Sie zog mich an ihre Schulter und sagte mit leiser Stimme:

– Meine kleine Jungfrau! Mein Liebling! Wir wollen mit deiner Mutter auf unser Glück trinken!

Meine Mutter erhob ihr Glas:

– Auf eure Liebe! sagte sie. Und plötzlich verfiel sie wieder in den gemeinen Ton, der mich erstarren ließ.

Réa und ich taten ihr Bescheid. Wir hatten es eilig, zu trinken und uns wieder in den irren Rausch zu stürzen, der allein unseren fiebrigen Sinnen angemessen war.

– Maman, sagte ich, wir wollen essen gehen. Ich habe schon getrunken, aber ich will noch mehr trinken. Gibt es eine wunderbarere Mutter? Eine göttlichere?

Sie trug einen riesigen schwarzen Hut, den ein riesiger Federbusch mit schneeweißem Glanz bedeckte; dieser Hut ruhte auf einem duftigen Gebäude blonder Haare; ihr Kleid war fleischfarben: obwohl meine Mutter groß war, erschien sie mir zart und federleicht mit ihren sanften Schultern und ihren Engelsaugen: sie war in ihrem prätentiösen Putz der zarte Vogel auf dem Zweig oder vielmehr das zarte Pfeifen des Vogels.

– Weißt du, Maman, was du in dieser Aufmachung verlierst?

– ...

– Deine Schwere, Mama, deine ganze Schwere! So als könntest du das Gewicht des ganzen Ernstes der Welt aufheben. Du bist nicht mehr meine Mutter. Du bist dreizehn Jahre alt. Du bist nicht mehr meine Mutter: du bist mein Waldvogel. Mir dreht sich schon der Kopf, Mama. Er dreht sich immer schneller. Zu schnell. Nicht wahr, Mama, ist es nicht besser, den Kopf zu verlieren? Ich habe ihn verloren.

– So, sagte meine Mutter, und jetzt überlasse ich dir Réa. Ich esse mit anderen Freundinnen zu Abend, Pierre, die in demselben Lokal auf mich warten. Aber sie essen in einem anderen Raum, wo man genauso sicher vor Indiskretionen ist wie in eurem.

Ich stotterte:

– Mit anderen Freundinnen?

– Ja, Pierre, mit anderen Freundinnen, die diesen Hut und auch das Kleid nicht lange an mir dulden werden.

– Ach, Mama, trotzdem ...

– Aber Hélène, sagte Réa, du ißt mit uns, Hansi erwartet dich erst sehr viel später.

– Du hast gesagt, Maman, wir wollten zusammen lachen wie die Kinder. Hast du nicht ein Kleid angezogen, das zum Lachen ist? Ich will mit dir lachen, um dich anzubeten.

– Aber wenn ich bleibe, wie wollt ihr euch dann amüsieren? Es ist doch schwer, so lange zu warten.

– Wir vergnügen uns unter dem Tisch, sagte Réa zum Spaß. Und wenn du fortgehst, dann vergnügen wir uns im Ernst.

– Warum nicht, sagte meine Mutter. Es stimmt, ich bin heute zum Lachen aufgelegt. Ich hoffe nur, Pierre, du fürchtest dich nicht. Denk daran, daß mein Hut heute nicht lange auf meinem Kopf bleibt und daß ich eher das Tier des Waldes bin. Nun, du wirst mich lieben, wie ich bin. Was glaubst du, was ich in den Wäldern gewesen bin? Ich war entfesselt. Dort hatte ich kein Kleid, das zum Lachen war.

– Ich fürchte mich, das ist wahr, aber ich will mich fürchten. Mama, tu alles, damit ich zittere.

– Trink doch, sagte sie zu mir. Und jetzt schau mich an!
Ihr Blick wich mir aus. Sie prustete vor Lachen. Sie war mit einemmal zotig geworden, und auf eine heimtückische Weise schien sie nichts als Haß für mich übrig zu haben. Sie hatte die Unterlippe eingesogen.
– Wir wollen lachen, rief Réa. Jetzt wollen wir ihn zum Lachen bringen. Pierre, es ist Zeit, verrückt zu sein. Wir wollen immer weitertrinken. Hélène wird auch lachen. Gleich, Hélène... Pierre ist so ernst.
– Er ist das einfältigste Kind, das es gibt, sagte meine Mutter. Wir wollen ihn zum Lachen bringen.
– Es ist so süß, sagte ich zu ihnen, einfältig zu sein zwischen zwei ausgelassenen Frauen. Habt keine Angst! Bringt mich zum Lachen. Laßt uns noch mehr trinken.
Réa beschmierte mich von neuem mit Lippenstift und kitzelte mich so hinterhältig, daß ich mich wie von Sinnen hin und her wand.
– Gehen wir hinunter, sagte meine Mutter, der Wagen ist da.
In der Kutsche begann das große Durcheinander. Unbändiges Gelächter erschallte. Réa geriet außer Rand und Band. Als sie ausstieg, hatte sie keinen Rock mehr an. In ihrem weiten Schlüpfer stürzte sie ins Treppenhaus. Meine Mutter rannte hinter ihr her, Réas Rock über dem Arm. Ich lief ebenso schnell hinterher, in der Hand den verrückten Hut meiner Mutter.
Wir liefen, wir lachten.

Ein Page am Eingang trat verlegen beiseite, grüßte und öffnete die Tür, die meine Mutter, sobald wir drinnen waren, krachend zuschlug.
Außer Atem riß meine Mutter Réa nieder und warf sich über sie.
Plötzlich hielt sie inne und erhob sich wieder.
– Pierre, sagte sie, ich habe zuviel getrunken, ich bin von Sinnen. Ich sollte an mich halten, aber wie drollig Réa heute ist, wie hübsch in ihrem Schlüpfer! Pierre! Ich bin ganz sicher ...: dies wird dein erstes Diner mit einem jungen Mädchen im Schlüpfer sein. Wie traurig für mich, daß ich zum Störenfried geworden bin. Wir können uns nicht immer weiter wie die losgelassenen Weiber aufführen ... Ich bin jetzt wieder nüchtern. Ich werde euch jetzt verlassen.
– Nein, Maman, du ißt mit uns.
Feierlich, mit hochrotem Kopf sah ich meine Mutter an und nahm ihre Hände. Ich war auf dem Höhepunkt des Wahnsinns. Heimlich streichelte mich Réa unter dem Tisch. Meine Mutter sah mich auch an, so als wären ihre Blicke Klauen. Ganz leise murmelte ich:
– Ich möchte mich nie mehr von der Stelle rühren.

Meine Mutter sah mich lange an. Réa drängte sich zwischen uns auf das Sofa. Ihr Schlüpfer war verrutscht, die linke Hand unter dem rosa Kleid verschwunden.
– Die Gläser auf dem Tisch sind leer. Schade, sagte meine Mutter.
– Ich hole die Flasche, sagte Réa.
Sie stand auf, ihr Kleid war aufgeknöpft, und ihr Schlüpfer glitt hinunter. Meine Mutter lachte, ihre Unterlippe verschwand in ihrem Mund.

Ich nahm Réa die Flasche aus der Hand. Mit nacktem Hintern setzte sie sich wieder, und ihre Hände nahmen ihre heimliche Beschäftigung wieder auf.

– Hélène, sagte Réa mit leiser Stimme, ich bin noch nicht ganz in der rechten Séparée-Aufmachung. Du solltest mir meine Corsage ausziehen. Du siehst doch, ich bin beschäftigt.

Réa hatte nur ein leichtes schwarzes Spitzenkorsett anbehalten, das die Brüste freigab, an dem aber die Strümpfe befestigt waren.

– Wenn wir allein wären, würde ich davonlaufen, dachte ich. Ich würde mich vor Réa fürchten.

– Ich habe nicht mehr die Kraft, euch zu verlassen, stöhnte meine Mutter.

– Wir wollen jetzt essen, sagte Réa und nahm ihre Hände fort. Aber zuerst wollen wir trinken.

Meine Mutter und ich beugten uns beide über Réa, die zwischen uns saß und trank. Erst in diesem Moment verrieten unser Schweigen und die Röte unserer erhitzten Gesichter, wie groß unsere Lust gewesen war. Mehrere Minuten lang trieben meine Mutter und ich es mit Réa ebenso verschlagen, wie Réa es einen Augenblick zuvor mit uns getan hatte. Wir aßen: von neuem trafen sich die erregten Blicke meiner Mutter und meine eigenen. Schließlich mußten wir unser Spiel unterbrechen. Réa stöhnte:

– Champagner, Pierre, gib mir Champagner, ich habe keinen Hunger mehr. Ihr habt mich erschöpft. Ich will trinken, und ich werde nicht mehr aufhören, bis ich unter den Tisch falle. Schenk ein, Pierrot, ich will ein volles Glas, meins, deins, wir wollen immer trinken, ich trinke nicht mehr auf deine Gesundheit, ich trinke auf meine Laune: du weißt, was ich von dir erwarte. Du weißt, daß ich die Lust liebe: ich liebe sie glühend. Hör mir gut zu: ich liebe sie glühend, und ich liebe sie so sehr, daß es mir Angst macht. Deine Mutter ...

– Sie ist gegangen, sagte ich. Es schnürte mir die Kehle zu.

– Und wir haben es nicht gehört. Hat sie uns etwa gestört? Ich hätte sie gern hier gehabt; aber sie wollte nicht. Seltsam, wie wir uns fürchten. Wenn wir uns nicht fürchteten, würden wir darauf scheißen! Oh! sagte sie. Sie lachte nicht.

Das Wort hatte mich, wie sie, aufspringen lassen. Ich warf mich über sie, und ich küßte sie wie ein Hund.

– Ich hatte es ganz vergessen, sagte ich zu ihr. Du bist nackt.

– Ich bin splitternackt, sagte sie. Ich bin das erste Mädchen, das du besitzen wirst, und das schweinischste.

Meine Zunge verdoppelte die hündische Schweinerei. Ich sah Réa an, wie ich meine Mutter angesehen hatte.

– Réa, sagte ich zu ihr, ich weiß nicht, ob ich schweinisch bin, aber sicher ist, daß ich schlecht und grausam bin.

. . . .

Ich habe mit Réa geschlafen, aber mehr noch habe ich meine rasende Wut an ihr ausgelassen. Meine Mutter war von mir fortgegangen, ich hätte weinen mögen, und die Zuckungen bei unserer Umarmung waren die tiefen Schluchzer, an denen ich erstickte.

Jener unfaßbare Glanz des Himmels
ist der des Todes.
Mein Kopf dreht sich im Himmel.
Und nie dreht der Kopf sich herrlicher
als im Tod.

Niemals habe ich in der gewaltigen Leidenschaft, die meine Mutter mir einflößte, auch nur einen Moment daran gedacht, daß sie selber, und sei es in höchster Sinnesverwirrung, meine Geliebte werden könnte. Welchen Sinn hätte diese Liebe gehabt, wenn ich nur eine Spur der grenzenlosen Achtung verloren hätte, die ich für sie empfand – und an der ich, das ist wahr, verzweifelte. Manchmal wünschte ich mir geradezu, meine Mutter schlüge mich. Ich hatte einen solchen Horror vor diesem Verlangen, daß es zuweilen bohrend wurde; ich erkannte den Selbstbetrug, meine Feigheit. Niemals konnte es zwischen ihr und mir etwas Mögliches geben. Gewiß, wenn meine Mutter es gewollt hätte, ich hätte den mir von ihr versetzten Schmerz geliebt, doch niemals hätte ich mich vor ihr demütigen können: mich vor ihren Augen erniedrigen, hätte das geheißen, sie achten? Um einen so anbetungswürdigen Schmerz genießen zu können, hätte auch ich sie wiederschlagen müssen.

Ich erinnere mich an etwas, das mir später Hansi wieder sagen sollte, an einen Vorschlag, den meine Mutter ihr gemacht hatte (Hansi, das einzige von jenen Mädchen, mit dem ich längere Zeit in sattem Glück zusammen leben konnte). – Hansi: meine Mutter hatte, wenn auch vergeblich, versucht, sie vom Wege abzubringen. Als wir uns trennten, heiratete sie einen ungewöhnlichen Mann, den ich kennengelernt habe und mit dem sie ein glückliches, ausgeglichenes Leben führte: sie bekam von ihm ein Kind, über das ich mich immer freute, wenn ich es sah. Nach unserem Bruch hat sie noch, allerdings selten, mit mir geschlafen; sie liebte mich nicht mehr auf dieselbe Art, sie hätte mich gern geheilt, und tatsächlich besänftigte sie mich, indem sie mich jedesmal in die schweigsame Nacht einer Sinnlichkeit ohne Ausschweifung und doch ohne Maß zurückführte. Meine Mutter sagte ihr, das Böse bestehe nicht darin, das zu tun, was sie von ihr verlangte, sondern darin, es überleben zu wollen: sie hätte sie gern in eine Orgie hineingezogen, eine so unverzeihliche Orgie, daß nur der Tod ihr hätte ein Ende setzen können. Hansi sah darin, obwohl ihr der Wahnsinn meiner Mutter vertraut war, nur kalte Ironie. Nicht daß sie an der Gefahr der äußersten Lust zweifelte, im Gegenteil, doch sie meinte, für meine Mutter – wie für sie selbst – gebe es keine schuldhafte Lust, meine Mutter, so glaube sie, finde sich mit der Unmöglichkeit ab, bis ans Ende des Verlangens zu gehen, das, sofern es nicht mit der Vernunft versöhnt werde, zum Tode führe. Gewiß, Hansis Grausamkeit, die sich bis ins Delirium steigern konnte, verlieh ihrem Gedanken ein beachtliches Fundament. Und doch hatte meine Mutter ohne Ironie gesprochen. Hansi ist sehr subtil und sehr intelligent. Dennoch konnte sie nur dunkel ahnen, was sich hinter der zur Schau getragenen Heiterkeit oder, um es mit Hansis eigenen Worten zu sagen, hinter «der schweinischen Majestät» meiner Mutter verbarg. Irgendwie zumindest ahnte sie das Richtige: meine Mutter erschreckte sie – meine Mutter, der Hansi soviel bedeutet hat. Mehr als irgendeine andere, abgesehen von Charlotte, meiner Cousine, die ich jedoch erst sehr viel später kennenlernen sollte. Aber sowohl Charlotte als auch meine Mutter gehörten einer Welt an, wo Wollust und Tod die gleiche Würde – und die gleiche Würdelosigkeit – haben, die gleiche Gewalt und die gleiche Süße.

Das Dunkelste in den Liebesbeziehungen zwischen mir und meiner Mutter ist die Zweideutigkeit, die ihnen eine kleine Anzahl gewagter Episoden verlieh – Episoden, die im Einklang standen mit der Libertinage, die das ganze Leben meiner Mutter ausmachte und nach und nach auch von meinem Leben Besitz ergriff. Es ist wahr, zweimal zumindest haben wir dem Delirium erlaubt, uns tiefer und auf eine schwerer zu verteidigende Art zu verbinden, als es die fleischliche Vereinigung vermocht hätte. Wir waren uns dessen bewußt, meine Mutter und ich, und selbst in der unmenschlichen Anstrengung, der wir uns gemeinsam unterziehen mußten, um das Schlimmste zu vermeiden, haben wir doch lachend den Umweg erkannt, der es uns erlaubte, weiterzugehen und das Unerreichbare zu erreichen. Nie jedoch hätten wir ertragen, zu tun, was die Liebenden tun. Nie entfernte Befriedigung uns voneinander, wie es das Glück des Schlafes tut. So wie zwischen Tristan und Isolde das Schwert lag, durch das sie der Wollust ihrer Liebe ein Ende setzten, so blieben der nackte Körper und die regen Hände Réas bis zuletzt das Zeichen einer scheuen Achtung, die uns im Rausche trennte und über der uns verbrennenden Leidenschaft das Zeichen des Unmöglichen aufrechterhielt. Ich kann nicht länger warten, die Lösung des Knotens mitzuteilen: an dem Tage, da meine Mutter erkannte, daß sie am Ende nachgeben würde, daß sie das, was mich zu ihr trieb und sie zu mir, dem Schweiß der Laken überlassen müsse, zögerte sie nicht länger: sie tötete sich. Könnte ich von dieser Liebe sagen, sie sei eine inzestuöse Liebe gewesen? War die irre Sinnlichkeit, in die wir hineinglitten, nicht eher unpersönlich und jener gewaltsamen Sinnlichkeit meiner Mutter vergleichbar, da sie nackt in den Wäldern lebte und mein Vater sie vergewaltigte? Das Begehren nach meiner Mutter, das mir oft in ihrer Gegenwart das Blut in den Kopf trieb, konnte ich gleichgültig in den Armen einer anderen befriedigen. Meiner Mutter und mir fiel es nicht schwer, uns in den Zustand der begehrenden Frau oder des begehrenden Mannes zu versetzen, um in diesem Zustand zu wüten, aber ich verlangte nicht nach meiner Mutter und sie nicht nach mir. Sie war, so wußte ich, wie sie in den Wäldern gewesen war, ich hielt ihr die Hände, und ich wußte, daß sie in meiner Gegenwart eine Mänade war, daß sie – im wahrsten Sinne des Wortes – toll war, und ich teilte ihren Wahnsinn. Hätten wir jenes Beben unserer Raserei in das Elend einer Paarung übertragen, so hätten unsere Augen ihr grausames Spiel aufgeben müssen: ich hätte nicht mehr sehen können, wie meine Mutter bei meinem Anblick von Sinnen geriet, meine Mutter hätte nicht mehr sehen können, wie ich bei ihrem Anblick in einen Rausch verfiel. Für das Linsengericht des Möglichen hätten wir die Reinheit unseres Unmöglichen verloren.

Ob ich in meine Mutter verliebt war? Ich habe meine Mutter *angebetet*, ich habe sie nicht geliebt. Und ich war für sie das Kind der Wälder, die Frucht einer unglaublichen Wollust: jene Frucht, die sie in ihrer kindlichen Hingabe genährt hatte. Aber die verrückte Zärtlichkeit, angstvoll und fröhlich zugleich, die sie mir, wenn auch selten, schenkte, blendete mich. Ich war aus dem Gleißen ihrer Kinderspiele hervorgegangen, und ich glaube, sie hat nie einen Mann geliebt, und auch mich hat sie nie in dem Sinne geliebt, wie Hansi mich lieb-

te. Sie hatte vielmehr in ihrem Leben nur ein einziges gewaltsames Verlangen kennengelernt, das Verlangen, mich zu blenden und mich in der skandalösen Schande verkommen zu lassen, in der sie selber verkommen wollte. Kaum hatte sie mir die Augen geöffnet, machte sie sich über mich lustig; wütende Zärtlichkeit verwandelte sich in die Gier, mich zu verderben, nur noch die Verderbnis an mir zu lieben, in der ich unterging. Aber sicherlich glaubte sie, die Verderbnis sei das Beste ihrer selbst, sei zugleich der Weg zu dem gleißenden Licht, zu dem sie mich hinführen wollte, und die Vollendung, nach der jene von ihr gewollte Geburt verlangte. Sie liebte in mir die Frucht ihrer Organe, nichts war ihr ferner, als in mir einen Mann zu sehen, den sie hätte lieben können. Ein Mann hat niemals ihre Gedanken beschäftigt, ist nie anders als zur Befriedigung ihrer Lust in die Wüste vorgedrungen, in der sie verbrannte und wo sie wünschte, daß sich hier mit ihr die schweigsame Schönheit der Lebewesen, anonym und gleichgültig, auf schmutzige Weise selber zerstörte.
Wäre in diesem Reich der Wollust Raum für die Zärtlichkeit gewesen? Die Zärtlichen sind verbannt aus diesem Reich, in das die Worte des Evangeliums einluden: *violenti rapiunt illud.* Meine Mutter hatte mich für diese Gewaltsamkeit ausersehen, über die sie gebot. Es gab in ihr und für mich eine Liebe, jener Liebe vergleichbar, von der die Mystiker sagen, daß Gott sie der Kreatur vorbehält, eine Liebe, die nach Gewaltsamkeit ruft und keine Ruhe kennt.

Diese Leidenschaft steht ganz im Gegensatz zu der Liebe, die ich für Hansi empfand und Hansi für mich. Das habe ich in der langen Zeit erfahren, bevor meine Mutter uns aus unserem Reich der Zärtlichkeit vertrieb. Hansi – ich zitterte, sie zu verlieren, ich suchte sie, wie der Durstende nach der lebendigen Quelle sucht. Hansi war die einzige: in ihrer Abwesenheit hätte keine andere mich trösten können. Als meine Mutter aus Ägypten zurückkam, freute ich mich nicht über ihre Rückkehr: ich glaubte fürchten zu müssen, daß meine Mutter sogleich unser Glück zerstören würde. Ich muß mir sagen, daß ich meinen Vater umgebracht habe: vielleicht starb meine Mutter, weil sie der Zärtlichkeit nachgegeben hatte, als ich sie auf den Mund küßte. Dieser Kuß brachte mich gleich von Anfang an auf, und noch heute knirsche ich beim Gedanken daran mit den Zähnen. Der Tod, den meine Mutter sich noch am gleichen Tag gab, schien mir so sehr die Folge dieses Kusses, daß ich nicht weinen konnte (aber der Schmerz ohne Tränen ist vielleicht der härtere). Ich wage kaum zu sagen, was ich denke: die Liebe, die meine Mutter und mich verband, war von einer anderen Welt. Ich wollte, ich würde hingerichtet (zumindest sage ich mir, ich wollte es): die Kraft würde mir ohne Zweifel fehlen, und doch würde ich gern bei meiner Hinrichtung lachen. Ich verlange nicht danach, meine Mutter wiederzusehen oder auch nur heimlich ihr unfaßbares Bild wiedererstehen zu lassen, das sofort zum Aufstöhnen zwingt. In meinem Geist wird sie immer den Platz einnehmen, den mein Buch bezeichnet. Oftmals glaube ich, ich verehre meine Mutter, bete sie an. Habe ich je aufgehört, sie zu verehren? Ja: was ich anbete, ist Gott. Dennoch glaube ich nicht an Gott. Bin ich denn von Sinnen? Ich weiß nur eines: wenn ich während der Höllenqualen lachte, so trügerisch diese Vorstellung auch sein mag, es wäre eine Antwort auf die Frage, die ich mir stellte, wenn ich meine Mutter anschaute, die meine Mutter sich stellte, wenn sie mich anschaute. Worüber hienieden lachen, wenn nicht über Gott? Gewiß sind meine Ideen von der anderen Welt (oder vom Ende der Welt: ich denke manchmal, der Tod ist der einzige Ausweg aus der schmutzigen Ausschweifung, insbesondere der allerschmutzigsten, die die Gesamtheit allen Lebens ist; es ist wohl wahr, daß unser weites Universum Tropfen für Tropfen und ohne Unterlaß meinen flehentlichen Wunsch erfüllt).

Als das Zimmermädchen mich zu Tisch rief, eröffnete sie mir, Madame habe am frühen Morgen Paris verlassen. Sie gab mir den Brief, den meine Mutter mir hinterlassen hatte.
Schon beim Erwachen hatte ich mich krank gefühlt.
Meine Nerven waren zerrüttet, und die Übelkeit bemächtigte sich meines Geistes. Trotz meiner Schmerzen spürte ich die Härte des Briefes meiner Mutter.

«Wir sind ein wenig weit gegangen», schrieb sie, «und sogar so weit, daß ich im Augenblick nicht mehr wie eine Mutter zu Dir sprechen kann. Und doch muß ich mit Dir reden, so als könnte uns nichts voneinander entfernen, so als könnte ich Dich nicht in Verlegenheit bringen. Du bist noch zu jung, es ist nicht lange her, da hast Du noch gebetet ... Ich kann nichts dafür. Ich bin selber entrüstet über das, was ich getan habe. Aber ich bin daran gewöhnt und darf mich nicht wundern, wenn mein Wahnsinn mich übertrifft. Sicher spürst Du den Mut, den ich aufwenden muß, um mich so, wie ich es hier tue, an Dich zu wenden, so als besäßen wir die Kraft oder sollten sie besitzen, dies zu ertragen. Vielleicht merkst Du an diesen Sätzen, so traurig sie klingen mögen, wie sehr ich mich bemühe, in Dir das zu erreichen, was sie erreichen würden, wenn in einer unvorstellbaren Welt eine reine, nur unseren Exzessen geweihte Freundschaft uns verbände. Das ist Geschwätz. Ich bin in Aufruhr darüber, aber die Ohnmacht und der Aufruhr ändern nicht, was ich nun einmal bin.

Für lange Zeit, für Monate, vielleicht für Jahre verzichte ich darauf, Dich zu sehen. Doch um diesen Preis, und da ich bereits getrennt bin von Dir durch die ungeheuer weite Reise, die ich angetreten habe, kann ich Dir, so meine ich, sagen, was, spräche ich mit lebendiger Stimme zu Dir, nicht zu ertragen wäre. Ich bin ganz und gar diejenige, die Du gesehen hast. Nachdem ich nun einmal mit Dir gesprochen habe, will ich eher sterben, als in Deinen Augen, in Deiner Gegenwart nicht das zu sein, was ich sein möchte. Ich liebe die Vergnügungen, die Du gesehen hast. Ich liebe sie so sehr, daß Du für mich nicht mehr zählen würdest, wüßte ich nicht, daß Du sie ebenso verzweifelt liebst wie ich. Doch ist es viel zu wenig, zu sagen, daß ich sie liebe. Ich müßte ersticken, lebte ich auch nur einen Moment, ohne die Wahrheit, die in mir ist, sichtbar zu machen. Die Lust ist mein ganzes Leben. Ich habe nie eine Wahl gehabt, aber ich weiß, daß ich nichts bin ohne die Lust in mir, daß alles, worauf mein Leben wartet, nichts sein würde. Es wäre das Universum ohne Licht, der Stengel ohne Blume, das Sein ohne Leben. Was ich da sage, klingt prätentiös, vor allem aber ist es flach neben der Verwirrung, die

mich gefangenhält, die mich in einem Maße blendet, daß ich verloren bin: ich sehe nichts mehr, ich weiß nichts mehr. Beim Schreiben spüre ich die Ohnmacht der Worte, aber ich weiß, daß sie am Ende, trotz ihrer Ohnmacht, Dich erreichen werden. Und wenn sie Dich erreichen, wirst Du ahnen, was mich unablässig niederreißt: mir die Augen ins Weiße verkehrt. Was Wahnsinnige von Gott sagen, ist nichts neben dem Schrei, den eine so wahnsinnige Wahrheit mich schreien läßt.
Alles, was in der Welt verbunden ist, trennt uns jetzt. Wir könnten uns von nun an nicht mehr ohne Unordnung begegnen, und in der Unordnung sollten wir uns nicht mehr begegnen. Was Dich an mich bindet und mich an Dich, ist von nun an bis zum Unerträglichen verbunden, und wir sind getrennt durch die Tiefe dessen, das uns verbindet. Was könnte ich tun? Dich verletzen, Dich vernichten. Doch schweigend resignieren will ich nicht. Ich werde Dich zerreißen, aber ich werde sprechen. Denn ich habe Dich aus meinem Herzen hervorgezogen, und wenn ich eines Tages das Licht erblicke, so weil ich Dir von dem Delirium erzählte, in dem ich Dich empfangen habe, doch wie könnte ich mein Herz und Dich von meiner Lust unterscheiden, von meiner Lust, von Deiner Lust, von dem, was Réa uns, so gut sie es vermochte, geschenkt hat? Ich spreche davon: ich weiß, es sollte mich, da es geschehen ist, zum Schweigen verpflichten. Aber wenn ich von meinem Herzen spreche, von diesem Kinderherzen, aus dem ich Dich hervorgezogen habe, aus dem ich unaufhörlich das Band des Blutes ziehe, das bewirkt, daß mein Schmerz mich an Deiner Seite stöhnen läßt, daß Dein Schmerz Dich an meiner Seite stöhnen läßt, so spreche ich nicht nur von

Schmerz und Stöhnen, sondern von dem heiteren Delirium, das uns trug, als wir Hand in Hand einander anschauten. Denn unsere Qual war ebenso die überschäumende Lust – das, was Réa sehr niedrig einstufte, so niedrig, wie es nun einmal sein mußte. Réa hat mich nicht wahrhaft liebkost: ich habe mich in Deinem Beisein an sie gepreßt und mich gewunden und irre geredet, so wie ich in Deiner Abwesenheit – mich gewunden und irre geredet habe, als ich Dich empfing. Ich kann nicht mehr schweigen, und gegen meinen Willen bringt mich das, was immer noch in mir stöhnt, was immer noch in mir tobt, zum Reden. Ich hätte Dich nicht noch einmal sehen können. Was wir getan haben, können wir nicht noch einmal tun, und doch würde ich bei Deinem Anblick nur darauf sinnen, es wieder und wieder zu tun. Und während ich Dir schreibe, weiß ich, daß ich mit Dir nicht reden darf, doch nichts könnte mich hindern zu reden. Ich verlasse Paris, ich gehe fort, so weit fort wie möglich, aber überall werde ich demselben Wahnsinn anheimfallen, fern von Dir wie an Deiner Seite, denn die Lust in mir wartet auf niemanden, sie strömt aus mir hervor, aus meiner Zerrissenheit, die unaufhörlich an meinen Nerven zerrt. Du siehst, es handelt sich nicht um Dich, ich kann auch ohne Dich leben, und ich will Dich fernhalten von mir, doch wenn es um Dich geht, dann will ich in jenem Delirium sein, dann will ich, daß Du es siehst, will, daß es Dich zerstört. Während ich Dir schreibe, habe ich mich in dieses Delirium hineingesteigert, mein ganzes Sein ist in sich selbst verkrampft, mein Schmerz schreit in mir, er reißt mich aus mir heraus, so wie ich Dich aus mir herausgerissen habe, als ich Dich gebar. Und wenn ich mich in meiner Schamlosigkeit winde, bin ich nur noch ein Schrei, der mehr Haß als Liebe ist. Ich krümme mich vor Angst, und ich krümme mich vor Wollust. Aber das ist nicht Liebe, ich habe nur Wut. Meine Wut hat Dich zur Welt gebracht, diese zum Schweigen niedergezwungene Wut, deren Schrei Du dennoch vernahmst, wie ich gestern, als ich Dich ansah, begriff. Ich liebe Dich nicht, ich bleibe allein, aber diesen verlorenen Schrei, den Du vernimmst, wirst Du unaufhörlich vernehmen, er wird nicht aufhören, Dich zu häuten, und ich, ich werde bis an meinen Tod in diesem Zustand weiterleben. Ich werde leben in der Erwartung jener anderen Welt, in der ich in der höchsten Lust verharre. Ich gehöre ganz und gar jener anderen Welt, und Du gehörst ihr auch. Ich will nichts wissen von dieser Welt, die von denen durchforstet wird, die geduldig darauf warten, daß der Tod sie erleuchte. Ich lebe im Atemhauch des Todes, und ich werde aufhören, für Dich zu existieren, sobald Du einen Augenblick vergißt, daß er für mich der Atem der Lust ist. Ich meine die schlüpfrige Lust. Ich habe Dir von den Wäldern erzählt und wie ich dort suchte, was allen Sitten hohnsprach. Nichts war so rein, nichts göttlicher, nichts heftiger als meine Wollust in den Wäldern. Aber es hatte ein Vorspiel gegeben: ohne dieses Vorspiel hätte ich diese Lust nicht gekannt und in den Wäldern nicht diese Welt verwerfen können, um dort die andere zu finden. Was das kleine Mädchen im Wald die Kleider abstreifen ließ, war das, was es auf dem Dachboden in Ingerville gelesen hatte. Ich vermache Dir ein Überbleibsel von diesem Dachboden. In meinem Zimmer, in der Schublade des Frisiertisches, findest Du ein Buch mit dem Titel ‹*Verschlossene Häuser, offene Hosen*›: Trotz seiner –

nicht nur im Titel anklingenden – Armseligkeit wird es Dir eine Vorstellung des Erstickens vermitteln, das mich befreite. Wenn Du wüßtest, wie ich die Luft der Wälder zu atmen glaubte, als ich Dich auf dem Fußboden erblickte und vor Dir die väterlichen Fotografien. Im gleichen Staub! Wie gern hätte ich Dein verschmutztes Gesicht geküßt. Der Staub des Dachbodens! Oh, ich wußte, in welchem Zustand... Es war der einzige, den ich für mich gewollt habe, den ich immer wieder herbeirufen werde, den ich für Dich gewollt habe, für den ich an dem Tage, als die Wut mich packte, weil ich ihn für Dich gewollt hatte, vor Durst vertrocknete: dieser Zustand, von dem jeder sich in der Öffentlichkeit vor Scham abwendet. Ich ersehnte mir damals, Du würdest meine glasigen Augen sehen, ich Unglückliche, die ich nach Deinem Fall und Deiner Verzweiflung darüber dürstete. Ich bin ganz sicher, niemals... und ich würde mich weigern... Aber ich wollte Dich mein Reich betreten lassen, das nicht nur das der Wälder, sondern auch das des Dachbodens ist. Damals, in meinem Bauch, habe ich Dir das Fieber vermacht, und auch jetzt schenke ich Dir wieder etwas von meinem Fieber, indem ich Dich auf den Weg dränge, auf dem wir gemeinsam im Schlamm versunken sind. Ich bin stolz, zusammen mit Dir allen anderen den Rücken zu kehren, spürst Du das? Aber ich werde Dich erwürgen, falls Du heimtückisch – oder aus Trägheit – die Partei der anderen ergreifst und das Reich meines Dachbodens ablehnst.
Ich fahre mit Réa. Ich lasse Dich allein mit Hansi, die Du noch nicht kennst. Hansi habe ich nicht verderben können, und sosehr ich mich auch angestrengt habe, sie ist ein junges Mädchen – ein

unechtes Mädchen? Mag sein; aber doch so wenig – daß ich sie Dir ins Bett lege. Sie ist einverstanden, und sie erwartet Dich morgen. Wenn Du Hansi siehst, zweifelst Du bestimmt nicht länger an den Göttinnen, die über Deiner Wiege lachten. Inzwischen sind jene Göttinnen auch die meines Dachbodens ...»

Ich habe schon gesagt, daß mir beim Lesen übel war: ich konnte mir weder vorstellen, welche Wendung meine Beziehungen zu meiner Mutter nehmen sollten, noch die Situation, in die mich das Rendezvous mit einem von ihr verführten Mädchen bringen würde. Jede Hoffnung, aus einem Unbehagen, das mir den Atem benahm und das vielleicht doch wunderbar war, herauszukommen, schien mir vergeblich. Über die Abreise meiner Mutter war ich erleichtert, und in dem Nebel, in dem ich verloren umherirrte, glaubte ich, daß dies der Brief sei, auf den ich gewartet hatte, daß er mich in ein schreckliches Unglück stürzte, mir aber zugleich die Kraft zur Liebe verleihen würde.

Meine Mutter hatte für mein Rendezvous mit Hansi ein Lokal gewählt, das dem vergleichbar war, in dem wir mit Réa gegessen hatten. Zwei Tage zuvor war sie, nachdem sie mich verlassen hatte, im anderen Stockwerk Hansi begegnet: sicherlich wollte sie (oder Hansi) die bedrückende Erinnerung an den ersten Abend vermeiden. Seither hatte ich nur in der Erwartung gelebt. In einer unerträglichen Erwartung freilich, aber Erwartung erlaubt Aufschub. Inzwischen las ich zehnmal den Brief meiner Mutter. Dieser Brief machte mich ganz betrunken, ja, mir schien, ich hätte trinken sollen, um ihn zu begreifen, um die

Trunkenheit, den Rausch besser mit der beängstigenden Welt zu verknüpfen, die er mir eröffnete. Zur verabredeten Stunde betrat ich den für das Rendezvous vorgesehenen Salon: ich hätte mich weder setzen noch die Tür hinter mir schließen können, um nichts in der Welt wäre ich geflohen, aber die Spiegel, die Goldverzierungen und die Lüster erschreckten mich. Der Kellner zeigte mir die Klingel und die Bequemlichkeiten, die ein Palisandermöbel kaschierte. In dieser fiebrigfeuchten Atmosphäre hatte ich das Gefühl, als wäre Hansi plötzlich hereingekommen und als sagte der Greis mit dem breiten Backenbart, der für sie abermals das Möbel öffnete, mit leiser Stimme zu ihr: «Der gutaussehende junge Mann dort wird Sie darum bitten, sich dessen zu bedienen», und hinter der schräg vor den Mund gehaltenen Hand: «Es ist eine Schande!» Ich mußte an eine Schlachterei im heißen Sommer mit ihrem penetranten Fleischgeruch denken. Nichts gab es hier, das mir nicht die Gurgel abschnürte. Ich erinnerte mich an das Postskriptum meiner Mutter: «Der Gedanke, sich mit einem fremden jungen Mann in einem so zweideutigen Haus zu treffen, hat selbst Hansi erschreckt. Sie ist noch schüchterner als Du. Trotzdem, ihre Neugier ist stärker. Sie hält nichts von Vorsicht. Aber als letztes möchte ich als Deine Mutter Dich darum bitten, daß Du sie so anschaust, als wäre der Raum, in dem Du ihr begegnest, ein Saal in einem Märchenschloß.»
Noch immer stand ich da in meiner Fiebrigkeit; mein Ebenbild, zahllose Male zurückgeworfen von den Spiegeln, die die Wände bedeckten, oder von jenen, aus denen sich die Decke zusammensetzte, machte mich vollends glauben, ich schliefe

und träumte – ein schimmernder Albtraum löste mich auf. Ich war so in Anspruch genommen von diesem Unbehagen, daß ich nicht hörte, wie die Tür aufging. Ich erblickte Hansi zuerst im Spiegel: ganz dicht neben mir lächelte sie, aber mir schien, daß sie wider Willen leise zitterte. Auch ich zitterte, und ich lächelte, und ohne mich umzudrehen, sagte ich:

– Ich habe Sie nicht gehört …

Sie antwortete nicht. Sie fuhr fort zu lächeln. Sie genoß den Schwebezustand unter dem vervielfältigten Glitzern der Lichter, wo nichts hätte endgültig sein können.

Lange betrachtete ich das Spiegelbild dieser Traumgestalt.

– Vielleicht, sagte ich, werden Sie wieder verschwinden – so einfach, wie Sie gekommen sind …

– Darf ich mich an Ihren Tisch setzen? fragte sie.

Ich lachte, wir setzten uns und schauten uns lange an. Wir hatten Spaß aneinander, sie und ich, es war fast beängstigend. Ich stotterte …

– Wie sollte ich nicht verschüchtert sein?

– Ich bin, sagte sie, und sogleich erlag ich dem Zauber ihrer Stimme, ich bin genauso schüchtern wie Sie, aber schüchtern sein ist eine Kinderei: wenn ich Sie einschüchtere, Gott sei Dank!, so erscheinen Sie dabei recht glücklich zu sein. Sie sehen, daß ich meinerseits verlegen bin, aber ich bin glücklich, verlegen zu sein. Was mögen Sie von einem Mädchen halten, das, um sich mit Ihnen zu treffen (ihre Augen wanderten über die Wände des Raumes), hierher kommt … ohne Sie zu kennen?

– Nein, sagte sie schnell, antworten Sie nicht!

Ihre Mutter hat mir von Ihnen erzählt, von mir aber wissen Sie nichts.

Der Greis mit dem großen Backenbart, dem ich geklingelt hatte, füllte die Gläser und begann uns langsam zu bedienen.
Die zusätzliche Verlegenheit, die seine Gegenwart und sein steifes Gehabe auslösten, hatte in diesem luxuriösen Stundenhotel etwas Komisches: wir fühlten uns verbunden, doch vor allem amüsiert durch ein stummes Einverständnis, das zwischen uns nicht bestand, das dieser Mann jedoch bei uns voraussetzen mußte; es war komisch, aber mehr noch süß, zu denken, daß er es bei uns voraussetzte.
Endlich ging der Mann hinaus.
– Ich glaube, sagte Hansi zu mir, wenn ich weinen könnte, wäre es weniger erstickend. Aber ich kann nicht, auch wenn es der Situation besser entsprechen würde.
– Möchten Sie nicht, fragte ich sie, daß wir nach draußen gehen? Wir könnten einen Spaziergang machen.
– Nein, sagte sie. Ich habe Sie nämlich im Verdacht, daß Sie trotz allem genau wie ich, dieses Unbehagen köstlich finden. Was ich akzeptierte, indem ich hier eintrat, akzeptiert jede Frau bei ihrer Hochzeit. Darf ich Ihnen sagen, was mich bewogen hat, den Vorschlag Ihrer Mutter anzunehmen? Ihre Mutter wird Ihnen erzählt haben, daß ich keine Abenteurerin bin – oder jedenfalls, daß ich nicht so abgehärtet wie eine Abenteurerin bin: meine Erfahrung ist der Situation nicht gewachsen, in die ich mich ohne Furcht begeben habe. Als ich begriff, daß Sie auch nicht weniger verlegen sein würden als ich, fühlte ich mich im

voraus derart verführt, daß ich am liebsten einen Freudensprung gemacht hätte. Aber glauben Sie darum nicht, daß ich tatsächlich das bin, was man ein ehrbares Mädchen nennt. Ich wäre kaum so geschminkt und parfümiert, wie ich es bin. Wenn Sie wollen, kann ich das, was wir hier erleben, in die schockierendsten Worte fassen. Ich sage Ihnen das offen, weil ich sehr wohl weiß, daß Sie es nicht von mir verlangen werden und daß Sie sich mir gegenüber so rücksichtsvoll benehmen werden, als wäre ich das törichtste junge Ding. Aber ...

– Aber? Sprechen Sie ...

– Unter einer Bedingung ... daß Sie ebenso verwirrt sind und daß Sie mich ebenso verwirrt wissen, als wäre die Lust für mich eine Gewohnheitssache. Ich sehe Ihnen in die Augen, doch wenn ich mich getraute, würde ich die Augen senken.

Ich errötete (doch mein Lachen widersprach dieser Schamröte).

– Ich bin hingerissen, aber ich bin glücklich, daß Sie mich dennoch dazu gebracht haben, die Augen niederzuschlagen.

Ich sah sie an, doch wenn ich errötet war und ihr gegenüber das Entzücken empfand, das sie mir so lange zu schenken vermochte, so konnte ich doch in mir die herausfordernde Regung nicht unterdrücken, die mich vor ihr aufrichtete.

Ein verliebter Mann, der erkennt, daß das Mädchen ihm nachgeben wird, gleicht der Wirtschafterin, die das Kaninchen, das sie töten wird, wie einen Schatz betrachtet.

– Ich bin so unglücklich, sagte ich, Sie töten zu sollen. Muß ich nicht unglücklich sein?

– Sind Sie denn so unglücklich?

– Ich wünschte, ich brauchte Sie nicht zu töten.

– Aber Sie lachen.

– Ich träume davon, glücklich zu sein – trotz allem.
– Und wenn ich verliebt in Sie wäre?
– Und wenn der Zauber, dem ich erlegen bin, sich nie verflüchtigte? …
– Als ich herkam, wollte ich Ihnen nur gefallen, Sie amüsieren und mich amüsieren. Ich war verwirrt, und ich bin es noch immer. Aber ich wußte nicht, daß ich Sie lieben würde. Drehen Sie sich um!
Sie zeigte auf den Diwan unter den Spiegeln.
– Mir wird angst, weil ich nicht ein wirkliches junges Mädchen bin und weil ich den Richtblock – was für einen Richtblock – vor Augen habe. Und dennoch, ich begehre Sie. Ich bin schon einmal hier gewesen – in diesem Zimmer oder doch in einem ähnlichen. Ich wünschte, ich hätte noch nie etwas getan. Ich wünschte, ich hätte in meiner Erinnerung nicht so viele Bilder, doch wenn ich die Liebe nicht liebte, wäre ich dann hier? Ich bitte Sie nur darum, mich nicht jetzt zu nehmen. Es tut mir weh, Sie nicht in meinen Armen zu halten. Und doch möchte ich, daß Sie genauso leiden, wie ich leide. Ich möchte, ich könnte Sie nicht einmal umarmen. Sagen Sie mir, daß Sie leiden und daß Sie brennen. Ich möchte, daß mein Schmerz mich verwirrt – und der Ihre auch. Es macht nichts, wenn Sie wissen, daß ich ganz Ihnen gehöre. Ich gehörte Ihnen von Anfang an, gleich als ich kam. Und jetzt gehöre ich Ihnen in meinem Zittern, wie Sie sehen.
Während sie sprach, verrenkte sie die Hände und lachte ein wenig, doch in ihrem Zittern war sie den Tränen nahe. Das darauffolgende Schweigen währte lange, aber wir hatten aufgehört zu lachen, wir aßen. Ein unbemerkter Zuschauer hätte den

Haß in der glasigen Starrheit unserer Augen sehen können.
Traurig begann Hansi wieder zu mir zu sprechen: ihre Stimme berauschte mich jedesmal, so als schlüge in mir, während ich ihr zuhörte, plötzlich eine hell lodernde Flamme aus der brennenden Glut empor.
– Warum bin ich nicht in Ihren Armen? Verlangen Sie es nicht von mir, aber sagen Sie mir, daß Sie mich nicht verfluchen.
– Ich verfluche Sie nicht, sagte ich: sehen Sie mich an! Ich bin ganz sicher, Sie genießen unser Unbehagen. Und Sie wissen auch sehr wohl, daß Sie mir kein größeres Glück verschaffen können als dieses Unbehagen. Sind wir nicht enger vereinigt, als wir es sein könnten ... auf dem Richtblock?
– Sie haben recht! Das Unbehagen liefert mich Ihnen aus. Sagen Sie es noch einmal: Sie haben empfunden, was ich empfinde!
– Ich kann mir kein größeres Glück vorstellen.
Sie hielt meine Hand in der ihren, und ihre Hand krümmte sich: ich sah, wie ein ungreifbarer Krampf Besitz von ihr ergriff. Das Lächeln, das sie entspannte, hatte den Nachgeschmack der Ironie der Lust.
Die Zeit verging, sie zerrann uns unter den Händen.
– Sie haben mich beruhigt, sagte sie. Nun lassen Sie mich gehen. Ich möchte einschlafen und wieder aufwachen und glauben, wir wären nackt, und Sie wären in mir. Umarme mich nicht, ich könnte dich nicht mehr verlassen.
– Warum sollten wir uns verlassen?
– Frage nicht: ich möchte zu Hause schlafen. Ich werde zwölf Stunden schlafen. Ich werde dafür

tun, was notwendig ist. Und wenn ich dann aufwache, werde ich wissen, du kommst: ich habe dann gerade noch genug Zeit, mich aus dem Schlaf herauszufinden.
Kaum merklich verschleierte sich ihr Blick.
So als wollte sie in ihrer Unbefangenheit in meiner Gegenwart einschlafen.
– Würdest du gern bei mir einschlafen? fragte sie.
Ich antwortete nicht.
– Es ist unmöglich, du weißt es! Du bringst mich jetzt nach Hause. Ich erwarte dich morgen. Wir werden zusammen essen. Du wirst mich nicht mehr verlassen.

In der offenen Droschke wechselten wir nur wenige Worte. Nie habe ich den Trab des Pferdes vergessen, das Knallen der Peitsche, die ungeheure Belebtheit der Boulevards inmitten eines wunderbaren Schweigens. Einen Augenblick, heimlich, lachte Hansi in ihrer Ecke vor sich hin, als machte sie sich über mich lustig.

Wir stiegen aus, und ich blieb allein zurück. Ich wollte zu Fuß gehen. Der physische Zustand, in den Hansis Glück mich versetzt hatte, verwirrte mich. Schmerzen in der Leistengegend verschlangen sich in mir zu Knoten. Bald zwang mich ein wahrer Krampf, nur noch mit kleinen Schritten weiterzugehen, humpelnd. Ich mußte an das Unbehagen unter den zu hellen Lampen im Restaurant denken. Mir schien, daß die Reden, in denen wir uns in unserem Delirium ergangen hatten, die Unbeholfenheit einer Entkleidungsszene gehabt hätten und daß die Ekstase der Erlösung, deren Symbol die am Ende stehende Schamlosigkeit ist, uns verfehlt habe. Ich winkte einem Wagen, der mich nach Hause bringen sollte. Ich hatte Schmerzen, mein Leib krümmte sich, ich kam mir lächerlich vor, und doch war ich auf dem Gipfel der Erregung. Ich schloß mich ab in diesem qualvollen Genuß und in einer schmerzhaften Überreizung. Ich war nicht mehr Herr über die wirren Bilder, die einander ablösten in diesem Traumzustand, von dem ich nicht zu sagen vermocht hätte, ob er glücklich oder, im Gegenteil, sehr unglücklich war, und dem ich schließlich, ausgehöhlt durch einen ungeheuren, übermäßigen Samenerguß, entrann.

Am nächsten Morgen erwachte ich spät, mit dunklen Ringen um die Augen. Ich wollte unverzüglich zu Hansi stürzen. In meiner fieberhaften Hast fand ich eben noch Zeit, mir aufs neue zu sagen, daß ich sie glühend liebte. Physisch litt ich zwar noch, aber da die Schmerzen milder erschienen, gab ich mich der Gewißheit meines Glückes hin.
In der Wohnung, die ich betrat, in dem tiefen Lehnsessel, auf dem Platz zu nehmen das hübsche Kammermädchen mich gebeten hatte, mußte ich warten. Tiefe Angst ergriff mich. Plötzlich drängte die Wahrheit ans Licht. Man ließ mir genügend Zeit, mir alles breit auszumalen: «Gestern», dachte ich, «konnte ich nichts von Hansi wissen. Heute wird es zur Gewißheit: das Mädchen, das ich geliebt habe, das ich sicherlich noch immer liebe und das zu lieben ich nicht werde aufhören können, handelt mit der Liebe... Diese luxuriöse Einrichtung, das verführerische Mädchen an der Tür (zu hübsch, sie hatte mir mit einem Lächeln gesagt: ‹Madame ist untröstlich, aber sie hat mir aufgetragen, Ihnen zu sagen, Sie möchten einen Moment warten›)... Und was sollte, gestern

abend, auch die Unmöglichkeit bedeuten, mich nicht schnellstens zu verlassen? Oder die Selbstverständlichkeit, mit der meine Mutter um meinetwillen über sie verfügt hatte – wie über ein Mädchen, dessen Körper zur Verfügung steht... Das Schlimmste war der verlogene Vorwand für die Weigerung, sich mir am ersten Abend hinzugeben. Ich werde sie ohne Zögern fragen, mit wem sie mich, ohne zu zögern, betrogen hat.» Ich war so unglücklich, daß ich daran dachte, fortzugehen, doch kaum hatte ich es gedacht, begriff ich meine Ohnmacht. Ich würde nicht weggehen. Ich wischte mir den Schweiß von der Stirn: ich konnte nicht mehr. Ich wollte den Brief meiner Mutter noch einmal lesen. Selbst das war unmöglich, ich mußte mich dem Elend ergeben, in das mich die unsinnigste, die ungerechtfertigtste Leidenschaft getrieben hatte. Ich konnte nicht anders, als meine Gedanken auf das Objekt dieser Leidenschaften zu richten: «Konnte ich mich denn beklagen, daß ich verraten worden war? Nicht einmal das, denn wie hätte ich behaupten können, daß sie mir gehörte? Ich konnte sie auch nicht beschuldigen. Ich hatte nicht den geringsten Beweis. Wenn Hansi, wie ich glaubte, nur ein gefälliges Mädchen war, würde ich bald verloren sein in ihren unzähligen Lügen, die ich um so eher schlucken würde, als schon der Gedanke, sie zu verlieren, mich erstarren ließ.» Meine Gedanken tappten umher: die Erinnerung an ihre Worte ließ mich einen Augenblick lang glauben, daß sie, wollte sie mich täuschen, so nicht mit mir geredet haben würde. Ich litt, und zugleich faszinierte mich Hansis Bild, das allzu lebendig in mir war. Flüchtig erinnerte ich mich daran, wie sie mich in der Droschke lachend angesehen hatte (sie hatte gemeint, ich hätte sie nicht beobachtet): sie war dabei so schön, daß ich gewünscht hätte, sie würde sich immer über mich lustig machen, sie würde aus mir das machen, was ich in einem pornographischen Buch gelesen hatte: einen von Schlägen geräderten Sklaven, der diese Schläge genießt, seine Sklaverei genießt.

Ich hörte den Schlüssel in der Tür. Hansi, atemlos, kam hereingestürzt.
– Ich habe dich warten lassen, sagte sie. Schau, ich habe nicht geschlafen.
Eine Reitpeitsche in der Hand, die roten Haare unter dem glänzenden Zylinder, als schwarze Amazone verkleidet war Hansi nicht nur faszinierend: sie war die Inkarnation der Besessenheit, die mich augenblicklich in Aufruhr versetzte.
So als hätte sie mich durchschaut! Lachend, schelmisch ergriff sie meine Handgelenke.
– Mein Kostüm bringt dich durcheinander. Ich mag es auch, und ich ziehe es gern an. Aber du darfst darin nicht die Uniform meiner Laster sehen. Ich bin wollüstig, und ich brenne darauf, es dir zu zeigen: aber (sie wies auf die Peitsche) ihrer mag ich mich dabei nicht bedienen. Bist du enttäuscht? Das Knallen ist so lustig ...
Ich machte ein langes Gesicht, und die Peitsche pfiff.
Lachend drohte sie mir, und mit der Entschlossenheit der Dompteuse, die keine Furcht hat vor dem wilden Tier, kam sie auf mich zu.
– Bei Fuß! Kusch dich! rief sie. Schau meine Stiefel an.
Sie gab ihre trotzige Pose auf: sie brach in Gelächter aus, hob ihren Rock hoch und zeigte mir zwei Stiefel, deren Lack glänzte.

Sie maulte.
– Du bist nicht gefügig. Schade! Aber das steht fest, solange ich sie trage, gebe ich dir keine Gelegenheit, sie zu küssen: sie sind zu nichts nutze. Sag mir jetzt, was dich traurig macht. Bereust du?
Sie sprach allein; sie war teuflisch. Sie nahm die Peitsche wieder in die Hand und ließ derb die Schmicke knallen.
– Weißt du, was mich in diese Laune versetzt hat? Als ich nach Hause kam, habe ich mir gesagt: ich gehöre ihm, er gehört mir. Möchtest du, daß ich alles ausziehe? Ziehst du vor, daß ich den Hut aufbehalte? Oder daß ich meine Stiefel anbehalte? Ich möchte nur noch tun, was du willst. Möchtest du gern die Peitsche haben? Möchtest du mich zu Tode peitschen? Ich habe keinen Spaß daran. Ich möchte nur dein sein und dein Spielzeug sein. Du bist traurig, ich sehe es, aber ich bin so närrisch vor Freude, ich konnte es nicht mehr aushalten, die Langsamkeit der Kutsche – und daß ich auf die Idee verfallen war, weil ich nicht mehr schlafen konnte, in den Wald zu fahren. Ich habe noch nie unter der Liebe gelitten, ich habe noch nie geliebt, aber die Zeit, die dich von mir trennte, habe ich im Delirium verbracht. Warum habe ich dich gestern gebeten, mich allein zu lassen?
– Ja, Hansi, warum hast du mich gebeten, dich allein zu lassen?
– Pierre, ich wollte wissen. Ich war von Sinnen. Ich wollte wieder zu mir finden, allein. Ich wollte allein sein. Pierre, weißt du, was der Tag ist, wenn es nie Nacht würde? Aber in der Nacht, Pierre, als ich auf den Tag wartete, wurde das Warten grauenvoll.
Ich war noch immer mißmutig. Ich war taub für

Hansis Seufzer und unglücklich, taub zu sein, ihr nicht die Arme zu öffnen.
Ich glaube, sie verstand mich. Plötzlich rief sie:
– Ich hatte es ganz vergessen, Pierre, heute nacht ist es mir eingefallen, als ich nicht einschlafen konnte, du weißt ja gar nichts von mir!
– Ich will nichts wissen ...
– Und wenn ich diesen Körper verkaufte? Würdest du mich lieben, wenn ich mich dem Meistbietenden hingeben würde?
Ich antwortete in finsterem Ton, und ich senkte den Kopf:
– Das ist mir gleich. Du weißt, daß ich dich liebe, was auch immer sei.
– Wie traurig du bist. Zweifelst du?
Ich hielt noch immer den Kopf gesenkt.
– Was weiß ich denn von dir? Ich habe Angst gehabt, du könntest mich gestern abend belogen haben, um mich zu verlassen.
– Ich habe dich nicht belogen. Aber du hast wohl gedacht, daß ein Mädchen, das bereit ist, an einem derartigen Ort zu essen, sich prostituiert. Hast du das gedacht?
– Ja, ich habe es gedacht. Ich würde es auch akzeptieren, aber es würde mir die Lust am Leben verderben. Ich verliere oft die Lust am Leben.
– Du wirst sie wiederfinden, wenn du mich liebst. Küsse mich!
Der Zylinder fiel zu Boden, und das Glück vernichtete mich.
Wie lange diese wollüstige Vernichtung anhielt, weiß ich nicht, aber Hansi sagte:
– Ich habe keine Laster, ich verabscheue das Laster, aber ich könnte einen Mann sterben lassen an der Wollust, die ich ihm verschaffe. Weißt du, warum?

–...
– Weil ich selbst vor Wollust sterbe.
Unsere Münder verschmolzen aufs neue in jenem Gefühl exzessiver Freude. Auf ihrem Höhepunkt bewirkte schon die leichteste Bewegung der Zunge ein Überborden, das Überschreiten allen Lebens: die Heftigkeit und die Innigkeit einer Empfindung öffneten sich einem Abgrund, wo nichts ist, das nicht verloren wäre, so wie dem Tod die tiefe Wunde sich öffnet.
– Wir sollten essen, sagte Hansi.
– Wir sollten essen, sagte ich.
Doch wir hatten den Sinn für Worte verloren. Wenn wir einander ansahen, verwirrte es uns vollends, zu sehen, wie sehr unsere Blicke verschwommen waren: als kämen wir aus einer anderen Welt zurück. In unserer heftigen Begierde hatten wir nicht mehr die Kraft zu lächeln.
– Ich will all diese Sachen ausziehen, sagte Hansi. Komm in mein Schlafzimmer, ich gehe ins Badezimmer und ziehe mich um. Du kannst vom Schlafzimmer aus mit mir sprechen.
Hansi teilte meine kindliche Hast.
– Ich bekomme meine eigenen Stiefel nicht aus, stöhnte sie.
Sie mußte dem Zimmermädchen klingeln. Offenbar zeigte sie Ungeduld, und das Ausziehen der Stiefel dauerte nicht lange.
Sie kam in einem leichten Spitzennégligé zurück. Als sie, den Mund schon geöffnet, in meinen Armen lag, sagte sie:
– Mein Körper ist ganz begierig, sich dir hinzugeben. Spürst du es? Ich werde mich gar nicht erst wieder anziehen, und nach dem Essen gehen wir gleich ins Bett ... Magst du?

Ich begriff, daß ich in diesem Glück unglücklich sein würde. Hansi konnte sich mit Wissen des Zimmermädchens dem Unbekannten, der ich war, hingeben. Die Erklärung dafür konnte nur sein, daß sie es so gewohnt war. Hansi kam meiner beunruhigten Frage zuvor:

– Ich bin so verliebt, habe es so eilig, daß ich mir kaum Zeit genommen habe, mit dir zu sprechen. Ich habe dich bereits belogen. Es ist mir klargeworden.

– ...

– Sei nicht so mürrisch. Ich habe es dir gesagt, du bist nicht mein erster Liebhaber. Du wirst sogleich der dritte sein. Aber dich will ich behalten. Die ersten beiden habe ich nur eine Nacht gehabt. Nur ...

– Nur ...

– Wenn ich behauptet habe, ich hätte keine Laster, ich verabscheute das Laster, so habe ich gelogen. Es stimmt zwar, in gewisser Weise, so wie ich es sehe. Es ist vielleicht kein Laster. Aber das Zimmermädchen ist sehr hübsch. Wie findest du sie? Du wirst rot. Träumst du schon davon, mich zu betrügen? Ich habe dir gesagt, wie wollüstig ich bin. Du möchtest wissen, wie ich lebe. Ich habe mein Vermögen und lebe unabhängig, aber wenn ich Loulou nicht hätte, würde ich mich dem ersten besten hingeben. Ich mag, wenn es Nacht wird, nicht allein sein.

Ich stöhnte.

– Und gestern abend?

– Du bist unglücklich. Bist du eifersüchtig?

– Ich wollte, du hättest mich nicht belogen.

– Gestern abend habe ich die doppelte Menge von meinem Arzneitrank genommen, aber ich habe nicht geschlafen. Heute morgen, um mein Verlangen nach dir zu täuschen, war ich so toll, daß ich daran dachte, es mir statt deiner zu besorgen. Wenn ich es getan hätte, ich hätte keine Gewissensbisse. Ich hätte es dir gesagt, und du würdest mir bestimmt verziehen haben. Aber ich habe beschlossen, in den Wald zu fahren, ich wollte ans Ende der Erregung kommen, die Tollheit im Galopp von mir schleudern. Jetzt habe ich deine Arme, jetzt habe ich deine Lippen und bin fast nackt. Ich möchte mit dir lachen. Bin ich nicht lasterhaft, so bin ich doch liederlich und liebe das Gelächter. Ich bin toll vor Ungeduld. Ich warte darauf, daß du es nicht mehr aushältst. Weißt du, was Loulou mir im Badezimmer gesagt hat, ganz leise, als sie mir die Stiefel auszog? Du kannst dir nicht vorstellen, wie witzig sie ist.

– Du nennst sie Loulou?

– Loulou, nicht wahr, das ist ein vielversprechender Name. Ich bin ganz und gar vielversprechend. Ich wollte, daß du einmal in den Wald kommst und daß Loulou und ich uns vor dir vergnügen: sie ist so schön im Reitkleid.

– Loulou?

– Sie ist so wenig ein Zimmermädchen wie ich. Sie ist eine Frau, die sich amüsiert, und unsere Spiele sind nie unschuldig.

– Hansi, sagte ich zu ihr, ich weiß nicht, warum ich am liebsten weinen würde.

Hansi verstand nicht, daß diese Tränen, die mir sicherlich in die Augen traten, Tränen des Glücks waren. Ich erkannte meine Torheit und nahm mit Staunen wahr, wie das Leben mit den Wonnen der Liebe ein Übermaß an Wollust und Schönheit verschwendete.

– Nein, Pierre, ich will nicht, daß du je um meinetwillen weinen mußt. Ich liebe dich, daß ich

weinen könnte, weinen vor Freude. Zweifle nie daran, daß unsere Liebe glücklich sein wird. Aber ich bin fast nackt vor dir. Schon jetzt habe ich das Gefühl, nackt zu sein, und ich möchte vor dir sprechen, ohne ein Schamgefühl zu schonen, das mir gegenüber jetzt nicht mehr angebracht ist. Wir wollen ausgelassen leben: gleich werde ich dich bitten, mich zu nehmen. Aber du weißt noch immer nicht, was Loulou mir im Badezimmer sagte.
– Hansi, nein, ich will es jetzt nicht wissen.
– Verzeih mir, Pierre, ich bin so närrisch, so närrisch nach dir, ich weiß nicht mehr, was ich sage. Ich rede im Wahn, und noch nie hat mich jemand in den Zustand versetzt, in dem du mich jetzt siehst. Wenn ich so töricht zu dir spreche, so deshalb, weil das Verlangen nach dir mich verrückt macht. Ich bin verachtenswert, aber ich bin nun einmal so. Ich kann nicht mehr, ich bin wie eine Furie: wirf mich nieder!
Sie zog ihr Négligé nicht aus, sie zerriß vielmehr die Spitzen, die sie verhüllten: sie war es, die mich niederwarf. Sie half mir, mich zu entblößen. Entfesselt fanden wir uns auf dem Teppich wieder.

Mehrere Tage lang verbrachten wir im Bett, versunken in jenem Delirium, kaum daß wir uns zudeckten, wenn Loulou uns Wein, Geflügel oder Fleisch brachte, worauf wir uns dann gierig stürzten. Wir tranken viel Burgunder, um unsere nachlassenden Kräfte zu stärken. Eines Abends sagten wir uns, wir würden mit der Zeit womöglich Halluzinationen haben, vielleicht auch verrückt werden; Hansi verlangte immer neue Getränke.
– Ich möchte wissen, was sie darüber denkt, sagte Hansi.
Loulou brachte uns Champagner. Hansi fragte sie:

– Loulou, wir wissen gar nichts mehr. Wir wissen nicht, wie uns geschieht. Wie viele Tage sind wir schon im Bett? Werden wir vielleicht am Ende verschmelzen?
Loulou antwortete lachend:
– Heute ist der vierte Tag. Es ist wahr: Madame macht mir einen zermürbten Eindruck. Und wenn ich es wagte, würde ich Monsieur dasselbe sagen.
– Vor lauter Anstrengung, sagte Hansi. Ich weiß nicht einmal mehr, wo ich bin.
– Gewiß, Träume strengen an ...
– Gewiß: die Träume!
Die beiden Mädchen brachen in Gelächter aus.
– Komm, wir wollen zusammen trinken, sagte Hansi. Pierre und ich, wir trinken aus demselben Glas.
– Madame erlaubt mir, sie zu duzen?
Hansi lachte von neuem.
– Richtig, sagte sie, duzen wir uns, wenn es Pierre recht ist.
– Pierre heißt du? fragte mich Loulou.
– Ich lebe wieder auf, sagte Hansi.
– Pierre, sagte Loulou, denke nicht, wir wären lasterhaft. Ich habe meine Laster. Das Kammermädchen ist eher sonderbar. Hansi nicht. Aber es ist immer süß, sich auf seifigen Brettern gleiten zu lassen.
– Ich gebe mir den Anschein, sagte Hansi, und es macht mir Spaß, mir den Anschein zu geben, aber ich halte es nicht immer durch.
– Jetzt, sagte ich, lebe auch ich wieder auf.
Ich weiß nicht, warum ich an dieser zweideutigen Sprache, die mich doch enervierte, Gefallen fand.
– Hast du wieder Kraft zum Träumen?
– O ja, erwiderte ich, ich lebe wieder auf, aber nur, um noch besser zu träumen.

– Ich glaube, ich sollte euch euren Träumen überlassen, sagte Loulou.
– Wie du willst, sagte Hansi, aber erst leere die Flasche, öffne eine neue und laß uns noch ein letztes Glas trinken. Wir werden träumen, und dann wirst du zurückkommen, und wir werden dir von neuen Träumen erzählen.

Loulou trank schweigend und mit gutem Zug. Im Aufstehen sagte sie, ohne uns anzuschauen und ohne zu bemerken, daß Hansi unter dem Laken heimlich das Spiel wiederaufgenommen hatte:
– Madame denkt daran? Wenn das Kammermädchen träumerischer Stimmung ist, hat es nicht immer Lust, allein zu träumen.

Dieser Dialog brachte mich aus der Fassung. Ich verstand nicht mehr, was meine Geliebte von ihrer Freundin, noch was ihre Freundin von meiner Geliebten erwartete. Hansi hatte mich so vollkommen befriedigt, sie hatte mich in solchem Maße mit Lust überschwemmt ... das Unbehagen des ersten Tages lag in weiter Ferne. Ich verlangte nicht nach dem schlüpfrigen Gleiten, das jene Sprechweise hervorrief, aber es erschreckte mich auch nicht; Réas Ungeniertheit hatte mir oft genug ein Beispiel dafür geliefert. In Gegenwart meiner Mutter waren solche Schlüpfrigkeiten immer mit Angst verbunden gewesen, doch Angst vermag eine Lust, die sie eher noch verschärfen kann, nicht zu hemmen. Mit umsichtigem Spürsinn brachte ich in meinen Armen Hansis brennende Nervosität zur Ruhe: ich überdachte den Weg, den ich seit jenem Tag gegangen war, da ich zum erstenmal erkannt hatte, was die Wollust mir erschloß. In ihrem unermeßlichen Reich, in das ich allein und heimlich eingedrungen war, lebte ich heute ohne Furcht und ohne Schuldgefühl. Dabei machte ich mir den anfangs empfundenen religiösen Schauer zunutze: ich machte ihn zur geheimen Triebfeder meiner Lust. Das intime Leben des Körpers ist abgrundtief: es entreißt uns jenen furchtbaren Schrei, neben dem der Eifer der Frömmigkeit nur ein feiges Stammeln ist. Die Frömmigkeit, einmal überschritten, ist nichts als Langeweile. Allein die Widerstände, die Rätsel des Fleisches, seine Lügen, sein Scheitern, seine Schrekken, die Mißverständnisse, die es auslöst, die Ungeschicklichkeiten, zu denen es Anlaß gibt, verleihen der Keuschheit ihre Daseinsberechtigung. Die geschlechtliche Lust ist der Luxus, den das Alter, die Häßlichkeit und alle Formen des Elends beschränken. Kaum war mir dieser Luxus gegeben, da erkannte ich mit Zorn, daß die Priester ihm eine Klage über die unabänderliche Ohnmacht entgegensetzen (die die Kraft der Erregung umstößt). Was in mir von der brennenden Religiosität noch lebendig war, verband sich der Ekstase eines Lebens in der Wollust, löste sich von den ungeheuren Rückständen des Leidens. Innerhalb kurzer Zeit hörte das niemals von Lust verklärte Antlitz für mich zu leben auf, die ausschweifenden Vergnügungen verlockten mich, und an jenem Tag hätte ich zu Loulou sagen mögen, sie solle bleiben. Die Vorstellung, mich unter den Augen des hübschen Mädchens der Liebe hinzugeben, amüsierte mich, Hansis zweideutige Haltung hingegen machte mich verlegen. Wenn Hansi mit Loulou schlief, so empfand ich bei dem Gedanken nicht die geringste Eifersucht, aber ich wollte wissen, was sie im Sinn hatte.

Solche Gedanken konnten indes die Lust, die ich in Hansis Armen genoß, nicht abschwächen, und auch am vierten Tage fand ich die gleiche Intensität eines sich im Wahnsinn verlierenden Fließens wieder. Keine Frau hat mir je auf diese Weise das unerschöpfliche Gefühl des Glücks gegeben, das dahinfließt und nicht zu schnell zu fließen vermag. Die Wunde ist ohne Zweifel tödlich, es macht nichts; für immer! ... Im Moment bedauerte ich, an das unglückliche Leben Loulous gedacht zu haben, die nicht teilhaben konnte an diesem Glück, das unendlich war wie meine Liebe, geheimer als der Grund meines Herzens und klarer, durchsichtiger als ein Mord.

Ich erreichte einen Grad wilden Lebens, und Hansi erreichte ihn mit mir, da ich von Loulou hätte sagen können: «Erwürge sie», «Leck ihr die Zunge», ohne zunächst in meiner Gleichgültigkeit das Mögliche vom Unmöglichen, das Wünschenswerte vom Lächerlichen unterscheiden zu können. Wenn der Blitz mich träfe, würde ich nicht mehr die Fliege hören, die an meinem Ohr summt. Ich lebte in dem Blitz, und nur langsam kam ich zu jener leeren Stelle, wo ich, als ich mit meiner Freundin sprach, von neuem das Verlangen empfand, zu sagen (ich war inzwischen in die traurige Versandung des von der Begierde verlassenen Lebens zurückgekehrt):

– Du wolltest mir doch gerade erzählen, was Loulou gesagt hat, was sie dir leise zugeflüstert hat, im Badezimmer.

Hansi sah mich lange, ohne zu verstehen, an. Dann, so als tauchte sie aus einem Traum auf, sagte sie zu mir:

– Ja, richtig. Ich hätte mich von ihr trennen sol-

len. Auf jeden Fall möchte ich dir von ihr erzählen und dir sagen, was sie mir bedeutet oder vielleicht bedeutet hat.
Sie lächelte mich an. Einmal mehr verwandelte sich der Zauber des Lächelns auf ihren Lippen in Sanftheit, die Sanftheit in Begierde, dann in Wildheit.
Dann kehrte die Ruhe zurück. Ich sagte:
– Ich glaube, diesmal bin ich erschöpft. Ich bin tot.
– Wir sollten essen, sagte sie. Vielleicht ist es Zeit zum Abendessen?
– Ich habe meine Uhr nicht aufgezogen ...
– Ich werde Loulou klingeln ...
– Ihr klingeln ... dann ist sie also dein Kammermädchen ... Hast du mir nicht gesagt ...?
– Ja, Loulou ist mein Zimmermädchen, aber sag selbst ... Es ist alles nicht so einfach ...
Hansi sprudelte vor Heiterkeit.
– Ich wollte dir, sagte sie, den Mund verschließen. Mir fehlt die Kraft dazu, ich habe alles doppelt gesehen. Ich werde Loulou klingeln.
– Erzähl mir vorher von ihr.
– Ich klingle ihr erst.
– Willst du vor ihr sprechen?
– Warum nicht?
– Bedenke doch!
– Dazu fehlt mir die Kraft.
– Erzähl mir erst von Loulou.
– Im Badezimmer lag meine Peitsche auf dem Stuhl, und ich hatte meine Stiefel an. Loulou schaute auf die Spitze meiner Stiefel und hat zu mir gesagt: «Schade, daß Madame heute früh nicht zu ihren Lastern aufgelegt ist.» Ich klingle, es ist doch besser, ich erzähle dir vor ihr. Aber es ist schwieriger, und ich bin tot. Wenn du wüßtest,

ich will sprechen, ich wollte alles mit dir machen, ich will sprechen. Die Gemeinheit erschöpft, und die Erschöpfung macht mich noch gemeiner. Ich werde sprechen.

Loulou klopfte.

– Komm herein, Loulou. Ich gähne. Heute abend bin ich zynisch. Zunächst einmal haben wir Hunger, wir würden gern essen, essen und trinken. Und dann wirst du Pierre alles erzählen: daß du meine Peitsche liebst, daß du nicht mein Zimmermädchen bist, daß wir die Komödie zu weit getrieben haben. Ich schlafe ein. Pierre, ich bin schon zu matt zum Träumen.

– Das Essen ist noch nicht fertig, und sie schläft ein. Sag, Pierre, hat Hansi dir wirklich nichts gesagt?

– Soweit ich verstanden habe, nehme ich deinen Platz ein, aber Hansi peitscht dich, und du magst das. Mag sie es auch?

– Es ist richtig, Pierre, sagte Loulou, du hast meinen Platz eingenommen. In einer Hinsicht, denn mich hat Hansi nie geliebt.

– Glaubst du, daß sie mich liebt?

– Pierre, es kommt mir vor wie eine Sinntflut, wie ein Umsturz, so groß ist der Wahn, der sie befallen hat, und ich bin selig darüber, obgleich es mich traurig macht.

– Loulou, sagte ich, du bist schön, ich komme mir ganz lächerlich vor, deinen Platz eingenommen zu haben. Ich träume von einer Welt, in der es keine Eifersucht gäbe. Und doch glaube ich, ich könnte eifersüchtig sein auf Hansi: doch bin ich es nicht deinetwegen. Ich habe nie über deine Beziehungen zu ihr nachgedacht, als vielmehr über ihre anderen Liebhaber, die du sicherlich auch gekannt hast, und ich war sterbensunglücklich, als ich be-

merkte, daß sie sich nicht genierte, daß sie mich empfing, als sei es ihr eine Gewohnheit.
– Unsinn, Hansi ist fast Jungfrau, und ich dachte, sie liebte Männer nicht. Ich täuschte mich, doch liebt sie die Liebe. Jeden Abend will sie den Genuß. Neulich abends allerdings … Ich hab sie angefleht, mich doch zu schlagen: mich schlagen hieße nicht, dich zu betrügen. Sie schläft: sag, würde es dich kränken, wenn sie mich schlüge?
– Ich weiß nicht, ich bin so erschöpft, ich leide, und ich weiß nicht mehr, was ich darüber denken soll. Ich glaube, nicht, doch Loulou, kommst du denn zum Genuß, wenn sie dich schlägt?
– Ja, ich ja, aber Hansi genießt nicht dabei.
– Sie genießt nicht, doch sie amüsiert sich.
– O nein, es ist ein Jammer, und ich ertrage alles, aber es amüsiert sie nicht; sie ist grausam, doch aus Gleichgültigkeit, es macht ihr kein Vergnügen, zu wissen, daß ich leide; gleichwohl bringt sie mich zur Verzweiflung, und sie weiß es. Du hast gesagt, Pierre, ich sei schön: ich lebe bei euch wie ein Tier. Ich liebe sie schon seit dem Pensionat. Seit jeher ist sie wild auf den Genuß. Sie spielte mit mir, als wir Kinder waren: sie war die Herrin und ich die Zofe. Sie hat nie aufgehört, ein Kind zu sein. Wir spielen immer noch, und jetzt lebe ich verkleidet und verstellt. Hansi hat gesagt, du würdest sicherlich nicht einverstanden sein, daß sie mich behält.
– Aber Loulou, das alles kannst du doch nicht akzeptieren!
– Akzeptiere du, Pierre, ich werde dein Sklave sein, dein Sklave und der ihre.
– Aber Loulou, ich bin erschrocken, ich weiß nicht, was du von Hansi dir dafür erwartest, aber von mir kannst du nichts erwarten.

– Ich erwarte nichts von Hansi. Ich möchte nur, daß sie nicht aufhört, mich zu schlagen. Ich weiß, daß es zu Ende ist. Nein, ich erwarte nichts von dir. Ihr könnt mich zum Trinken einladen …

– War ich denn verwirrt darüber? Aber für dich, glaube ich, wird es bald unerträglich werden, es sei denn …

– … es sei denn …

– Hansi wollte immer noch … mit dir … sich amüsieren …

– … du möchtest …

– Ich weiß nicht, ob ich es möchte, aber wenn sie es wollte, ich wäre jedenfalls nicht eifersüchtig.

– Es stört dich nicht, wenn Hansi mich zum Trinken einlädt?

– Ich glaube sogar, es würde mich, wie soll ich sagen, erregen. Ich habe das nicht nötig, doch am Ende waren unsere Kräfte recht erschöpft, und dann bist du hereingekommen, … ich glaube sicher, Hansi wird …

– Das soll unser Geheimnis sein. Ich weiß, daß Hansi selber gern … sie will es nur nicht eingestehen. Manchmal macht sie sich darüber lustig, tut so, als ob sie es verabscheut … Ich bin entzückt, Pierre, mit dir ein Geheimnis zu haben. Ich möchte dir die Hand küssen. Ich weiß: nichts ist lästiger als Masochismus. Aber ich genieße es, und ich bin hübsch genug, um nicht peinlich zu wirken. Ein lasterhaftes Geschöpf, wie ich es bin, ist, wenn es Frauen liebt, in jeder Weise sehr bequem. Männer sind ernsthaftere Gebieter, aber auch lästigere. Masochistinnen, die Frauen lieben, sind köstliche Freundinnen, tun alles … Deine Freundschaft hat mir Mut gemacht. Ich werde meine Stellung, meine Rolle, gewiß nicht aufgeben.

– Loulou, hol Champagner: falls Hansi noch schläft, wollen wir auf unsere Freundschaft trinken. Du weißt, ich liebe Hansi, aber du sollst auch wissen, daß ich sie begehre, wenn du zu ihr kommst.
Loulou brachte Champagner, und ich setzte mich mit ihr außerhalb des Zimmers, in dem Hansi schlief.
– Ich habe, sagte Loulou, die Attribute des Zimmermädchens abgelegt, aber zum Abendessen werde ich sie wieder anlegen. Euer Abendessen ist bereit.
Ich öffnete die Flasche. Ich reichte Loulou ein Glas.
– Wir lieben dieselbe Frau, sagte ich zu ihr. Wir sind Komplicen, darauf wollen wir trinken.
Wir leerten die Gläser. Ich war glücklich und lachte:
– Ich werde dich küssen, Loulou, aber auf die Wange ... Du darfst mir nicht böse sein: ich hungere nach Hansi.
– Aber Pierre, ich mache mir nichts aus Männern, und in dir liebe ich nur Hansis Glück. Wir alle drei verstehen es auf die gleiche Weise. Wir wollen sie jetzt wecken, ich werde euch das Essen bringen. Wir haben beide nur von mir gesprochen, doch sie hat mir verboten, dir irgend etwas von ihr zu erzählen, es sei denn, ganz nebenbei, von ihrem Widerwillen gegen das Amüsement ... von dem wir nicht sprechen wollten.

Ich ging ins Zimmer, um Hansi zu wecken – und ich zeigte ihr mein Feuer.
– Wunderbar, sagte sie und umarmte mich, aber ich habe zu großen Hunger, laß uns erst essen.
Loulou bediente uns. Wir aßen. Ich sprach wenig,

trank viel. Hansi gähnte. Wir kämpften, während wir beim Essen saßen, gegen ein Gefühl der Schwäche an. Die Nerven im Schädel begannen uns zu schmerzen: wir hatten uns nichts anderes mehr zu sagen. Wir aßen, wir tranken in der Hoffnung, einen heftigen Schmerz einzuschläfern. Hansi sagte zu mir:

– Trotz allem, ich bin glücklich. Meine Augen tun mir weh, aber ich sehe dich.

– Ja, die Augen tun mir weh, und ich sehe dich; das einzige Mittel, nicht zu sehr zu leiden, ist das Lieben.

– Du hast nicht mehr die Kraft dazu.

Stolz wollte ich es ihr beweisen und griff nach ihrer Hand: ich weiß nicht, ob es die Schwäche war oder ob der Eintritt Loulous mich überraschte oder beides zugleich, jedenfalls statt ihre Hand hinunterzuführen, küßte ich sie. Dann ließ ich mich gehen, meine Lippen teilten sich, ich tupfte mir mit dem Taschentuch den Schweiß von der Stirn.

– Das Leiden mit dir, sagte ich, ist köstlich: und doch ist es ein Leiden.

– Wenn Madame will, sagte Loulou, hole ich mir meine Schwesternschürze.

– Wir haben keine Tragbahren und keine Krankenpfleger, sagte Hansi, du kannst nichts ausrichten. Doch werden wir dich jetzt gleich bitten, die beiden Greise zu ihren Betten zu geleiten. Eine Ohnmacht, Loulou, ich warte nur noch auf die Ohnmacht: das ist alles. Ich lache, und ich wünschte, Loulou, dir wäre auch so sterbenselend wie mir. Aber ich lache widerwillig, und der Wunsch läßt sich nur für die Vergangenheit rechtfertigen. Im Augenblick ... ich habe nicht einmal mehr die Kraft, zu essen.

Ich war bleich und machte eine hilflose Bewegung

mit der Hand. Ich konnte nicht mehr sprechen.
– Da siehst du den Gipfel des Glücks! sagte Loulou.
Ich verzog das Gesicht, weil ich über Loulous Scherze nicht mehr lachen, sie nicht mehr genießen konnte. Weil ich im Gegenteil unter jener komplicenhaften Abmachung litt, deren Schrecken ich jetzt erst begriff. Der Ekel, das Glück verschmolzen.

Hansi schleppte sich zum Bett und schlief augenblicklich ein.
Ich aber konnte nicht schlafen. Leidend, grübelnd an ihrer Seite, streichelte ich vergeblich ihre Hinterbacken, ihre Hüften; ich betrachtete sie lange: sie bedeuteten für mich auch jetzt den irren Überschwang der Lust, die sie noch immer zu überschwemmen schien, die der Sinn ihrer Schönheit blieb: in ihrer Anstößigkeit eine Herausforderung an den keuschen Gott, den ich geliebt hatte. In meinen Schmerzen und in Gedanken an Hansis Schmerzen setzte ich diesen Genuß, der von seinem Gegenteil abgelöst worden war, dem schon in der fernen Finsternis der Vergangenheit begrabenen Genuß, jener Freude in Gott entgegen, die ich einst kennengelernt hatte. Der augenblickliche Schmerz, so fand ich, hätte gut zu der Verdammung des Fleisches und jenem trügerischen Glück gepaßt. Da ich jedoch litt, sagte ich mir in meinem Ekelgefühl, daß der fleischliche Genuß heilig sei: die Ekstase, die dem Gebet folgt, mochte auch heilig sein, aber sie war stets zweifelhaft, ich hatte mich anstrengen, meine Aufmerksamkeit sammeln müssen, dann floß sie mir reichlich zu. Doch niemals erreichte sie jenen Grad des Überflusses, der überschäumenden Kraft, die mich überschritt, die mich

erstickend und schreiend zurückließ. Und wenn sie je diesen Grad erreichte, dann mußte ich zweifeln an dem, was auf so seltsame Weise in meinem Kopf eine Verwirrung hervorgerufen hatte, an der die kindlichen Spielereien der Intelligenz beteiligt gewesen waren. An der Ekstase, in der Hansi und ich versunken waren, hatten zuallererst unsere nackten Leiber teilgehabt, dann eine unbegrenzte Liebe, die nicht geruht hatte, bevor unsere Leiber sich entblößten, sich von ihren Schranken befreiten. Diese Aufhebung der Grenzen, die es uns erlaubte, uns ineinander zu verlieren, schien mir profunder als die Predigten des Priesters in der Kapelle der Kirche, sie schien mir heiliger. Ich sah darin das Maß Gottes, in dem ich immer nur das Unbegrenzte, das Übermaß, den Wahnsinn der Liebe gesehen hatte. So umarmte ich in meinem Überdruß Hansis Hinterbakken und fühlte mich von der Lust, die sie mir zuvor verschafft hatte, nicht weniger zurückgewiesen, als wenn mich der göttliche Fluch getroffen hätte. Doch ich brachte in diesem Unglück, das nicht sehr tief war, die Kraft auf, mir zu sagen: ich liebe Hansis Hinterbacken, so wie ich den Gedanken liebe, daß Gott sie verflucht; ich lache in meinem Überdruß über diesen Fluch, der ihren Hintern so tief göttlich macht. Er ist göttlich, wenn ich ihn küsse, wenn ich weiß, daß Hansi den Kuß meiner Lippen auf ihrem Hintern genießt. Ich zog die Decke darüber: ich sah das Objekt meiner ohnmächtigen Leidenschaft nicht mehr. Wie ein Fallbeil fällt, schnitten Schlaf und Traum mich plötzlich von der Welt, in der ich wirklich lebte, ab: die nackten Körper neben mir vervielfältigten sich, ein Reigen, der nicht nur lüstern und herausfordernd war, der sich nicht weniger der

Lust am Zerfleischen wie der am Huren darbot und, während er sich den niedrigsten Lüsten anbot, zugleich nach dem Schmerz, nach dem Würgegriff des Todes schielte. Ein solcher Reigen kündete davon, daß Häßlichkeit, Alter, Auswurf weniger selten sind als Schönheit, Eleganz und das Strahlen der Jugend. Mir war, als ob die Wasser stiegen: die Flut, dieser Unrat, und daß ich bald vor der ansteigenden Gewalt keine Zuflucht mehr fände: wie die Kehle des Ertrinkenden sich der ungeheuren Wassermenge öffnet, so würde ich der Macht des Fluches erliegen, der Macht des Unglücks.

Mein Albtraum nahm indes einen weit weniger einfachen Verlauf, und obschon ich mich seines Anfangs entsinne, das Ende habe ich vergessen. Nach fünfzig Jahren erinnere ich mich wohl noch, doch nur daran, wie sehr er mich als Zwanzigjährigen traf. Nicht an den Traum selbst, nur an das Gefühl erinnere ich mich, das er mir hinterließ und das ich sicherlich, so gut ich konnte, systematisierte. Ich verknüpfte damals das Bild, das ich von der gewalttätigen Gottheit bewahrt hatte, mit dem Bild von Hansis Wollust und beide wiederum mit jenem Unrat, dessen Allmacht, dessen Schrecken unendlich waren. In der Zeit, als ich fromm war, hatte ich über den Christus am Kreuz und den Ausfluß seiner Wunden meditiert. Die quälende Übelkeit, die von einem Übermaß der Wollust herrührte, hatte mich jenem schaurigen Durcheinander geöffnet, in dem es kein Gefühl mehr gab, das nicht dem Wahnsinn ausgesetzt gewesen wäre.
Meine Unempfindlichkeit, meine moralische Abgestumpftheit hatten Fortschritte gemacht, die

mich erstaunten. Meine Nerven, wie in Morphium getaucht, spürten nichts mehr. An die Religion, von der ich zuerst geglaubt hatte, sie würde mich umtreiben, dachte ich nicht einmal mehr. Der Genuß, den ich Hansi verschaffte, das Verlangen nach Wollust, das sie mir öffnete, das Glück, die tiefe Nacktheit ihres Körpers zu erregen, sie zu entdekken und mich von ihr verwirren zu lassen, hatten das Beben, das Aufschrecken, die Vision ersetzt, die mir die göttliche Gegenwart geschenkt hatten, die einst zu mir sprach, mich rief, mich quälte.
Es dauerte nicht lange, bis ich Nachricht von meiner Mutter erhielt. Ich litt nicht unter ihrer Abwesenheit, und wenn ihre Briefe mir zynisch das Leben beschrieben, das sie in Ägypten führte, so schockierte sie mich damit nicht, außer ein wenig am Anfang, sondern amüsierte mich. Ich sagte mir, daß ich selbst, daß Hansi ... Meine Mutter machte es rasend, sie tobte, aber sie sagte, sie sei glücklich: sie sei entzückt, statt ihr Leben zu ordnen, jeden Tag ein wenig unsolider zu werden. Ich hätte ahnen müssen, warum sie mir das schrieb: aber ich bewunderte sie, ich beneidete sie, und ich bedankte mich bei ihr für mein Glück.

«Dein Vater», erklärte sie mir eines Tages, «hat mich auf dem guten Pfad zurückgehalten: Ich bemühte mich, mit heuchlerischer Ehrbarkeit dem Skandal seiner Trinkerei zu begegnen! Heute, in Ägypten, wo mich keiner kennt, wo ich sogar, außer am Schalter für postlagernde Briefe, unter einem falschen Namen lebe, werde ich allmählich zum Skandal von Kairo: man zeigt schon mit dem Finger auf mich, soviel unternehme ich. Zwar betrinke ich mich diskreter als Dein Vater ... aber ich zeige mich öffentlich mit Frauen. Stell Dir vor,

Réa versucht mich zu mäßigen! Sie fleht mich an, mit Männern auszugehen! Und ich gehe mit Männern aus! Noch schlimmer! sagt Réa. Denselben Abend gehe ich mit ihr aus: in einem Restaurant setzt man uns vor die Tür ... So schlecht haben wir uns aufgeführt ... Ich sollte es Dir nicht schreiben, aber die schöne Hansi hat mich wissen lassen, mein letzter Brief habe Dich zum Lachen gebracht. Mehr wünsche ich mir nicht. Auf dem Abhang, auf dem ich mich befinde, habe ich es aufgegeben, mich zurückzuhalten: je schneller ich mich gleiten fühle, um so mehr lache ich und um so mehr bewundere ich mich. Ich bewundere mich, daß ich Dir so schreibe, und ich bin entzückt bei dem Gedanken, mein Brief sei Deiner würdig.

Deine liederliche Mutter, die es überglücklich macht zu wissen, daß Du lachst und daß Du, wie Hansi sagt, nicht weniger träumerisch bist, als Deine Mutter. Madeleine.»

Noch nicht lange, und dieser Brief hätte mich zur Verzweiflung gebracht. Er machte mir Angst, doch alsbald beglückwünschte ich mich, so zu leben, in dieser für mich unerwarteten ‹Traumatmosphäre›, der die Dreistigkeit meiner Mutter mich geweiht hatte. In diesem Augenblick machte ich mir von meiner Mutter ein verführerisches Bild, das der Wahrheit ziemlich nahekam: meine Mutter hatte das Recht, sich so aufzuführen, konnte ich mir doch kein Wesen vorstellen, das zielstrebiger und stärker gewesen wäre, die Kühnheit selbst und des Abgrunds bewußt, den sie herausgefordert hatte.

Ich antwortete ihr sogleich:

«... Du machst mir Angst, Maman, aber ich liebe es, Angst zu haben, so sehr, daß, je mehr Angst ich habe, ich Dich um so mehr liebe. Aber ich bin traurig bei dem Gedanken, mir diese eine Hoffnung nicht machen zu dürfen: nie wird meine Kühnheit Dir das Gefühl geben, übertroffen worden zu sein. *Ich schäme mich dessen*, und doch ist es mir ein süßer Gedanke. Die einzige Kühnheit, die ich mir herausnehmen darf, ist, stolz zu sein auf Dich, stolz zu sein auf Dein Leben und Dir *von ferne* zu folgen. Doch fange ich langsam – und ganz allmählich – an, der höchst relativen Bravheit Hansis überdrüssig zu werden. Ohne es ihr zu sagen, lache ich darüber – mit Dir: aber ich hätte weder die Kraft noch die Neigung, sie zu verderben.»

Die Antwort kam – als Postskriptum eines fröhlichen Briefes von der gleichen Tonart wie der erste.
«Du allein kannst Hansi nicht verderben: Dein Irrtum ist, daß Du die Lust der Perversität vorziehst. Vielleicht werden wir eines fernen Tages uns die Hand reichen.»

Ich hätte die unglückselige Bedeutung ihres Vorschlags erkennen sollen. Aber wie hätte ich sie ermessen können? Heute verblüfft mich mein so wenig folgerichtiges Verhalten. Meine Begierden rissen mich hin und her. Naiv wie Hansi wollte ich meine Lust vor all jenen angstbesessenen Stimmungswechseln bewahren, denen einzig die krankhaften Erfindungen des Lasters gerecht zu werden vermögen. Wie Hansi fürchtete ich mich vor diesen Erfindungen. Doch Hansi, die sie zuweilen gern streifte, verstand es stets, im rechten Moment zurückzuweichen. Das Laster faszinierte mich jetzt, da ich mit hängender und vor Durst trockener Zunge das Schlimmste erhoffte. Am Ende hielt ich es dann wie sie und wich zurück, doch war ich nie sicher, es über mich zu bringen. Ich hatte im Gegenteil die Erfahrung gemacht, daß ich mich nie zur rechten Zeit zurückzuziehen vermochte. Ich liebte Hansi, und ich liebte ihr Verlangen nach einer beständigen Lust und ihren Abscheu vor dem Laster (so als könne die Wollust andauern, ohne ein Vergnügen des Geistes zu sein und nicht des Körpers, ohne ein Laster zu werden). Ich begriff es zu spät. Hansi ließ niemals eine dürstende Zunge hängen: sie liebte ein Glück, das sie schattenlos wollte, das sie nie, wie die dem Laster Verfallenen, im Unglück gesucht hätte. Unser Glück war zerbrechlich, es beruhte auf einem Mißverständnis. Ich sagte ihr, was ich für meine Überzeugung hielt, meine tiefe Übereinstimmung, aber gleichzeitig schrieb ich meiner Mutter und antwortete ihr auf ihre Zeilen, in denen ich die ernste Bedrohung hätte erkennen sollen: «Deine Absichten auf unsere schöne Rote haben mir einen wunderbaren Schauer über den Rücken gejagt. Angst? Entzücken? Ich weiß es nicht. Ich würde Dir gern die Hand reichen.»

Die Ferne meiner Mutter machte mich stark, ich sah sie nur durch eine Wolke und lebte der Gegenwart. Der Gegenwart, der «schönen Roten», deren lange Beine und golden schimmernden Leib ich am Abend aus der Flut der Spitzen emportauchen lassen würde. Hansi würde mich mit Küssen bedecken, die mich aufstacheln würden. Ich fand sie gar nicht so schüchtern. Aber meine Mutter hatte mir einen besonderen Briefbogen vorbehalten, um mir etwas zu sagen, das nicht in die Hände meiner großen Roten fallen sollte.

«Niemals wird die rote ‹Bärin› begreifen», schrieb sie, «daß die Lust des Geistes, schmutziger als die des Körpers, reiner ist und die einzige, deren Schärfe nicht abstumpft. Das Laster ist in meinen Augen wie das schwarze Strahlen des Geistes, das mich blendet und woran ich sterbe. Die Verderbtheit ist der spirituelle Krebs, der in der Tiefe der Dinge herrscht. Je mehr ich mich der Ausschweifung ergebe, um so luzider fühle ich mich, und die Aufreizung und Zerrüttung meiner Nerven ist bei mir nichts als eine Verheerung, die aus der Tiefe meines Denkens kommt. Ich schreibe, obwohl ich betrunken bin und Réa, unter dem Tisch, mich in Schrecken versetzt. Ich bin nicht eifersüchtig auf die große ‹Bärin›, aber ich bedaure, daß sie offenbar vernünftiger ist als Réa.»

Gleichzeitig erhielt Hansi von meiner Mutter Briefe, deren heiterer Überschwang sie über die Unschicklichkeiten hinweglesen ließ. Diese Briefe ähnelten dem ersten Teil derer, die an mich gerichtet waren.

Hansi war seit jeher fasziniert von meiner Mutter, doch war sie bald vor ihr zurückgeschreckt. Sie lachte darüber: sie freute sich auf die Rückkehr meiner Mutter, konnte aber wie ich nicht umhin, sie zu fürchten.

Eines Tages zeigte sie mir, was sie ihr geantwortet hatte.

«... Pierre erwartet in Ungeduld die Rückkehr seiner Mutter, und in dem gleichen Gefühl erwarte ich die meiner Geliebten. (Sie hatte an dem Abend vor unserer ersten Begegnung die Küsse und Umarmungen meiner Mutter genossen.) Wenn ich nicht Abend für Abend in den Armen Deines Kindes läge ... ich würde von Deinen träumen oder von Deiner Mädchenbrust. Doch Tag für Tag muß ich mich Pierres stürmischen Träumen öffnen (und desgleichen gibt es keinen Tag, an dem ich nicht seine rasende Folterung herbeisehnte). Ich bin dank Deiner so glücklich, daß ich weiß, ich müßte es Dir zurückgeben, aber dieses Glück, das ich Dir verdanke, überwältigt mich: in Deinen Armen werde ich das Lachen der Dankbarkeit lachen, beschämt über die Lust, die Pierre und ich einander schenken, glücklich über die Lust, der Dich Dein unersättliches Verlangen öffnet, das mit meinem Verlangen verschmolzen ist, so wie unsere beiden verliebten Körper es waren. Ich umarme Dich und bitte Pierre, mir zu verzeihen. Ich betrüge ihn in diesem Moment in meinen Gedanken, doch ebenso, wie ich, wenn ich ihn liebe, nicht daran zweifle, Dir treu zu bleiben, bleibe ich ihm treu, wenn ich in Gedanken meine Zunge zwischen Deine Zähne gleiten lasse. Und du wirst mir Deinerseits verzeihen, wenn ich, nach Deiner Rückkehr, meinen Körper Deinen Küssen entziehe, denn das Kostbarste behalte ich Pierre vor. Mich einer Lust berauben, heißt mich krank machen, aber mich um Deines kleinen Pierre willen einer Lust berauben, heißt auch ein wenig, mich um Deinetwillen berauben, und das wiederum heißt mich mehr als glücklich machen.»

Ich sagte nichts dazu: ich dankte Hansi, aber ich dachte bei mir, daß diese in anstößige Reden gekleidete Absage Hansis, statt mich glücklich zu machen, mich betrübte. Ich hätte es gern gesehen, daß Hansi sich von Zeit zu Zeit mit meiner Mutter amüsierte. Ich haßte den Gedanken, mit meiner Mutter zu trinken, so wie sie es gewollt hatte, und dann unmerklich mich gleiten zu lassen. Aber wie sehr sich mir bei den Kühnheiten ihrer Briefe – wenn auch nicht immer – das Herz zusammenschnürte, ich liebte diese Briefe. Nie hatte ich vergessen, daß Hansi die Geliebte meiner Mutter war; von Anfang an hatte mir dieses Band gefallen, und jetzt hätte ich gewünscht, daß es sich erneuerte und fortbestünde. Als Hansi mir ihren Brief vorlas, hatte sie mich tief verwirrt. Der Schluß aber, obschon nicht unerwartet, enttäuschte mich: einzig der Gedanke, daß Hansi meiner Mutter ihren Körper, nicht aber ihren Mund vorenthalten wollte, vermochte mich zu trösten. Zynisch stellte ich mir vor, wie meine Mutter Hansi vor mir küssen würde. Eine so geartete Intimität entsprach um so eher meinem Verlangen, als die Verweigerung des Körpers etwas begrenzte, das mich, unbegrenzt, mit Schrecken erfüllt hätte.

Ich hatte kaum noch das Empfinden, daß langsam meine Willenskraft zerbrach und daß die Rückkehr meiner Mutter den Wirbelsturm heraufbeschwören mußte, in dem wir alle, in Schrecken, untergehen würden. Doch für den Augenblick hatten mich die schlüpfrigen Sätze im Brief der «großen Bärin» erhitzt.

– Ich würde gern sehen, sagte ich zu ihr, wo du so rot bist.

Verschmitzt gehorchte sie. Ich sagte mir, wie ähnlich sie mir sei; gleich ob es sich um die eine oder die andere ihrer Geliebten handelte, ihre Gegenwart im unpassenden Augenblick, war sie auch nur eine Beschwörung, verführte sie zum ‹Träumen›. An diesem Tage öffnete sie um fünf Uhr das Arkanum der ‹goldenen Pforte›. Und erst um drei Uhr, gegen Morgen, schloß sie es wieder. Loulou, die uns bediente und die wir hinterher zu uns baten, fragte mich am nächsten Tag, was uns denn in diesen Zustand versetzt habe.

– Ich bin noch ganz überwältigt davon, sagte Loulou. Hansi vor mir, den Kopf im Nacken, die Augen ins Weiße verkehrt. Nie zuvor hast du sie in meinem Beisein geküßt. Nie zuvor hast du sie, um sie zu liebkosen, so hoch entblößt. Du sahst nichts mehr.

– Ich sah dich nicht mehr ...

Loulou lächelte mich an, sie hob ihren Rock. Ihre Spottlust und ihre Freundlichkeit, die klare Linie ihrer Beine und der Zauber der Anstößigkeit, schließlich auch ihr Ernst, ihre Zurückhaltung beschworen in mir eher als eine Gestalt aus Tausendundeine Nacht die Vorstellung eines reichen und hinreißenden jungen Mädchens, aus dem ein böser Zauber, durch den sie zu einer Zofe geworden war, eine Inkarnation schamloser Begierde gemacht hatte.

Am Ende hatte ich das Gefühl, ein glücklicher Mensch zu sein, der im Besitz von Jugend, Geld und Schönheit war und sich die Welt und jene, die sie bewohnten, so vorstellte, als seien sie nur geschaffen, um der Extravaganz seiner Begierden zu entsprechen. Ich zweifelte nicht mehr an einem Glück, dem das Unglück – und ich war von naivem Stolz erfüllt, dies zu wissen – wie die schwarze Farbe auf der Palette eine Möglichkeit der Tiefe hinzufügte. Ich war glücklich, ich war auf dem Gipfel des Glücks. Tagsüber beschäftigte ich mich mit dieser schalen Welt, um ihr – mit durchtriebener Ironie – irgendeine kindliche oder raffinierte Genugtuung abzugewinnen. Am Abend, wenn es dunkel wurde, begann das Fest von neuem. Hansi, die in Loulous Beisein, außer im

Schutze der Trunkenheit, nie Zugeständnisse gemacht hatte, fand sich schließlich zu Kompromissen bereit.

– Alles in allem ist es töricht von mir, mich zu genieren, sagte sie.

Aus einem Schrank holte sie eine Anzahl von Kostümen hervor. Loulou streifte ihr eines über: ein Kleid aus einem durchsichtigen Gewebe. Als die beiden Frauen aus dem Badezimmer zurückkamen, ließ Hansi sich bewundern, und Loulou machte mich auf Schlitze aufmerksam, durch die man auch noch deutlich sehen konnte, was das Kleid ohnedies kaum verhüllte. Ich war überrascht, entzückt über diese Verwandlung.

Aber kaum hatte Hansi selbst Spaß an dem Vergnügen gefunden, das sie uns zugestanden hatte, wurde sie schlechter Laune:

– Es ist lustig, sagte sie, unter einer Voraussetzung: daß man beizeiten innehält.

– Das ist in der Tat noch lustiger, sagte ich.

– Versprich mir, Pierre, daß du beizeiten innehältst! Ich habe mich heute nachmittag gelangweilt! Loulou ist mir gefällig gewesen. Ich habe nicht das Gefühl gehabt, dich zu betrügen.

– Hansi, ich bin im Gegenteil sicher, daß wir uns heute abend noch vollkommener lieben werden.

– Du hast recht, aber ich weigere mich, zu tun, was Loulou möchte. Laß uns allein, Loulou. Ich spüre Pierres Ungeduld – und meine Ungeduld. Ich werde bald nach dir klingeln.

Noch ehe sie die Tür ins Schloß fallen hörte, wütete Hansi mit zurückgeworfenem Kopf in meinen Armen.

– Ich liebe dich, sagte sie, du hast recht, ich werde dich noch vollkommener lieben, ich glaube sogar, ich werde dich noch glücklicher machen.

Wir gerieten so tief in den Abgrund der Lust, daß ich zu Hansi sagte:
– Ich habe dich eben nicht wiedererkannt, und ich liebe dich noch mehr, als möglich ist: du zerreißt mich, und ich glaube, ich zerreiße dich bis zum Grund …
– Vor dem Schlafen möchte ich gern trinken, sagte Hansi. Lassen wir voneinander ab. Ich bin sicher, wir werden, wenn Loulou wieder geht, noch einmal den Stand der Gnade erreichen. Zieh dich an und gib mir mein Kleid.
Sie lächelte, so sehr war dieses Gewand das Gegenteil eines Kleidungsstücks, aber sie legte es auf eine Art an, daß es fast dezent wirkte.
– Ich flehe dich an, sagte Hansi, selbst wenn du mich noch genauso begehrst wie gerade eben, nähere dich mir nicht. Du weißt, das Spiel macht mir Angst.
Lachend fügte sie mit einer von Angst verwandelten Stimme hinzu, indes sie sehr zärtlich ihren Kopf auf mein Bein legte:
– Wenn ich mich nun trotz allem … ein bißchen schlecht aufführte, wirst du dann auch nicht mit mir schelten? Aber nutze es nicht aus. Heute abend darf ich alles tun, wozu ich Lust habe. Bist du einverstanden? Trotzdem … treib mich nicht weiter, als ich gehen möchte. Vergiß nicht: ich habe fast immer nein gesagt …
Plötzlich, voll ausgelassener Heiterkeit, rief sie:
– Das wird bestimmt sehr lustig werden, weil wir Angst haben!
– Du könntest dein Kleid zurechtziehen, aber das ist vielleicht verlorene Liebesmühe, sagte ich und schielte nach dem Gewand, das schon wieder einen liederlichen Eindruck machte.
– Was willst du? sagte sie. Ich bin in einer Ver-

fassung, die dich erstaunt, aber ich nehme an, dir gefällt das.

– Ich hätte nie geglaubt, daß es mir so sehr gefiele, aber es gefällt mir, gerade weil du verängstigt bist wie ich und weil du nicht bis ans Ende gehen wirst.

– Deine Stimme ist heiser! Meine auch. Ich höre Loulou kommen.

Loulou stellte die Flaschen in den Eiskübel. Anfangs fiel mir nichts auf, es sei denn Loulous Lächeln, das hinterhältiger und vor allem verschwommener war als sonst.

– Loulou, sagte Hansi, wir wollen uns heute amüsieren. Küßt du mich?

Loulou glitt auf das Sofa, und da sie inzwischen ebenfalls ein Kleid mit den gleichen Schlitzen angezogen hatte, zog sie beim Hinübergleiten die Stoffbahnen auf eine Weise auseinander, daß ihr nackter Hintern sichtbar wurde, während sie Hansis gieriger Zunge ihren Mund öffnete.

Doch alsbald stieß Hansi Loulou zurück und erhob sich.

– Das hat mich durstig gemacht, sagte sie.

– Darf ich ihn küssen? fragte Loulou und deutete auf mich.

Wütend beschränkte sich Hansi darauf, sie anzusehen.

– Aber Hansi, sagte Loulou, niemand kümmert sich um ihn.

– Es tut mir leid, sagte Hansi, komm in meine Arme.

Sie gab sich in dieser Umarmung so vollkommen hin, daß Loulou, angesteckt von der Ekstase, in der wir verschmolzen, sich zuckend in dem Sessel neben uns ausstreckte.

Hansi versetzte ihr einen brutalen Fußtritt.

– Wir wollen trinken, sagte sie, wir haben schrecklichen Durst.
Und ich fügte hinzu:
– Ja, Loulou, wir können nicht mehr.
Während ich mich erhob, bewunderte ich die ungeheuer großen Gläser, die Loulou hastig mit Champagner füllte.
Ich genoß mein Unbehagen.
– Ich will in deinen Händen sitzend trinken, sagte Hansi zu Loulou.
Halb hingehockt nahm Loulou mit beiden Händen Hansi auf, die, ohne sich zu setzen, sich auf sie stützte: Hansi sah mich an und öffnete sich mir in diesem Blick, der dennoch ein wenig verschlossen blieb.
– Ich fühle mich übertroffen, sagte sie zu mir mit leiser Stimme, doch ich trinke, um zu pissen – in den Mund von Loulou. (Aber Loulou konnte ihre Worte deutlich hören.)
Ich trank gleichzeitig.
Loulou trank, dann füllte sie aufs neue die Gläser.
Wir redeten nicht mehr ...
– Ich trinke noch ein Glas, sagte sie, ich will nicht erst nach euch betrunken werden. Madame aber wird weiter in meinen Händen sitzend trinken, wenn es Monsieur erlaubt ...
Wieder hörten wir auf zu reden. Hansi stützte sich von neuem auf Loulou: herausfordernd öffnete Hansi ihre Beine; sie trank gierig, setzte aber jedesmal im gleichen Augenblick aus wie ich und sah mich unverwandt an. Diese seltsame Feierlichkeit war nicht zu ertragen.

Als wir ins Eßzimmer hinübergingen, waren wir schon betrunken, aber zugleich schweigsam. Ich wartete. Hansi wartete, und Loulou schien mir

von uns dreien nicht am wenigsten krank. Die Schlitze in den Röcken ließen Möglichkeit erahnen und, wer weiß?, das Herannahen einer wilden Ausschweifung. Doch es bedurfte nur eines Knopfes, und Hansis Décolleté klaffte nicht länger. Wir setzten uns zu einem kalten Abendessen.
–*Ich habe nur auf dich Hunger, sagte Hansi zu mir.*
Wir wagten nur mit leiser Stimme zu sprechen. Es schien mir, daß Loulou, die plötzlich verschwunden war, unter dem Tisch saß.
–*Vielleicht hast du Durst, sagte ich zu Hansi.*
–*Ja, sagte sie, ich werde trinken, und du wirst trinken.*

. . . .

–*Ja, erst einmal brauche ich viel Mut, und vor allem, je mehr ich getrunken haben werde, um so mehr werde ich pissen. Pierre, ich liebe dich, ich bete dich an, und meine Nerven spannen sich aufs äußerste. Ich habe Loulous Kopf zwischen den Beinen: schenk ein, ich werde mich vollschenken, und dann werde ich den Wein in Loulous Mund ausströmen lassen. Ich kann mir keine größere Lust vorstellen. Das Spiel wird lange dauern, und wenn ich alles ausgepißt habe, werde ich dir einen so heftigen Genuß verschaffen, daß du glauben wirst, du stirbst. Wie ein bei lebendigem Leibe Gehäuteter. Wie ein Gehenkter.*
Ich begriff, daß Hansi, die bereits zitterte, zu pissen angefangen hatte. Schauer durchliefen sie.
–*Es ist wunderbar, sagte sie. Und gleich werde ich auch dir davon geben. Du wirst, was du getrunken hast, in meinen Mund entleeren. Ich werde es dir zurückgeben, und du wirst mir damit*

die Brust, den Leib, die Beine überschwemmen. Loulou schluckt alles hinunter, aber sie hält ein wenig zurück, um sich zu überschwemmen. Wenn du willst, so zieh dich nackt aus, und wenn du dich unter den Tisch hockst, wird sie dich mit meiner Pisse überschwemmen. Wenn mir dann wohl ist, werde ich Loulou peitschen. Sie wird fortgehen, und wir werden zusammen schlafen. Aber das wird noch dauern ... Ich will in kleinen Schüben pissen ... Wenn ich in kleinen Schüben pisse, kannst du sehen, wie es erwürgt. Du kannst dir nicht vorstellen, in welchen Zustand es mich versetzt, wenn ich auf diese Art pisse. Du spürst, wie meine Beine zittern, sie schlagen in dem Takt, in dem meine Pisse in ihre Kehle dringt. Küsse mich, und ich will dich reiben. Loulou wird dir den Schwanz anfeuchten, sie wird meine Pisse in meine Hand schütten, und ich werde reiben, daß du schreist.

Genug, Loulou, jetzt feuchte du den Schwanz von Pierre mit meiner Pisse an. Aber Pierre, dir wird angst werden, und vielleicht hast du schon Angst. Ich zittere nur vor dem Anfang. Ich habe dich nicht belogen. Wir wollen nicht mehr reden. Mein Genuß ist zu heftig. Ich pisse noch immer.

Ein wenig später fuhr sie fort:

– Ich habe dich nicht belogen. Ich habe es erst einmal gemacht – mit jemandem, den du kennst –, und ich glaubte nicht, daß ich die Kraft haben würde, es noch einmal zu tun. Erst als ich erkannte, daß du Gefallen daran fändest, entschloß ich mich dazu. Doch wenn ich pisse, ist mir, als trete das Unglück ins Haus. Ah, es ist zuviel! Noch einmal will ich pissen. Ich mag so gern in ihren Mund pissen, ah, und diesmal deine ganze Zunge in meinem Mund!

Hansi redete nicht mehr, während sie pißte. Dann kam der Augenblick, da sie mir sagte:
– Jetzt bist du an der Reihe, geh unter den Tisch und ... in ein paar Augenblicken sollst du mit mir schlafen. Du wirst in mir versinken. Wir werden uns in meiner Pisse baden, ich werde dir die Pisse geben, die du mir in den Mund tun sollst. Wenn du nur wüßtest, wie ich beim Pissen heftiger genieße als beim Genuß. Ah, schnell, geh unter den Tisch, und Loulou soll mich auf den Mund küssen. Schnell, ich fühle ...
Unter dem Tisch empfing ich die bebende Gabe, in der sich Hansi schenkte. Sie zitterte noch, als sie nach mir rief. Sie schrie:
– Pierre, schnell, schnell, deinen Schwanz, Erbarmen! Ich kann nicht mehr.
Ich glitt in sie hinein, und keuchend sagte sie zu mir:
– Wie dick er ist, wie gut er ist. Ich hatte geglaubt, ich würde sie vertreiben – Loulou –, doch es ist zu spät! Loulou, fuhr sie fort, leck zwischen meinen Beinen seinen Schwanz, und lutsch mir tief das Loch zwischen meinen Hinterbacken. Ah, Loulou, ich wollte, du wärst zwei: du solltest dich zum mindesten vervielfältigen, mit beiden Händen, und wenn du uns das Loch nicht mit der Zunge reibst, dann mit dem Finger.
– Madame hat mir einmal gesagt, daß niemand gieriger zu lutschen weiß als ich, sagte Loulou.

. . . .

– Pierre, wir wollen uns vergnügen, wie wir uns noch nie vergnügt haben und wie wir uns nie wieder vergnügen werden, sagte Hansi.

Unsere Spiele, die sich ausdehnten, erneuerten sich immer wieder, dann gelangten wir zu einer Art Befriedigung. Loulou, die glaubte, wir wären nun am Ende – oder vielleicht auch wild nach Schmerz –, holte, was sie zurechtgelegt hatte.
Seit langem schon waren wir alle drei vollkommen nackt.
Loulou kam zurück, und niederkniend überreichte sie Hansi zwei Dinge.
In der linken Hand hielt sie eine Peitsche und in der rechten einen stattlichen Godemiché.
Die Schönheit dieser beiden nackten Frauen, die offen waren wie Wunden, schnürte einem die Kehle zu.
– Meine Belohnung, forderte Loulou.
Hansi antwortete ihr mit einem Lächeln, in das ich Grausamkeit sich einschleichen sah. Sie setzte den rechten Fuß auf einen Schemel, und Loulou, die mit bewundernswürdiger Meisterschaft zu Werke ging, bohrte ihr das ungeheure Instrument in die Scheide, so daß nur noch ein riesiges Büschel von Haaren und Hoden herausragte; dann übergab sie ihr die Peitsche.
Mein Blick wanderte von einem Lächeln, das Ausdruck erbitterter Grausamkeit war, zu dem entzückten Lächeln Loulous, in dem ich den Schrekken und die Ekstase des Schmerzes las.
Berauscht von Wein und Samen, ließ Hansi, mit einem Blick auf Loulou weisend, die Peitsche knallen und schlug sie ihr plötzlich ins Gesicht, so widerwärtig, daß ich einen Schrei ausstieß und Loulou sich stumm zu Boden fallen ließ, die Lippen und die Wangen von einem langen roten Striemen gezeichnet. Brennend vor Fieber, mit einem schmerzverzerrten, ekstatischen Grinsen,

blickte Loulou starr auf Hansis Vulva, aus der Hansi jetzt langsam den Godemiché hervorzog. Hansi sah mich an, und ihr entgeisterter Blick schien mir sagen zu wollen: da siehst du, wieviel Schamlosigkeit, wieviel Grausamkeit mir meine außer sich geratene Liebe verleiht.
Sie hielt jetzt den Godemiché, den sie aus sich herausgezogen hatte, in der Hand: sie bückte sich, und rücksichtslos, wie sie es bei einem Tier getan hätte, öffnete sie Loulous Beine; dann durchdrang sie mit ihrem Glied gewaltsam Loulous Spalte.
Sie näherte sich mir, und indem sie sich abermals bückte, nahm sie meinen Schwanz in ihren Mund: vor Loulou lutschte sie ihn gierig. Ihr Hintern spannte sich unter meinen Augen, und ich tauchte meinen feuchten Finger tief hinein, dann zog sie mich wild auf das Sofa, und während Loulou sich, mit Tränen in den Augen, aber unter tiefen Seufzern, mit heftigen Stößen ihrer Waffe befriedigte, vereinigten wir uns in wütender Raserei, so als ob, indes unsere Münder sich verschlangen, die Gewalt meines Schwanzes und das Reißen und das Toben ihres Arsches die Tiefe des Himmels durchbohrten. Das Ersticken unserer Leiber verlor sich in dem Gefühl einer Nacktheit, die sich immer wieder auftat, aber immer unerreichbar blieb, und doch leckte meine Zunge sie in der Tiefe von Hansis Kehle, und die Spitze meines Schwanzes traf sie in einem verzweifelten Bemühen, Hansi ganz und gar zu öffnen – den tiefen Grund der Wollust ihres Leibes.
Ich schlief schlecht. Als ich mitten in der Nacht aufwachte, sah ich, daß wir im Eßzimmer waren. Plötzlich wach, wurde ich mir zum erstenmal des ungewöhnlichen Mobiliars in diesem Zimmer bewußt, an dessen Wänden sich ringsum ein mit

Seide bezogenes Sofa entlangzog, und begriff seinen Sinn. Dieses sehr breite Sofa war für die Ausschweifungen vieler Personen gedacht: ein Hängeschrank gestattete es Loulou, wenn es ihr wünschenswert erschien, den Tisch abzudecken, ohne das Zimmer zu verlassen. Ich wunderte mich über meine Naivität: wir hatten uns auf diesem breiten Sofa schon der Liebe hingegeben, aber nie war es mir in den Sinn gekommen, daß Hansi es eigens zu diesem Zweck hatte anfertigen lassen. Unausgeschlafen und angesichts der beiden nackten, unordentlich daliegenden Frauen wieder einschlummernd, hatte ich sogleich das Gefühl eines quälenden Traums: zwar gefiel er mir, aber ich kam nicht wieder aus ihm heraus. In dem schwachen Licht, das von einem Himmel hereindrang, an dem der Mond nur dann und wann zwischen den Wolken hervortrat, hatte ich Loulous von ihrer Wunde entstelltes Gesicht wiedergesehen. Hansi hatte etwas getan, das sie, wie sie mir gesagt hatte, verabscheute. Ich hatte oft bedauert, daß sie es verabscheute, aber das für derartige Festgelage bestimmte Mobiliar zeigte, daß sie es öfter tat. Ich dachte nicht daran, ihr irgendwelche Vorwürfe zu machen, ich liebte sie, und ich hatte bei diesen Spielen höchste Lust empfunden: schon ehe ich die Spiele kennenlernte, hatte ich sie in Gedanken geliebt, aber meine Neigung hatte sich anfangs nur auf unglückselige Weise offenbart, in der Einsamkeit vor den Fotografien meines Vaters oder in Szenen, die mich erschreckt hatten, zwischen Réa, meiner Mutter und mir. Ich erkannte den Geisteszustand wieder, der mir als Folge meiner Pollutionen wie auch als Folge meiner Begegnung mit Réa vertraut war. Ich hatte Fieber, und seit dem Abend, an dem ich zu Hansi gekommen war, schnürte mir zum erstenmal die Angst die Kehle zu.

In diesem Zustand schlief ich noch einmal ein, dann wachte ich von neuem auf: Hansi weinte auf dem Sofa. Sie lag auf dem Bauch und schluchzte, oder unterdrückte vielmehr ihr Schluchzen, die Hand zur Faust geballt im Mund. Ich ging zu ihr hin und bat sie sanft, mit mir in ihr Schlafzimmer zu kommen und sich dort hinzulegen. Sie sagte nichts, doch sie war bereit, mir zu folgen, und erst in ihrem Bett begann sie von neuem zu zittern, bemüht, ihre Tränen zurückzuhalten. Ich mußte daran denken, daß die schlafende Loulou mit ihrem geschundenen Gesicht noch immer im Eßzimmer lag.
– Hansi, sagte ich, wir werden das nie wieder tun.
Sie antwortete nicht, ließ aber ihren Tränen freien Lauf.
Erst nach einer langen Pause sagte Hansi mit erstickter Stimme:
– Pierre, ich schulde dir eine Erklärung, aber sie ist furchtbar.
Sie fuhr fort:
– Ich habe es wider meinen Willen getan, und jetzt fühle ich, daß alles verloren ist... deine Mutter...
Sie zerfloß in Tränen.
– Es ist zu schwer... Ich kann nicht mehr. Ich liebe dich zu sehr, doch alles ist verloren. Laß mich.
Sie weinte endlos; schließlich, zwischen Schluchzern, sprach sie auf mich ein:
– Du weißt, ich war, *ich bin* die Geliebte deiner Mutter. Du weißt, daß sie untergegangen ist in

jenen Spielen, denen wir uns vorhin überlassen haben. Bis zum Tag ihrer Abreise hat sie mit allen Mitteln versucht, mich da hineinzuziehen. Das war nicht sehr schwierig. Loulou war seit jeher im Haus. Sie war schon seit langem meine Geliebte, in der hassenswerten Verkleidung des Zimmermädchens, in der sie sich gefällt: dieses Verhältnis ist die Fortsetzung der Spiele unserer Kindheit, als Loulou, die von sehr heftigem Wesen war, mich zwang, sie zu schlagen und zu demütigen. Es war schon immer eine Art Wahnsinn in unseren Gewohnheiten, Loulou beherrschte mich, sie zwang mir ihren Willen auf. Sie war immer nur dann zufrieden, wenn es ihr gelang, mich zur Raserei zu bringen. In solchen Augenblicken kam jener helle Zorn über mich, in dem du mich vorhin gesehen hast. Deine Mutter gewann Loulou um so schneller als Komplicin, als ich mich weigerte, mich zu beteiligen, und Loulou in diesen Vorschlägen zu gemeinsamen Vergnügungen alsbald die einzige Möglichkeit sah, mich zu genießen. Ich hatte nur eingewilligt, wie ich es getan habe, als wir uns liebten, das Spiel mit dem Zimmermädchen fortzusetzen. Aber das Schlimmste begann an dem Tag, als deine Mutter, nachdem sie mich betrunken gemacht hatte, ihre Ziele erreichte: an jenem Tag habe ich mich genauso wie vorhin aufgeführt. Und ich habe Loulou vor deiner Mutter geschlagen.

Deine Mutter triumphierte: sie wollte mir unverzüglich ein Geschenk machen. Loulou gab ihr die Maße des Eßzimmers, und kurze Zeit darauf ließ sie all die Sofas schicken, die an den Wänden des Eßzimmers stehen. Sie besuchte mich am nächsten Tag. Sie war närrisch vor Freude, sie warf die Beine in die Luft, aber sie bat mich, Loulou fortzuschicken, und zog mich erst nieder, um mich zu nehmen, als die Türen verschlossen waren. Und vorher hatte sie die Schlösser versperrt, die sie an allen Ausgängen hatte anbringen lassen. Ich war gerührt vor Dankbarkeit, glücklich, so wohl verstanden worden zu sein, und ich glaubte ihr, als sie sagte, sie wolle, um die Sofas einzuweihen, ein paar Freundinnen einladen, mich aber solange in mein Schlafzimmer führen. Im äußersten Falle werde sie selbst ins Eßzimmer gehen, um das Fest, wenn es in vollem Gange sei, einen Augenblick zu genießen. Das, sagte sie, werde sie in eine furchtbare Aufregung versetzen, aber sie würde sogleich zurückkommen und sich mit mir einschließen. Zuerst lehnte ich ab, dann, unter ihren Umarmungen, gab ich nach. In jenem Augenblick liebte ich sie.

Ich begehrte sie auch in der Folge, doch seit jenem Tag mischt sich Angst in das Verlangen, das meine Sinne mit ihr verbindet. Ich weiß, wie sehr du sie liebst, aber sie hat mir gesagt, du wüßtest alles über sie und ich solle dir von jener Schreckensnacht erzählen, denn deine Mutter wird zurückkommen, und dann will sie all diese Frauen zu mir einladen.

– Wie? schrie ich. In meiner Gegenwart?

– In deiner Gegenwart. Sie hätte dir gern gezeigt, sagte sie, daß sie im Bereich der Ausschweifungen große Fortschritte gemacht habe …

– Ich bin entsetzt … stöhnte ich.

Aber während es mich noch würgte, erinnerte ich mich an das Zweideutige, das sich in unsere Briefe eingeschlichen hatte.

– Ich habe abgelehnt, sagte Hansi.

Ich schrie:

– Aber natürlich!

Aber in meiner Angst lebte dunkel das Verlangen fort, auf den irrsinnigen Vorschlag meiner Mutter einzugehen, das Wunder an Unglück und an Zerrissenheit, das sie war, nicht zurückzustoßen. Ich liebte Hansi, aber ich liebte in ihr die Möglichkeit, in der Liebe unterzugehen, und wie sehr mich die verwirrenden Feste meiner Mutter auch schreckten, wie sehr ich auch fürchtete, was ich mir in diesem Schrecken ausmalte, ihre Sanftheit, in die sich die Offenheit für den Schmerz und das Gefühl tödlicher Bedrohung mischte ... Kaum hatte ich energisch die beiden Worte «aber natürlich» ausgesprochen, spürte ich, daß ich meiner Mutter nicht nur ausgeliefert war, sondern daß ich mich nach dem Abgrund sehnte, in den sie mich, aus so weiter Ferne, hineinzog. Bei dem Gedanken, Hansi zu verlieren, stiegen mir schon die Schluchzer in die Kehle, die mich erstickten. Aber die Erinnerung an die Nacht der Ausschweifung mit Hansi ließ mich bei mir sagen: «Du selbst, Hansi, wirst nicht am Rande bleiben können, der gleiche Wirbelsturm wird auch dich mit sich fortreißen.»

Plötzlich, ich war nackt, ich kniete auf dem Bett, die geballten Fäuste vor der Brust, wurde ich von einem Krampf erfaßt, in dem Hansi meine ganze Zerrissenheit las, ohne sich jedoch vorzustellen, daß meine Mutter mir mehr bedeutete als sie.

In diesem Augenblick sagte sie mir, was sie schwerer nahm als alles andere: ihren letzten Brief.

–Sie will dich auf allen Festen dabei haben. «Ich dulde keine Ausflüchte», hat sie mir geschrieben, «Du hast mir versprochen, ihn langsam abzuhärten gegen diese Art von Exzessen, die die unvermeidlichen Folgen der Liebe sind. Du hast,

erinnere Dich, ein ungewöhnliches Talent für solche Spiele bewiesen. Du weißt: das Gefühl des Schreckens und des Ekels, das Dich quälte, zeugt von der Stärke Deiner Berufung. Ich werde Dir Pierre am nächsten Morgen zurückgeben, aber vorher verdirb ihn ohne Maß, wie ich selber ihn gern verdorben haben würde, hätte ich dafür nicht eines schönen roten Engels bedurft, der ihn nicht erschreckte, der die Reinheit eines Engels besaß, das einzige Wesen, das über die unverwüstliche Reinheit der Verderbtheit verfügte. Nichts vermag etwas daran zu ändern, daß Hansi hinfort der Engel der Verderbtheit ist und Pierre in ihren Armen das Kind, das ich ihr zurückgebe, wenn ich ihn vollends verdorben haben werde.» Dies ist der letzte Brief deiner Mutter; er kam – rate, wann! ...

–Gestern? fragte ich.

–Gestern, sagte sie.

–Ich möchte mich nicht gleiten lassen – wie ich es getan habe.

–Du siehst, der Engel, von dem deine Mutter spricht ...

–Ist das Zittern deines Herzens ... Du hast nie etwas gegen meine Mutter vermocht ... Du zitterst, und ich zittere auch. –

–Es verbrennt mich. Ich weiß jetzt, daß wir verloren sind. Nimm mich. Gestern, als ich ihren Brief erhielt, habe ich Loulou geklingelt. Ich habe zu ihr gesagt: «Seine Mutter kommt zurück, der Wahnsinn wird wieder ins Haus einkehren. Freue dich, Loulou, wir werden uns mit Pierre amüsieren, sobald er nach Hause kommt. Aber amüsier du mich jetzt. Wenn Pierre und ich deiner müde sind, werden wir dich fortschicken.» Wir haben sie nicht fortgeschickt. Pierre, bist du müde?

–Ich dachte es, aber ich brenne. Gehen wir ins Eßzimmer. Ich will dich hier wiederfinden, dann gehen wir.

Als wir das Eßzimmer betraten, weinte Loulou fast lautlos vor sich hin. Alle drei hielten wir uns im Halbschatten.

[Aber sie bewegte den Godemiché in ihrer Vulva hin und her. Hansi zog ihn heraus und schob ihr die Zunge hinein. Dann sagte sie zu mir, ich sollte ihr meine in das Loch ihres Hinterns stecken. Als Loulou, immer noch mit Tränen in den Augen, mit Zuckungen auf unsere wollüstigen Küsse antwortete], sagte Hansi zu mir:

–Küß sie auf den Mund.

Ihr Mund war mit Blut verschmiert, ich leckte ihre geschwollenen Lippen, ich erneuerte grausam ihren Schmerz.

– Wir wollen uns in deiner Gegenwart aufheitern, sagte Hansi. Für uns ist alles vorbei, seine Mutter kommt nach Hause. Freue dich, wir werden leiden müssen, wir werden dir helfen, unsere Leiden zu teilen, um sie in Wonne zu verwandeln.

Loulou fragte mit schwerer Zunge:

– Wann kommt sie zurück?

– Wir wissen nicht, aber schon jetzt bemächtigt sich der Wahnsinn des Hauses. Je schlechter du dich aufführst, um so mehr wirst du dem gerecht, was uns bedrückt.

[–Pierre, sagte Loulou, seit Monaten hat keiner mich beschlafen.

Ich tat es. Es dauerte nicht lange, da schrie sie auf. Hansi stieß den voluminösen Godemiché in das Arschloch.

–Das ist der Godemiché deiner Mutter, sagte Hansi.

– Ich habe es mir gedacht, sagte ich.
Hansi hockte sich über die Zunge von Loulou, die sie leckte.]

Ein wenig später sagte Loulou zu mir:
– Habt Erbarmen, verlangt das Schlimmste von mir. Kann ich denn nicht noch etwas Schmutzigeres tun? Wie schade. Pierre, weißt du, wie deine Mutter sich in Kairo amüsiert hat? Was sie den Männern nachts gemacht hat, in den schmutzigen Winkeln der Gassen? *[Sie hat ihnen die Schwänze gerieben, sie geleckt, sie sich dann reinstecken lassen.]* Du kannst dir nicht vorstellen, wie stolz ich im stillen an deiner Stelle auf sie wäre. Jetzt ist sie auf dem Schiff. Aber in all den vergangenen Nächten hat sie nichts als den Tod gesucht. Ich kann nicht sprechen, ohne daß sich mir die Lippen öffnen, ich bin glücklich. Oder vielmehr, ich wäre glücklich, könnte ich sterbend noch die Füße deiner Mutter küssen.
Hansi und ich küßten sie in einem schmerzenden, fiebrigen Krampf. Hansi ließ sich endlich gehen, und das Denken meiner Mutter versetzte sie in die gleiche erschöpfende, unglückliche, schmerzende Ekstase wie Loulou und mich. Wir tranken nicht einmal mehr. Wir litten – und wir genossen bitter, daß wir litten.
Zerschlagen verbrachten wir den ganzen Tag in einem leichten Schlaf, der eher einem betäubten Schmerz glich, einer Wollust, die nur die Wiege der Wollust war. Wir hatten uns auf den Teil der Wohnung beschränkt, den Hansi den geheimen nannte und den man von innen leicht absperren konnte. Er umfaßte außer Hansis Schlafzimmer das Badezimmer und das große Eßzimmer. Bisweilen streckten wir uns auf dem Teppich aus,

bisweilen auf dem Sofa. Wir waren nackt, verwahrlost, hohläugig, aber diese Augen wirkten schön. Es kam vor, wie bei einer zerbrochenen Feder, daß wir durch eine unvorhergesehene Bewegung den Donner eines leeren Wirbelsturmes auslösten. Plötzlich hörten wir ein Klopfen im Flur.

Jemand hatte an die äußere Tür zum Badezimmer geklopft. Offenbar kannte sich die Person, die geklopft hatte, in der Wohnung aus. Ich hatte den Eindruck, als sei schon seit langem die zweite Nacht über uns hereingebrochen. Ich zog meinen Schlafrock an und öffnete. Niemand stand vor der Tür, aber am Ende des Flurs, in einem schwachen Lichtschein, sah ich zwei Frauen, die sich zu entkleiden – vielleicht auch anzukleiden – schienen. Als die Prozedur beendet war, sah ich von weitem, daß sie beide maskiert waren, mit prächtig schimmernden Larven. Tatsächlich waren sie bekleidet, trugen aber nur ein Hemd und eine weite Leinenunterhose. Sie traten ohne Umstände ein, sagten jedoch kein Wort. Die eine verriegelte das innere Schloß, dann gingen sie zusammen vom Badezimmer ins Schlafzimmer und schließlich ins Eßzimmer, wo sie meine Geliebte und ihr Zimmermädchen weckten. Ihre Masken und die Schminke machten es mir unmöglich, sie zu erkennen. Ich begriff schnell, daß die eine vermutlich meine Mutter, die andere Réa war: wenn sie nicht sprachen, so in der Hoffnung, meine Angst womöglich noch zu vermehren. Und die Angst, die sie mir abverlangten, harmonierte mit der ihren. Die eine flüsterte Loulou etwas ins Ohr, die es wiederholte. Die Rede richtete sich, so schien mir, vor allem an mich. Sie richtete sich an meine Angst. Sie hatten offenbar ihre Zeit seit dem vergangenen Abend mit Spielen zugebracht, die sie nicht weniger erschöpft hatten, als wir es waren. Nichts war von der unverschämten Fröhlichkeit geblieben, die diese vier Frauen besessen hatten, von denen, daran zweifelte ich nicht mehr, die eine meine Mutter war, die andere Réa. Wir sind nicht, sagten sie, mit anderen Frauen – oder anderen Männern – gekommen, die uns nur von einem Element abgelenkt hätten, das uns so tief verwirrt.

Loulou fuhr fort, in ihrem Namen zu sprechen:

– Wir haben schon einiges hinter uns, und ihr wißt, daß wir uns um euretwillen keinen Zwang antun werden, so wie ihr euch um unseretwillen keinen Zwang anzutun braucht. Ihr seid erschöpft vor Müdigkeit, und wir sind es womöglich auch, ihr habt nicht geschlafen, und wir haben auch nicht mehr geschlafen: aber die Situation ist dazu angetan, uns neue Kräfte zu verschaffen.

Diejenige der Frauen – vielleicht meine Mutter, wie ich meinte –, die nicht sprach, nahm ihren Hut ab. Die Schicklichkeit der beiden verblüffte mich: nur Hansi und Loulou waren nackt. Ich begriff, wären sie entkleidet gewesen, so hätte die Gefahr bestanden, daß ich sie erkannte. Ich stellte mir vor, daß sich wahrscheinlich die eine über die andere werfen würde oder daß beide sich zusammentaten und mich gemeinsam niederrissen. Ich konnte nicht mehr. Ich atmete tief auf, als ich sah, daß beide auf jene zugingen, die sich nackt ihren Küssen darboten. Doch allein zurückbleibend, fühlte ich mich keineswegs erleichtert. Ich war unfähig, zu entfliehen: ich konnte keinen der dargebotenen Körper umschlingen [deren nackte Hinterteile zuweilen wie Blitze aufleuchteten].

Ich wagte nicht, mich zu entfernen. [Ich war gewiß, die nackten Hinterbacken meiner Mutter gesehen zu haben, doch die gleichartige Schönheit der beiden Unverschämten ließ mich im Ungewissen. In meiner Feigheit hätte ich meine Mutter sich meiner bemächtigen lassen!] Die Herausforderung, der ich mich ausgesetzt sah, war so stark, daß ich Hansi bat, sich mir nur einen kurzen Augenblick lang hinzugeben. Hansi wußte: jene, deren Küsse sich im Tiefsten verloren, zweifelten jetzt nicht mehr, wer das Objekt meines Zitterns war, das ich nur unter der zerreißenden Bedingung liebte, daß man für Liebe nahm, was nichts als das Zerreißen meiner Liebe war, und für das begehrenswerte Objekt, was nichts als das Verlangen nach dem vollendeten Unglück war.

Plötzlich fand ich mich vor meiner Mutter, sie hatte sich aus allen Umarmungen gelöst, die Larve, die sie maskierte, abgerissen, und sah mich schräg an, so als hätte sie mit diesem schrägen Lächeln die Last erleichtert, unter der sie sterben würde. Sie sagte:

– Du hast mich nicht erkannt. Du hast es nicht vermocht, mich zu erreichen.

– Ich habe dich erkannt, sagte ich. Ruh dich jetzt aus in meinen Armen. Täte ich gleich den letzten Atemzug, ich könnte nicht erschöpfter sein.

– Küß mich, sagte sie, damit wir nicht mehr zu denken brauchen. *[Steck deine Finger hier herein, und laß mich das, was du sogleich darin versenken wirst, in meine Hand nehmen.]* Grabe deinen Mund in meinen. Und jetzt sei glücklich, auf der Stelle, als wäre ich nicht ruiniert, als wäre ich noch nicht zerstört. Ich will dich in jene Welt des Todes und der Verderbtheit führen, in der ich, wie du sicher spürst, schon eingeschlossen bin: ich wußte, daß du sie lieben würdest. Ich wollte, daß du dich jetzt mit mir dem Wahn überließest. Ich wollte, ich könnte dich in meinen Tod hineinziehen. Wiegt nicht ein kurzer Augenblick des Wahnsinns, den ich dir schenke, dieses Universum der Torheit auf, in dem die Menschen frieren? Ich will sterben, «ich habe meine Schiffe verbrannt». Deine Verderbtheit ist mein Werk: ich habe dir gegeben, was das Reinste und Stärkste in mir war, das Verlangen, nur zu lieben, was mir die Kleider herunterreißt. Dieses Mal sind es die letzten.

Meine Mutter zog vor mir ihr Hemd und ihre Hose aus. Nackt legte sie sich nieder.

Ich war nackt und streckte mich neben ihr aus.

– Ich weiß jetzt, sagte sie, daß du mich überleben und, indem du mich überlebst, eine abscheuliche Mutter verraten wirst. Aber wenn du dich später an die Umarmung erinnerst, die uns nun bald vereinen soll, dann vergiß nicht den Grund, warum ich mit Frauen schlief. Es ist jetzt nicht der Augenblick, von deinem jämmerlichen Vater zu sprechen: war das ein Mann? Du weißt, ich liebte es, zu lachen, und vielleicht bin ich noch nicht am Ende. Nie, bis zum letzten Augenblick, wirst du erfahren, ob ich über dich gelacht habe ... Ich habe dich nicht antworten lassen. Weiß ich noch, ob ich Angst habe oder ob ich allzusehr liebe? Laß mich mit dir in dieser Freude taumeln, die uns die Gewißheit eines Abgrunds gibt, der vollkommener ist, gewaltiger als alles Begehren. Die Wollust, in der du versinkst, ist schon so groß, daß ich zu dir sprechen kann: ihr wird deine Ohnmacht folgen. In diesem Moment werde ich fortgehen, und nie wirst du die wiedersehen, die auf dich wartete, nur, um dir ihren letzten Atemzug zu schenken. Ah, beiß die Zähne zusammen, mein Sohn, du gleichst deinem Schwanz, du bist wie dein vor Wut schäumender Schwanz, vor dem sich mein Verlangen zusammenkrampft wie eine Faust.

Der Kleine

Das Böse

...Fest, zu dem ich mich allein einlade, bei dem ich bis zur Erschöpfung das Band zerreiße, das mich mit den anderen verbindet. Ich dulde keinerlei Treue gegenüber diesem Band. Keiner liebt, der nicht gehalten wäre, es zu zerreißen. Den totalen Liebesakt würde ich vollbringen, wenn ich mich nackt auszöge, nachts, auf der Straße, nicht um einer Frau zu begegnen, die spät noch unterwegs ist, sondern um für mich allein in sicherem Schweigen das Unmögliche zu erleben. Ich würde dort das Uneingestehbare tun, das anders ist als das, was ich in vulgärer Bedeutungslosigkeit, auf die man nicht einmal kommen würde, aussprechen kann. Ich würde meinen Kot entleeren, mich dort hinlegen und weinen. Ich würde auch den noch beschämen, der sich schmeichelt, mich zu verstehen – der mich nicht für vulgär hält. Ich will weder Lust noch Ekel, sondern...

Mit weit offenen Augen den Himmel betrachten, die Sterne, im Zustand der Unschuld.

Eine entkleidete Frau sein, den Kopf zurückgeneigt, mit weißen Augen. Traum von Abwesenheit, nicht von Lust. In ihrer Abwesenheit ist sie mehr das Böse als begierig nach Lust, das Böse, das Bedürfnis, die Ordnung zu leugnen, ohne das man nicht leben könnte.

Die Menschen verkennen sich im Guten und lieben sich im Bösen. Das Gute ist die Heuchelei. Das Böse die Liebe. Unschuld ist Liebe zur Sünde.

Das selbstsüchtige Böse ist der Vorteil des Übeltäters. Das authentische Böse kennt keine Selbstsucht.

In allem, was ihre Intimität, ihre Sanftheit, ihre Uneigennützigkeit ausmacht, beruht die Gesellschaft auf dem Bösen: sie ist wie die Nacht, sie besteht aus Angst.

Einen Teil des Menschen verbannen und des Lebens berauben, allen Menschen durch krankhaftes Unverständnis das Exil eines Teiles ihrer selbst aufzwingen...

Von Scham getrieben, das Entsetzen leugnen, das man in sich spürt, sich einfältig in den Traum eines Menschen versenken, der jene Lüge wäre, das Umgehen all dessen, was er in sich hat...

Als ich einmal ein nacktes Mädchen in den Armen hielt, streichelte ich ihr mit den Fingern über die Spalte des Hinterns. Ich erzählte ihr behutsam von dem ‹Kleinen›. Sie verstand. Ich wußte nicht, daß man Ihn im Bordell manchmal so nennt.

Wenn ich die Kindheit beschwöre, eine schmutzige, im Dreck versunkene, zu Heimlichkeiten verdammte Kindheit, dann ruft die sanfteste Stimme in mir: Ich selber bin der ‹Kleine›, ich habe nur im Verborgenen Platz.

Es ist schwer, sich die Zärtlichkeit des zum schlechten Gewissen verdammten Kleinen vorzustellen. Wer an den Gefesselten denkt, der nur Entsetzen sein kann, und es ist mit scheuem und zärtlichem Mut, wird mit mir weinen.

Mein Kopf kann keine Sprünge machen, ist nur eine verrenkte Hand... verrenkt, von wem? «Das, was ich weiß» geht innen weiter, dreht sich weiter. Nicht wissen, was damit anfangen, noch überhaupt was anfangen. Schlafen? Man wird mich wecken müssen. Sprechen mit einer Stimme unter Jahrhunderten des Schweigens. Es gibt nichts Gutes. Und wenn es nichts Gutes gibt, gibt es nichts.

Jener Gott, der uns unter seinen Wolken zum Leben erweckt, ist verrückt. Ich weiß es, ich bin Gott.

Miserere Dei...
Mich durchschauen wäre... welche Angst! Göttliche Angst: keine Pflicht, keine Aufgabe zu erfüllen, nichts zu vollbringen. Alles ist vollendet, und nichts bleibt als das Strahlen dieser Agonie.

Der ‹Kleine›: das Strahlen der Agonie, des Todes, das Strahlen eines toten Sternes, der Glanz des Himmels, der den Tod anzeigt – die Schönheit des Dämmerlichts unter niedrigen Wolken, der vom Wind verjagte Regenschauer.

Ich schlafe und träume. Nackt an der Seite eines Mädchens, das mir in der Ausschweifung zerreißende Lust verschafft hat: eine Lust, zu der es jetzt, wie ich weiß, keinen Zugang mehr gibt, der ich mir nur in einem schmerzhaften Traum bewußt bin. Mein Traum antwortet auf den Zustand des erloschenen Sterns, auf dem ich mich befinde, der tote Stern in der Ferne leuchtet noch, er verliert seine Strahlen in lebendiger Unendlichkeit: ich bin tot und erzähle von mir...

Wie dumm wäre meine Geschichte ohne die erstickende Gemeinheit des ‹Kleinen›, gestern noch konnte ich schlafen, weinen, rasen vor Scham. Wie das Entsetzen herausschreien, daß es gestern war?

Lachend genieße ich das kommende Unglück. Über das gegenwärtige Unglück habe ich nicht die Kraft, zu lachen, andere werden darüber lachen, ich lade sie dazu ein. Es wäre feige, nicht über meinen Tod zu lachen. Ich habe ihn verdient.

Auf dem Grund der Leiden, wo man sich keinen wünschenswerten Ausweg mehr vorstellen kann, wo das Mögliche stets ein Gesicht ohne Leben hat.

Die Neurose: Sehnsucht nach der Angst, die Gott hat.

Wie komisch es doch ist, wenn man die Dinge umdreht und mein Verhalten mit Hilfe der Psychiatrie erklärt: genau wie ich mit einem ‹Kleinen›.
Die Neurose wird verantwortlich gemacht, man klammert das unlösbare Rätsel aus, eine Gegenwart auf der Erde, wartend worauf? Unfähig zu antworten, tut man so, als habe man bereits geantwortet, die Neurose allein widersetzt sich dem Erfolg, der ohne sie sicher wäre! Das Gegenteil ist offenbar geworden: nur ein Marktschreiererfolg steht dem Gefühl eines beängstigenden Rätsels entgegen – die Neurose ist das bängliche Begreifen des zugrunde liegenden Unmöglichen, dem man irgendeine zufällige Ursache zuschreibt, statt es als unausweichlich zu akzeptieren. Das Unmögliche ist der Grund des Seins ... Der Neurotiker heftet es an eine bestimmte Gegebenheit, in der das Unmögliche nicht ist, womit der normale Mensch recht hat, ihn krank zu nennen, aber er nähert sich dem Grund des Seins, dem der Normale fremd bleibt (außer im Gelächter, im Laster, in der Poesie, in der Frömmigkeit, dem Krieg ...).

Schreiben mit nacktem Bauch und nacktem Arsch, schreiben und die Unschuld wiederfinden, die ich habe, wenn ich mir die Hose herunterziehe. Frische im feuchten Dunkel eines Flurs, die gleitende Hand ist die Hand des Bösen.

Die Neurose verdirbt einem eine Möglichkeit des Glücks, was mehr oder weniger mit jedem möglichen Glück geschieht. Man beschuldigt die Krankheit, die Bösartigkeit, man stößt eine verhauchende Wahrheit zurück, die unter großer Mühe formuliert wurde, die sich Gehör verschaffen will und nicht mehr die Kraft dazu hat: das Unmögliche auf dem Grunde der Dinge strömt eine nicht zu beschwichtigende Erregung aus, man unterliegt seinem Gesetz, doch man diskutiert, hält an der Fiktion einer schuldhaften Kraft fest, glaubt, man könnte sie unterdrücken, könnte ohne sie das Glück genießen.

Der Mensch durstet nach dem Bösen, ihn dürstet danach, schuldig zu werden, aber er wagt (oder vermag) es nicht, dem Bösen seine Seele zu verschreiben, er schlägt krumme Wege ein, die Neurose, das Gelächter, etc.

Sagen: «Gott ist das Böse» bedeutet keineswegs das, was man sich vorstellt. Es ist eine zärtliche Wahrheit, etwas von der Freundschaft für den Tod, ein Gleiten ins Leere, in die Abwesenheit.

Aber Gott ist nicht das Böse: er ist nicht das Böse, da er auch nicht das Gute ist. Ich erreiche ihn im Bösen, die Menschen vereinigen sich im Bösen, sie erfahren die rasende Liebe im Bösen. Den Gott der Unschuld kenne ich nur als Schuldigen, seine Unschuld ist das gleiche wie das Böse in mir, so wie das behaarte Geschlecht eines noch so engelhaften jungen Mädchens das gleiche wie meine Eichel ist.

Gott ist schlimmer oder ferner als das Böse, er ist die Unschuld des Bösen.

Der Schwache: «Das Böse gibt es nicht, alles ist rein, und die Wissenschaft bezeugt es.» Und der Starke: «Das Böse ist das auf dem Grunde der Dinge existierende Unmögliche, das sich, auf Umwegen, in Lastern, Verbrechen, Kriegen offenbart.»

Indirekt vereinigt das Bewußtsein von etwas Unmöglichem auf dem Grund der Dinge die Menschen. Das Mädchen und der Junge verschmelzen bei der Entdeckung des Unnennbaren (der Spalten des Schmutzes). Die menschliche Gattung ist in der Erinnerung an ihr Verbrechen vereint: Gott vor Gericht gestellt, ihn verurteilt, ihn getötet zu haben.

Die beiden am weitesten verbreiteten Bilder: das Kreuz, der Schwanz.

Ich stürze mich ohne Umwege in das Unmögliche: den anderen ausgeliefert – eng verbunden – schreibend mit nacktem Bauch. Wie ein aufgerissenes Mädchen, die Augen ins Weiße verkehrt, ohne persönliche Existenz.

Das schuldhafte Gewissen ist in mir, die Vergangenheit nagt an mir. Das, was Gott nicht erträgt, die Vergangenheit, das Unwiderrufliche! Gott als das Entsetzen der Erinnerung *ist* nicht (aber was soll ich von ihm sagen, wenn ich nur Schreie ausstoßen kann?...)

Unschuldig? schuldig? dumm? aber die Vergangenheit, aber das Unwiderrufliche... und so alt – Schmutz, den man nicht mehr abwaschen kann, auf dem man leben muß.

Im reinen Bösen will man keineswegs das Gute des Menschen, aber man weiß sehr wohl, daß das Gute im Menschen nicht das Gute, sein Böses nicht das Böse ist. Die Kategorien sind zerbrochen: ich kann für mich das Böse wollen und es sogar bejahen, indem ich mich selbst vorbehaltlos aus Liebe den anderen schenke. Ich würde dieses Böse nicht wollen, wenn das in mir noch lebende Gefühl für das Gute nicht meinem Gewissen zusetzte, wenn es mich nicht zwänge, im Bösen zu versinken.

Inwiefern aber ist dieses Böse das Böse, wenn es letzten Endes das Gute im Menschen ist? Dieses Böse schließt die Beschwichtigung aus, es weist die Sicherheit des Glücks zurück: es opfert das Leben, es verzehrt es auf gefährliche Weise, es weiht das Leben dem Heiligen, der Angst.

Wenn ich zerstöre, um meine Macht zu vermehren – oder meinen persönlichen Genuß –, dann halte ich es teilweise mit dem Guten, dann ist es im ganzen gesehen nützlich. Was man gemeinhin das Böse nennt: Unordnung im Hinblick auf eine neue Ordnung. Dennoch muß man sich immer wieder vor Augen halten, daß im Genuß oder in der Macht das Böse um seiner selbst willen gewollt war: Genuß, Macht waren womöglich nur Mittel zum Zweck.

Die Forderung des Bösen ist so tief, so unerbittlich, daß die Luzidität und der Friede, deren ich mich zeitweilig erfreue, sich ihr widersetzen. Wenn ich schreibe, kann ich einer so vollständigen Forderung bald nicht mehr entsprechen: Schreiben verpflichtet halbwegs, den Weg des Guten zu beschreiten.

Ich genieße meine einstigen Ausschweifungen. Ausgiebig rufe ich mir die schlüpfrigen Details ins Gedächtnis. Das macht mich meist glücklich. Der Geschmack eines Arsches, eines Mundes, einer Brust und vor allem das Spüren der Nacktheit: ein Mädchen, das unendlich viel nackter ist als ein anderes, auf wunderbare Weise nackt, manchmal in ihren Strümpfen, ihrem Gürtel, ihrem Mantel, ein andermal ganz nackt, mit nackten Füßen. Doch immer die Spalte des Hinterns, offen für meine Augen, für meine Hände... – manchmal auch für andere Augen... Wie tief der Mund eines Mädchens sein kann, tiefer als die Nacht, als der Himmel, weil ihr Hintern nackt ist. Ein leises Streicheln in der Spalte, und der Mund hat Angst, wird herb, göttlich... Andere Mädchen, die fade sind, mit einem Bauch und einem Hintern, so wenig nackt wie ein Apfel... Aber die wahre Nacktheit, herb, mütterlich, in schweigendem Weiß und fäkalisch wie der Stall, diese Wahrheit der schamlosen Bacchantinnen, Drüsen in Beinen und Lippen, ist die letzte Wahrheit der Erde, sie ist zugleich pythisch und will im Schatten bleiben, bereit hinzunehmen, wie es die Götter von jeher waren, daß sie verdammt ist, nie andere als sterbende Augen zu öffnen.

Keine geheimere Wahrheit, keine scheuere und schamhaftere Wahrheit: sie muß verkannt werden unter der Maske des Lasters (vulgär, selbstsüchtig).

Der offene erotische Himmel: Koinzidenz von Festmusik (verlorene Raserei) und Todesschweigen.

Die reine Erotik:

der Krater,

das Unmögliche, es steigt in die Kehle, es riecht nach Blut.

Die Ausschweifung: das göttlich Unmögliche unter einer entschieden vulgären Maske. Gott selbst ist hier maskiert, nicht das Unmögliche. Gott ist für die Kirche eine aus dem Unmöglichen erschaffene Maske.
Der liebe Gott, verzuckerte Feigheit, Gottesmord, maskiert nicht nur das Unmögliche, sondern Gott Gott selbst.

Die Raffiniertheit Gottes im Laster: sich unter einer lieblichen Maske der Anbetenden hinzugeben und unter den Kränzen der Umarmungen einer sechzigjährigen Jungfrau zu sterben.

Wie im Bordell.
Gott hat die ‹Wahl›

Gott als ‹menschliche› Möglichkeit, ohne jene Begrenzungen der Gegebenheiten, an denen der Mensch scheitert.

Am Rand eines Rübenfeldes, in der Dämmerung, unter einer schwarzen Wolke, die an einem Himmel vom «Weiß der Augen» mächtige Schichten ausbreitet, hockt der ‹Kleine›, nacktärschig, und läßt die göttlichen Grenzen zurückweichen. Während er seine Gedanken im Labyrinth des Himmels zusammensucht, verirrt er sich, und so wie ein Hund, dem der Teufel den Schwanz abgezwackt hat, ihn suchen würde (seinen Schwanz: das Bewußtsein, das er von der Welt hat), so dreht er sich – komisch, traurig, wie man will – um sich selbst, ohne Ausweg, ohne je etwas zu erhaschen.

Gott erträgt es nicht einen Augenblick, zu denken, also kann er nicht sein.

Wer vermag Gott zu erraten?
Wer weiß, was es heißt, nichts zu wissen?
Wer mag in die Irre gehen?
Wer fragt ihn und erfährt den eigenen Tod?

Ich spreche davon, um einen Zustand des Schrekkens zu übersetzen.

An Gottes Stelle …
steht
nur
das Unmögliche,
nicht Gott.

Risse, ein Zerreißen, dessen Echo im Himmel widerhallt. Darum ist er nicht leer von mir (der Himmel), fremd meinem Kopf, da er sich entzieht bis zum Kopfverlieren.

Komischer Vorfall.
Augenblicklich wohne ich in ... bei Bauern.
Mitten in der Nacht wird heftig an die Tür meines Zimmers geklopft.
Ein Verbrechen war geschehen: die Umstände sprachen gegen mich. Die Gendarmen nahmen mich fest.
Ich richtete mich auf in meinem Bett und schrie: «Wer ist da?»
Es war eine Hochzeitsgesellschaft. Man rief: «He! Der Bräutigam da drinnen!»
«Nein», rief ich, «das bin ich nicht.»
Die Gesellschaft brach in lautes Gelächter aus (ein bißchen verlegen).
Sie hatten sich in der Tür geirrt. Ich war spät zurückgekommen und hatte vergessen, daß in dieser Nacht bei meinen Wirtsleuten ein frisch verheiratetes Paar übernachtete.
Ich hatte in eben dem Augenblick von dem Verbrechen und den Gendarmen geträumt, so wie Maury den Traum von der Guillotine.
Früh morgens kam die Hochzeitsgesellschaft zurück, das Akkordeon spielte noch: «*Tout va très bien, Madame la marquise ...*» und im Nebenzimmer schrie man aus vollem Halse: «Es lebe die Braut!» Nach lautem Gejohle, einem obszönen Rundtanz junger Mädchen um das Paarungsbett, gingen alle hinaus, und das Paar war im Handumdrehen angezogen. Ich ging ans Fenster und zeigte fröhlich der Gesellschaft den Kopf des falschen Bräutigams, des falschen Schuldigen.

Novemberwetter, Schmutz, Nebel in einer Dorfstraße.
Ich dachte: «Keiner von denen stellt sich je auch nur die geringste Frage.» Weiter: «Es wäre auch gar keine Frage denkbar, es sei denn, einer von ihnen begeht ein Verbrechen.»
Ich stelle mir die Philosophie (Wolf, Comte und Wolken von Professoren) wie eine Dorfhochzeit vor: nicht eine Frage, und allein Kierkegaard, das Böse im Kopf, fragt sich (gibt sich Antworten, fragt dennoch weiter).

Und jetzt: nicht der Schatten einer Antwort. Die Leere des Himmels, gestern abend, über dem Rübenfeld, trübe und majestätisch, heute morgen niedrig und grau, ein Deckel, wieder über die Possen des Dorfes gestülpt. Nur ich, der ‹Kleine›, in meinem Zimmer, zwischen vergrößerten Fotografien und frommen Bildern, ich, unmöglich und ganz allein. Seit einer Woche regnet es unaufhörlich.

Das Gedächtnis, diese Maschinerie der Leiden, der Grenzen eines Daseins (daher die mit den Leiden, den Grenzen, der Vereinsamung des Seins verbundenen Freuden), im übrigen ganz und gar eine Beute der Zukunft. Wenn ich die Sorge um eine kommende Zeit aufgebe, folgt dem Schuldgefühl ein Lebensrausch, die eine oder andere Form von Trunkenheit. Und doch unterscheidet sich die Sorge um eine kommende Zeit, wenn sie wahrhaftig ist, wenn sie angstvoll ist, in nichts von einem Schuldgefühl: man fürchtet nicht, zu leiden, sondern vielmehr schuldig zu werden.

Mit anderen Worten, die Schuldgefühle, die ich habe, sind diejenigen, die ich bekommen werde. Der Anfang der Gewissensbisse liegt in der Gegenwart begründet, die ich auf eine Art bewältigen muß, damit morgen mich nicht das Urteil «Schuldig» treffen kann. Und bei dem Unwiderruflichen – «es ist zu spät!» – ist die Situation nur insofern verändert, als man nichts mehr zu ändern vermag; die ‹Schuld› ist noch eine Kategorie der kommenden Zeit; wenn der Schuldspruch gesprochen ist, wenn er fällt, befreit er von den Schuldgefühlen! Gewissensbisse sind Drohung, Drohung eines Unglücks, Drohung neuer Gewissensbisse. Hat sich die Drohung erfüllt, sind die Gewissensbisse da, dann wird in der Maschinerie Gedächtnis–Zukunft doch immer noch Leiden erzeugt. Zum Wesen des Leidens aber gehört es, das Sein aus der Gegenwart zu vertreiben: die Gewissensbisse, die im Unglück fortdauern, bleiben immer noch als Drohung in der Maschinerie des Gedächtnisses, wo die Erinnerung fortbesteht.

Im Tod, keine Sorge mehr um die kommende Zeit: man macht unter sich. So wie auf Gott. Sofern der Mensch nicht, von Wildheit ergriffen, einen Sterbenden mit Überleben bedroht, Gott in den Dienst der Sklaverei stellt, die er für sich selbst gewollt hat.

Da die ‹conditio humana› durch die Maschinerie eines von der Zukunft abhängigen Gedächtnisses bestimmt ist, beschreibt der Mensch, von da ausgehend, die ‹conditio divina›. Beim ersten Hinschauen sieht man darin eine Macht des Daseins statt der Begrenzung (der Sklaverei), die sie bedeutet. Gott die Sorge, die Erinnerung überlassen, bedeutet das Extrem unserer Ohnmacht – verabscheuenswerte Grausamkeit, die sich gegen uns selber wendet.

Die Zeit das einzig Mögliche? sie wäre da wie der Elefant, der, wie andere sagen, die Erde trägt... wo das Gehirn wie ein Milchtopf auf das Pflaster fällt und zerschellt.

Gott ist keineswegs das Böse, aber in dem Streit zwischen dem Guten und dem Bösen gewahrt der Mensch den Abgrund. Der Mord Jesu, die Infamie und das Unmögliche dieses Mordes beschreiben Gott mit so viel Wahrheit, daß sich, wenn ich daran denke, meine Nasenflügel blähen. Wie sollte ich in solchen Augenblicken ahnen, was das Schicksal mit mir vorhat? Ich mache mir keine Sorgen mehr: plötzlich sehe ich mich als Versuchskaninchen Gottes, aber Gott in seiner Unendlichkeit ist blind, während Sehen mein Gebrechen ist.

Habt Mitleid mit mir, vielleicht bin ich blind. Und warum sollte ich weiterleben? Warum nicht Gott sein, dieser Tote? ... ich weiß nichts. Ich schreibe liegend, es ist drei Uhr morgens, draußen gießt es in Strömen; ich müßte jetzt nackt fortgehen, unter dem Regen, eine Binde vor den Augen, und, die Erde in mich hineinfressend, sterben.

Ich weiß nicht, was das Folgende sagen will: wenn es nicht zerstört ist, schenke ich dem, der mag, etwas, eine zusätzliche Unwissenheit (sich den Psychiater vorstellen, der es wüßte? gibt es etwas Dümmeres?). Nur eines: schreibend habe ich, als ich ans Ende kam, verstanden, daß ich die Sehnsucht hatte, zu sterben, mich den Gesetzen zu entfremden, frei zu sein wie ein Sterbender, der unter sich macht und mit der kommenden Zeit nichts mehr zu tun hat.

Welche Zärtlichkeit jetzt...
Oh, wie blind bin ich!

Ich überlebe den Zustand der sanften Stimme, die sagt (es ist noch immer Nacht, es regnet noch immer): «Leben wie ein Sterbender!» Ich weiß nicht, warum meine Zärtlichkeit sich robuste Bauernkörper vorstellt, Männer, die wissen, daß sie schon harte Totenschädel haben, die den toten Augen des Blinden zugehören. Wie viele solcher Sterbender mögen eher als andere Achtung vor diesem Leben haben, das sich in ihnen vollendet, wie viele verheimlichen, daß sie nur wenig Platz brauchen? Keinen Anstoß erregen, der Erde – jedenfalls des Nachts – die ‹Freiheit› geben, die ‹Freiheit› der Sterbenden.

Erster Epilog

Nicht mehr in Gott sein und auch nicht in dem, wonach den Menschen dürstet. Einen verfluchten Weg verfolgen ...

Lachen, glücklich und verflucht, unwissend, unbefangen.

Auf dem Weg zum Grunde des Seins ist es mir dank einem Plan möglich, ‹Gott zu versuchen›, das ‹Unmögliche› aus ihm hervorzulocken.
Auf dem Weg zum Grunde des Seins führe ich unhaltbare Pläne mit mir, die kühnsten, die man erdenken kann.

Ich habe kein Gefallen am Bösen.

Nichts, was nicht angespannt wäre, was nicht nach Sieg dürstet.

Ein Kampf Laokoons, ein unterirdischer Kampf, Kampf der Ratten für das Mögliche und das Unmögliche des Menschen. Wer kann denn wissen, welche Sanftheit mich trägt, welche Dreistigkeit des Liebenden und, plötzlich, welche entscheidende Raserei.

Meine Sanftheit: Angst und Liebe, Zärtlichkeit und Tränen fließen ineinander. Das Gute und das Böse werden eins.

W.-C.
Vorwort zur ‹Geschichte des Auges›

Ich hatte ein Jahr vor der *‹Geschichte des Auges›* ein Buch mit dem Titel *‹W.-C.›* geschrieben. Ein kleines Buch, eine ziemlich verrückte Geschichte. *‹W.-C.›* war in eben dem Maße ein traurig-finsteres Buch, in dem *‹Die Geschichte des Auges›* ein jugendliches ist. Das Manuskript von *‹W.-C.›* ist verbrannt, es ist nicht schade darum, wenn ich meine augenblickliche Traurigkeit in Betracht ziehe: es war ein Schreckensschrei (Schrecken über mich, nicht über meine Ausschweifung, sondern über den Kopf des Philosophen, in dem seither ... wie traurig das alles ist!). Dagegen freue ich mich noch heute an der sprühenden Lust des «Auges»: nichts kann sie auslöschen. Eine solche Freude, die an naive Extravaganz grenzt, bleibt für immer jenseits der Angst. Die Angst zeigt ihren Sinn.

Eine Zeichnung von *‹W.-C.›* würde ein Auge darstellen: das Auge des Schafotts. Einsam, sonnenhaft, von Wimpern starrend, würde es sich in der Lünette der Guillotine öffnen. Die Zeichnung trüge den Titel «Ewige Wiederkehr», deren furchtbare Maschinerie das Blutgerüst wäre. Vom Horizont kommend würde der Weg der Ewigkeit dort hindurchführen. Ein parodistischer Vers, in einem Sketch im *Conzert Mayol* gehört, hatte mir die Bildunterschrift geliefert:
– *Gott, wie traurig ist das Blut des Leichnams im Sägemehl.*
In der *‹Geschichte des Auges›* gibt es noch eine andere Reminiszenz an *‹W.-C.›*, die, schon auf der Titelseite, alles dann Folgende unter das Zeichen

des Schlimmsten stellt. Der Name Lord Auch bezieht sich auf die Angewohnheit eines meiner Freunde: wenn er zur Toilette ging, sagte er nicht *«aux chiottes»*, sondern, verdrossen abkürzend: *«aux ch›»*. Und englisch Lord heißt (in den heiligen Schriften) Gott: Lord Auch – der seine Notdurft verrichtende Gott. Die Lebendigkeit der Geschichte verbietet es, sich darüber zu verbreiten; jedes Wesen verklärt durch einen solchen Ort: Gott, der darin versinkt, verjüngt den Himmel.

Gott sein, nackt, sonnenhaft, in einer regnerischen Nacht auf einem Feld: rot, göttlich scheißen mit der Majestät des Gewitters, das Gesicht zur Grimasse verzerrt, heruntergerissen, in Tränen UNMÖGLICH sein: wer wußte es vor mir, was das heißt, Majestät?

Das «Auge des Bewußtseins» und die «Wälder der Gerechtigkeit», die ewige Wiederkehr verkörpernd, gibt es ein hoffnungsloseres Bild für das Schuldgefühl?

Dem Verfasser von ‹*W.-C.*› gab ich das Pseudonym Troppmann. Ich habe masturbiert, nackt, in der Nacht, vor dem Leichnam meiner Mutter. (Beim Lesen der ‹*Coïncidences*› haben sich manche sicherlich gefragt, ob diese Koinzidenzen nicht den fiktiven Charakter einer Erzählung hätten? Wie dieses «Vorwort» sind die Koinzidenzen wörtlich zu nehmen: viele Leute aus dem Dorf R. könnten den Inhalt bestätigen; außerdem haben einige meiner Freunde ‹*W.-C.*› gelesen.)

Was mich mehr bedrückt: daß ich meinen Vater viele Male habe scheißen sehen. Er stieg aus seinem Bett, dem Bett eines gelähmten Blinden (mein Vater war zugleich blind und Paralytiker). Er kletterte mühselig hinaus (ich half ihm), setz-

te sich auf ein Gefäß, im Hemd, meist trug er eine Baumwollmütze (er hatte einen grauen Spitzbart, der schlecht gepflegt war, eine große Adlernase und ungeheure Augenhöhlen, die starr ins Leere blickten). Es kam vor, daß seine «stechenden Schmerzen» ihm einen tierischen Schrei entrissen und sein angewinkeltes Bein, das er vergeblich mit den Armen festzuhalten suchte, in die Höhe schnellen ließen.
Da mein Vater, als er mich zeugte, schon blind war (völlig blind), kann ich mir nicht die Augen herausreißen, wie Ödipus.
Ich habe wie Ödipus das Rätsel erahnt: keiner hat es mehr geahnt als ich.
Mein Vater ist am 6. November 1915 in einer bombardierten Stadt, vier oder fünf Kilometer von den deutschen Linien entfernt, einsam und verlassen gestorben.
Meine Mutter und ich hatten ihn während des deutschen Vormarsches im August 1914 verlassen.
Wir hatten ihn der Zugehfrau anvertraut.
Die Deutschen besetzten die Stadt und räumten sie dann. Es erhob sich die Frage der Rückkehr: meine Mutter, die den Gedanken daran nicht ertragen konnte, wurde wahnsinnig. Gegen Ende des Jahres genas sie: sie weigerte sich, mich nach N. zurückkehren zu lassen. Nur selten erhielten wir Briefe von meinem Vater. Er faselte nur noch. Als wir erfuhren, daß er im Sterben lag, willigte meine Mutter ein, ihn mit mir zu besuchen. Er starb einige Tage vor unserer Ankunft – er hatte nach seinen Kindern verlangt: als wir kamen, stand ein zugeschraubter Sarg im Zimmer.
Als mein Vater (ein Jahr vor dem Krieg) wahnsinnig wurde, hatte meine Mutter mich am Mor-

gen nach einer von Gesichten erfüllten Nacht geschickt, ein Telegramm auf der Post aufzugeben. Ich erinnere mich, wie ich auf dem Weg dorthin von einem schrecklichen Stolz ergriffen wurde. Während das Unglück mich überwältigte, sagte mir meine innere Ironie: «Ein solches Grauen macht dich zum Auserwählten.» Einige Monate zuvor, an einem schönen Dezembermorgen, hatte ich meinen Eltern, die außer sich waren, offenbart, daß ich nie wieder einen Fuß ins Gymnasium setzen würde. Kein Zornausbruch konnte meinen Entschluß ändern: ich lebte für mich allein, ging nur selten durch die Felder und mied das Zentrum des Ortes, wo ich Schulkameraden hätte treffen können.

Mein Vater war irreligiös, er wies den Priester ab, als er starb. In der Pubertät war auch ich irreligiös gewesen (meine Mutter war gleichgültig). Aber im August 1914 hatte ich einen Priester aufgesucht, und bis 1920 verging selten eine Woche, ohne daß ich meine Sünden beichtete. 1920 änderte ich erneut meine Einstellung und hörte auf, an irgend etwas anderes zu glauben als an meine Zukunft. Meine Frömmigkeit ist nur ein Fluchtversuch: um jeden Preis wollte ich dem Schicksal ausweichen, ich verließ meinen Vater. Heute weiß ich, daß ich ‹blind› bin, grenzenlos blind, der auf dem Erdball ‹verlassene› Mensch – verlassen wie mein Vater in N. Niemand auf Erden oder im Himmel hat einen Gedanken an die Angst meines im Todeskampf liegenden Vaters verschwendet. Doch glaube ich, daß er sich, wie immer, gestellt hat. Was für ein ‹schrecklicher Stolz› lag zuweilen in Papas blindem Lächeln!

Ohne Gewissensbisse

Ich habe Scheiße in den Augen
Ich habe Scheiße im Herzen
Gott läuft aus
lacht
strahlt
berauscht den Himmel
der Himmel singt aus vollem Halse,
der Himmel singt
der Blitz singt
der Glanz der Sonne singt
die Augen trocken
das zerrissene Schweigen der Scheiße
im Herzen

Wenn eine in Lust erhitzte Eichel das Universum zeugte, würde es werden, wie es ist: in der Transparenz des Himmels wären Blut, Schreie, Gestank.
Gott ist kein Pfarrer, er ist eine Eichel: Papa ist eine Eichel.

mein knacks ist ein freund
in den augen guten weines
und mein verbrechen eine freundin
auf den lippen des weinbrands

ich reibe mir den schwanz mit trauben
und wische mir den arsch mit äpfeln

Ein wenig später

Schreiben heißt, das Glück suchen.

Das Glück belebt die kleinsten Teile des Universums: das Funkeln der Sterne ist seine Kraft, eine Feldblume sein Zauberspruch.

Die Wärme des Lebens hatte mich verlassen, mein Verlangen war ohne Ziel: meine feindseligen, schmerzenden Finger woben noch immer am Gewebe des Glücks.

Als ich das Glück mit einer so unglückseligen Angst erfüllte, meinte ich, ihm den fehlenden Faden zu bringen.

Glücklich hatte ich verspielt, war ein Objekt des Glücks. Es war die Sonne in den weiten Nebeln meines Unglücks.

Ich hatte es verloren, doch da ich die Geheimnisse der Wörter kannte, unterhielt ich zwischen ihm und mir das Band der Schrift.

Der Zipfel des Glücks ist von der Traurigkeit dieses Buches verschleiert. Ohne es wäre er unerreichbar.

Der Tote

Als Édouard tot zurückfiel, wurde es leer in ihr, ein langer Schauer durchlief sie und hob sie empor wie einen Engel. Ihre nackten Brüste richteten sich auf in einer imaginären Kirche, in der das Gefühl des Unwiderruflichen sie erschöpfte. Aufrecht stand sie neben dem Toten, abwesend, über ihrem Selbst, in schwerfälliger Ekstase befangen, überwältigt. Sie wußte, daß sie verzweifelt war, aber sie wollte mit ihrer Verzweiflung spielen. Im Sterben hatte Édouard sie angefleht, sich nackt auszuziehen. Sie hatte es nicht mehr rechtzeitig tun können! Da stand sie, mit zerzaustem Haar: nur ihre Brust war aus dem aufgerissenen Kleid hervorgetreten.

MARIE BLEIBT ALLEIN
MIT DEM TOTEN ÉDOUARD

Die Zeit hatte die Gesetze verleugnet, denen zu gehorchen die Furcht uns zwingt. Sie zog ihr Kleid aus und legte ihren Mantel über den Arm. Sie war toll, und sie war nackt. Sie stürzte hinaus und lief durch die Nacht. Es goß. Ihre Schuhe klatschten im Schlamm, und der Regen rann an ihr herunter. Sie spürte ein starkes Bedürfnis, Wasser zu lassen, hielt es aber zurück. In der Süße des Waldes legte Marie sich auf die Erde. Sie pißte lange, der Urin überschwemmte ihre Beine. Am Boden sang sie mit unmöglicher, wahnsinniger Stimme:

... denn die Nacktheit
und die Grausamkeit...

Dann stand sie auf, zog den Regenmantel über und lief nach Quilly bis vor die Tür der Dorfschenke.

MARIE VERLÄSST
NACKT DAS HAUS

Bestürzt hielt sie vor der Tür inne, ohne Mut, hineinzugehen. Von drinnen hörte sie Schreie, Singen von Mädchen und Betrunkenen. Sie fühlte, wie sie zitterte, aber sie genoß ihr Zittern.
Sie dachte: «Wenn ich hineingehe, sehen sie mich nackt.» Sie mußte sich an die Mauer lehnen. Sie öffnete ihren Mantel und legte ihre langen Finger in die Spalte. Sie lauschte, erstarrt vor Angst, sie roch auf ihren Fingern den Geruch von ungewaschenem Geschlecht. Man schrie und kreischte in der Schenke, und doch wurde es wieder still. Es regnete: in der Dunkelheit, die wie eine Gruft war, schob lauer Wind den Regen vor sich her. Eine Mädchenstimme sang ein melancholisches Straßenlied. Hier draußen in der Nacht vernommen, klang die ernste, durch die Mauern gedämpfte Stimme herzzerreißend. Sie verstummte. Und es folgten ihr Händeklatschen und Getrampel, dann ein Wirbel von Beifall.
Marie schluchzte im Schatten. Sie weinte vor Wut und ohne Tranen, die eine Hand im Mund.

MARIE ZÖGERT
VOR DER SCHENKE

Marie wußte, daß sie hineingehen würde, und zitterte.
Sie öffnete die Tür, machte drei Schritte in die Wirtsstube: ein Luftzug schlug hinter ihr die Tür zu.
Sie erinnerte sich, sie hatte geträumt von dieser Tür, die für immer hinter ihr zuschlug. Bauernknechte, die Wirtin und einige Mädchen starrten sie an.
Regungslos blieb sie am Eingang stehen; schmutzig, mit tropfenden Haaren und trotzigem Blick. Es war, als wäre sie aus den nächtlichen Regenböen aufgetaucht (man hörte, wie draußen der Wind fegte). Ihr Mantel bedeckte sie, aber sie schlug den Kragen zurück.

MARIE BETRITT
DIE SCHENKE

Sie fragte mit leiser Stimme:
– Kann ich etwas zu trinken haben?
Die Wirtin an der Theke fragte zurück:
– Einen Calva?
Sie stellte ein kleines Glas auf die Theke.
Marie schüttelte den Kopf. – Ich möchte eine Flasche und große Gläser, sagte sie. Ihre Stimme, noch immer leise, klang entschieden. Sie fügte hinzu: – Ich will mit den anderen trinken. Sie bezahlte. Ein Bauernknecht mit schlammigen Stiefeln fragte schüchtern: – Sind Sie hergekommen, um mit uns zu lachen?
– Ja, sagte Marie.
Sie versuchte zu lächeln: das Lächeln zersägte sie. Sie setzte sich neben den Knecht, preßte ihr Bein an seines, nahm seine Hand und legte sie zwischen ihre Schenkel. Als der Knecht die Spalte berührte, stöhnte sie:
– Gott!
Die anderen, denen das Blut zu Kopfe gestiegen war, schwiegen. Eines der Mädchen stand auf und schlug die eine Seite des Mantels zurück.
– Schaut her, sagte sie, sie ist ganz nackt!
Marie ließ es geschehen und leerte schnell ihr Glas.
– Sie mag das Zeug, sagte die Wirtin.
Marie mußte bitter aufstoßen.

MARIE TRINKT
MIT DEN KNECHTEN VOM HOF

Marie sagte traurig:
– Stimmt.
Ihr nasses schwarzes Haar klebte ihr in Strähnen im Gesicht. Sie schüttelte ihren hübschen Kopf, erhob sich, zog den Mantel aus. Ein Flegel, der im Saal etwas getrunken hatte, kam auf sie zu. Er taumelte, wirbelte die Arme in der Luft herum. Er grölte:
– Her mit den nackten Weibern!
Die Wirtin ermahnte ihn:
– Ich zieh dir die Nase lang ...
Sie faßte nach seiner Nase und drehte sie. Er jaulte.
– Nein, sagte Marie, da mußt du ihn pakken, das ist besser.
Sie nahm sich den Betrunkenen vor und knöpfte ihm die Hose auf: sie zog einen Schwanz hervor, der nicht stehen wollte.
Der Schwanz rief großes Gelächter hervor.
Auf einen Zug leerte Marie, kühn wie ein wildes Tier, ein zweites Glas.
Die Wirtin, sanft, die Augen wie zwei Scheinwerfer, strich ihr über die Furche ihres Hinterns: – Zum Fressen, sagte sie.
Marie füllte nochmals ihr Glas. Der Alkohol fuhr ihr glucksend durch die Kehle.
Sie soff, als ob sie sterben wollte. Das Glas fiel ihr aus der Hand. Die Spalte ihres Hinterns erleuchtete den Raum.

MARIE ZIEHT DEN SCHWANZ
EINES BETRUNKENEN HERVOR

Einer der Knechte hielt sich abseits, mit haßerfüllter Miene. Ein zu schöner Mann in seinen langen, zu neuen Gummistiefeln.
Marie ging mit der Flasche in der Hand auf ihn zu. Sie war groß und ihr Gesicht erhitzt. Ihre Beine schwankten in den schlotternden Strümpfen. Der Knecht nahm einen langen Zug aus der Flasche.
Mit harter unstatthafter Stimme schrie er:
– Genug!
Er setzte die leere Flasche mit einem Knall auf den Tisch.
Marie fragte ihn:
– Willst du noch eine?
Er antwortete mit einem Lächeln: er behandelte sie wie eine Eroberung.
Er setzte das automatische Klavier wieder in Gang. Als er zurückkam, deutete er einen Tanzschritt an und hob die Arme zum Halbkreis.
Mit der einen Hand ergriff er Marie, sie tanzten einen obszönen Java.
Marie überließ sich ihm ganz, angeekelt, den Kopf nach hinten geworfen.

MARIE TANZT MIT PIERROT

Plötzlich erhob sich die Wirtin und schrie:
– Pierrot!
Marie taumelte: sie entglitt den Armen des schönen Knechts, der stolperte.
Der schmale Körper, der ausgeglitten war, schlug mit dem Geräusch eines toten Tieres zu Boden.
– Die Dirne! sagte Pierrot.
Er wischte sich mit dem Aufschlag seines Ärmels über den Mund.
Die Wirtin stürzte herbei. Sie kniete sich hin und hob vorsichtig Maries Kopf hoch: Speichel oder vielmehr Geifer troff ihr von den Lippen.
Ein Mädchen brachte ein feuchtes Tuch.
Marie kam schnell wieder zu sich. Schwach bat sie:
– Schnaps!
– Hol ein Glas, sagte die Wirtin zu einem der Mädchen.
Man gab ihr ein Glas. Marie trank und sagte:
– Mehr!
Das Mädchen füllte das Glas. Marie riß es ihr aus den Händen. Sie trank, als ob sie keine Zeit hätte.
In den Armen eines Mädchens und der Wirtin liegend, hob sie den Kopf:
– Mehr! sagte sie.

MARIE STÜRZT
VÖLLIG BETRUNKEN ZU BODEN

Die Knechte, die Mädchen und die Wirtin, die im Kreis um Marie herumstanden, warteten, was sie sagen würde.
Marie murmelte nur ein Wort:
– . . . Morgengrauen, sagte sie.
Dann fiel ihr Kopf zurück, schwer. Krank, krank . . .
Die Wirtin fragte:
– Was hat sie gesagt?
Niemand konnte ihr Antwort geben.

MARIE MÖCHTE SPRECHEN

Hierauf sagte die Wirtin zu dem schönen Pierrot:
– Leck sie!
– Wollen wir sie auf einen Stuhl legen? fragte eines der Mädchen.
Sie ergriffen den Körper zu mehreren und ließen Marie mit dem Hintern auf den Stuhl nieder.
Pierrot hatte sich hingekniet und zog ihre Beine über seine Schultern.
Mit einem Erobererlächeln stieß der schöne Bursche ihr die Zunge zwischen die Haare.
Krank, erleuchtet, schien Marie glücklich, sie lächelte, ohne die Augen zu öffnen.

MARIE WIRD VON PIERROT GELECKT

Sie fühlte sich erleuchtet, eisig, aber sie spürte, wie sie leer wurde, wie sie rückhaltlos ihr Leben in die Gosse leerte.
Ein ohnmächtiges Verlangen hielt sie in höchster Anspannung: sie hätte gern ihren Leib erleichtert. Sie stellte sich das Entsetzen der anderen vor. Von Édouard trennte sie nichts mehr.
Mit nackter Möse und nacktem Arsch: der Geruch des feuchten Arsches und der feuchten Möse befreite ihr Herz, und Pierrots Zunge, die sie näßte, schien ihr kalt wie der Tod.
Trunken von Alkohol und Tränen, und ohne zu weinen, sog sie diese Kälte mit offenem Munde ein: sie zog den Kopf der Wirtin an sich und öffnete der Zahnfäule den wollüstigen Abgrund ihrer Lippen.

MARIE KÜSST
DIE WIRTIN AUF DEN MUND

Marie stieß die Wirtin zurück, und sie erblickte den zerzausten, im Überschwang der Lust aus der Bahn geratenen Kopf. Das Gesicht des alten Drachens strahlte in trunkener Sanftmut. Auch die Wirtin war betrunken, betrunken bis zum Singen: fromme Tränen traten ihr in die Augen.
Marie, die diese Tränen betrachtete und doch nichts sah, badete sich im Licht des Toten. Sie sagte:
– Ich habe Durst.
Pierrot leckte, daß ihm der Atem ausging. Die beflissene Wirtin gab ihr eine Flasche. Marie trank sie in langen Zügen leer.

MARIE TRINKT
AUS DER FLASCHE

... Gedränge, ein Schreckensschrei, das Klirren zerbrochener Flaschen. Maries Schenkel zuckten wie Frösche. Die kreischenden jungen Männer schubsten einander. Die Wirtin stand Marie bei, legte sie auf die Sitzbank.

Ihre Augen blieben leer, in Ekstase gefangen.

Der Wind, die Böen draußen tobten. Die Fensterläden schlugen in der Nacht.

– Hört, sagte die Wirtin.

Man hörte, wie der Wind in den Bäumen heulte, lang und klagend, wie der Ruf einer Wahnsinnigen.

In diesem Augenblick flog die Tür weit auf, und ein heftiger Windstoß drang in den Raum.

Im gleichen Moment war Marie aufgesprungen, nackt.

Sie schrie:

– *Édouard!*

Und in der Angst ihrer Stimme heulte der Wind weiter.

MARIE ZUCKT
VOR LUST

Aus dem nächtlichen Unwetter tauchte ein Mann auf, der mühsam versuchte, seinen Regenschirm zu schließen: die Silhouette einer Ratte zeichnete sich in der offenen Tür ab.
– Schnell, Monsieur le Comte! Kommen Sie herein, sagte die Wirtin. Sie torkelte.
Der Zwerg näherte sich, ohne zu antworten.
– Sie sind durchnäßt, fuhr die Wirtin fort, während sie die Tür schloß.
Der kleine Mann war von erstaunlicher Würde. Er war breit und bucklig, der große Kopf saß ihm in Höhe der Schultern.
Er begrüßte Marie, wandte sich dann den Knechten zu.
– Tag, Pierrot, sagte er und reichte ihm die Hand, bitte nimm mir den Mantel ab.
Pierrot half dem Grafen aus dem Mantel. Der Graf kniff ihn ins Bein.
Pierrot lächelte. Der Graf schüttelte freundlich rundum die Hände.
– Gestatten Sie? fragte er und verbeugte sich. Er setzte sich zu Marie an den Tisch, ihr gegenüber.
– Bringen Sie Flaschen, sagte der Graf.
– Ich habe getrunken, sagte ein Mädchen, bis ich auf den Stuhl pissen mußte.
– Trinken Sie, bis Sie scheißen, mein Kind ... Plötzlich hielt er inne und rieb sich die Hände. Nicht ohne Charme.

MARIE LERNT DEN
ZWERG KENNEN

Marie verharrte regungslos, während sie sich den Grafen ansah, und ihr drehte sich der Kopf. – Schenk ein, sagte sie.
Der Graf schenkte die Gläser voll.
Sie sagte noch, ganz artig:
– Im Morgengrauen werde ich sterben …
Der stahlblaue Blick des Grafen musterte sie.
Die blonden Augenbrauen hoben sich, betonten die Falten auf der zu breiten Stirn.
Marie hob ihr Glas und sagte: – Trink!
Der Graf hob auch sein Glas und trank: sie leerten ihre Gläser beide auf einen Zug.
Die Wirtin hatte sich neben Marie gesetzt.
– Ich habe Angst, sagte Marie zu ihr.
Sie ließ den Grafen nicht aus den Augen.
Sie bekam eine Art Schluckauf: mit der Stimme einer Irren flüsterte sie der Alten ins Ohr:
– Das ist der Geist von Édouard.
– Von welchem Édouard? fragte die Wirtin mit leiser Stimme.
– Er ist tot, sagte Marie mit der gleichen leisen Stimme. Sie nahm die Hand der anderen und biß hinein.
– Hure, schrie die gebissene Frau. Aber während sie ihre Hand befreite, streichelte sie Marie, küßte sie auf die Schulter und sagte zu dem Grafen:
– Sie ist trotzdem sehr lieb.

MARIE SIEHT DEN GEIST ÉDOUARDS

Der Graf fragte seinerseits:
– Wer ist Édouard?
– Du weißt nicht mehr, wer du bist? sagte Marie.
Diesmal war ihre Stimme gebrochen:
– Bring ihn dazu, daß er trinkt, bat sie die Wirtin. Sie schien am Ende.
Der Graf goß sein Glas hinunter, aber dann gestand er:
– Alkohol hat wenig Wirkung auf mich.
Der kleine breite Mann mit dem zu großen Kopf sah Marie stumpfen Blickes an, so als wollte er sie in Verlegenheit bringen.
Den steifen Kopf zwischen den Schultern, starrte er alles auf die gleiche Weise an.
Er rief: – Pierrot!
Der Knecht kam herbei.
– Dieses junge Kind, sagte der Zwerg, macht mich geil. Magst du dich zu uns setzen?
Und als der Knecht saß, fügte er munter hinzu: – Sei lieb, Pierrot, reib mir den Schwanz. Ich wage nicht, dieses Kind darum zu bitten ...
Er lächelte.
– Sie ist nicht, wie du, an Monstren gewöhnt.
In diesem Augenblick stieg Marie auf die Bank.

MARIE STEIGT
AUF DIE BANK

– Ich fürchte mich, sagte Marie. Du siehst aus wie ein Meilenstein und rührst dich nicht.
Er antwortete nicht. Pierrot nahm den Schwanz des Grafen in die Hand.
Der Graf blieb so ungerührt wie ein Meilenstein.
– Geh weg, sagte Marie zu ihm, oder ich pisse auf dich herunter...
Sie stieg auf den Tisch und hockte sich hin.
– Sie werden sehen, ich bin entzückt, anwortete das Monstrum. Sein Hals hatte keinerlei Bewegungsfreiheit: wenn er sprach, bewegte sich nur das Kinn.
Marie pißte.
Kräftig wichste Pierrot den Grafen, dem der Urin ins Gesicht schlug.
Der Graf errötete, und der Urin überschwemmte ihn. Pierrot rieb auf und ab wie beim Vögeln, und der Schwanz spuckte den Samen über die Weste. Der Zwerg röchelte unter kleinen Zuckungen, die ihn vom Kopf bis zu den Füßen durchfuhren.

MARIE PISST
AUF DEN GRAFEN

Marie pißte immer noch.
Auf dem Tisch, inmitten der Flaschen und der Gläser, goß sie den Urin mit beiden Händen über sich.
Sie näßte sich die Beine, den Arsch und das Gesicht.
– Schau her, sagte sie zu dem Monstrum, ich bin schön.
Hockend, die Möse in Höhe seines Kopfes, öffnete sie schauderhaft die Schamlippen.

MARIE BEGIESST SICH
MIT URIN

Marie lächelte gallig.
Die Vision eines bösen Schreckens ...
Sie rutschte mit dem einen Fuß aus: ihre Möse prallte gegen den Kopf des Grafen. Er verlor das Gleichgewicht und stürzte. Schreiend schlugen beide in einem unerhörten Getöse zu Boden.

MARIE FÄLLT
AUF DAS MONSTRUM

Auf dem Boden gab es ein abscheuliches Handgemenge.
Marie machte sich los, biß den Zwerg in den Schwanz, so daß er laut aufkreischte.
Pierrot warf sie zu Boden. Er bog ihre Arme auseinander, zum Kreuz: die anderen hielten ihre Beine.
Marie stöhnte:
– Laß mich los!
Dann verstummte sie.
Schließlich fing sie an, mit geschlossenen Augen zu keuchen.
Sie öffnete die Augen. Pierrot, rot, schwitzend, war über ihr.
– Stoß mich, sagte sie.

MARIE BEISST DEM ZWERG
IN DEN SCHWANZ

– Stoß sie, Pierrot, sagte die Wirtin.
Sie machten sich rings um das Opfer zu schaffen.
Marie, der diese Vorbereitungen lästig waren, ließ den Kopf nach hinten sinken. Die anderen streckten sie aus, öffneten ihre Beine. Sie atmete schnell, sie röchelte.
Die Szene erinnerte in ihrer Gemächlichkeit an das Abstechen eines Schweins oder an die Grablegung eines Gottes.
Als Pierrot seine Hose heruntergestreift hatte, verlangte der Graf, daß er sich nackt auszöge.
Der Ephebe wütete wie ein Stier: der Graf erleichterte ihm das Eindringen des Gliedes. Das Opfer erbebte und schlug um sich: Körper an Körper in unerhörtem Haß.
Die anderen schauten zu, mit trockenen Lippen, überwältigt von dieser Raserei. Die Körper, durch Pierrots Riemen aneinandergefesselt, wälzten sich kämpfend auf dem Boden. Am Ende bäumte sich der Knecht auf, um sich zu entladen. Atemlos schreiend verlor er seinen Geifer. Marie antwortete mit einem Todeskrampf.

MARIE WIRD VON PIERROT GESTOSSEN

... Marie kam wieder zu sich.
Sie vernahm das Singen der Vögel in den Zweigen eines Gehölzes.
Das Singen, von unendlicher Zartheit, floh pfeifend von Baum zu Baum. Ausgestreckt im feuchten Laub, sah sie die Klarheit des Himmels: in diesem Augenblick brach der Tag an.
Sie fröstelte, von einem eisigen Glück ergriffen, das über ihr in undurchschaubarer Leere schwebte. Wie gern hätte sie dennoch sanft den Kopf gehoben, und wenn sie auch erschöpft auf den Boden zurücksänke, sie würde dem Licht, dem Laubwerk, den Vögeln, die den Wald bevölkerten, treu bleiben. Einen Augenblick lang streifte die Erinnerung an kindliche Ängste ihr Bewußtsein. Da bemerkte sie den breiten und festen Kopf des Grafen, der sich über sie beugte.

MARIE LAUSCHT
DEN VÖGELN DES WALDES

In den Augen des Zwerges las Marie die Beharrlichkeit des Todes: dieses Gesicht drückte nichts als unendliche Ernüchterung aus, die eine furchtbare Besessenheit zynisch machte. Haß flackerte in ihr auf, und als der Tod näher kam, hatte sie Angst.

Zähneknirschend erhob sie sich vor dem knienden Monstrum.

Als sie stand, schwankte sie.

Sie schrak zurück, blickte den Grafen an und erbrach sich.

– Siehst du, sagte sie.

– Erleichtert? fragte der Graf.

– Nein, sagte sie.

Sie sah das Erbrochene vor sich. Ihr zerrissener Mantel bedeckte sie nur halb.

– Wohin gehen wir? fragte sie.

– Zu Ihnen, antwortete der Graf.

MARIE
ERBRICHT SICH

– Zu mir, stöhnte Marie. Wieder drehte sich ihr der Kopf.
– Bist du der Teufel, daß du zu mir nach Haus willst? fragte sie.
– Ja, gab der Zwerg zurück, das hat man mir schon manchmal gesagt, daß ich der Teufel sei.
– Der Teufel, sagte Marie, ich scheiße vor dem Teufel!
– Sie haben sich gerade erbrochen.
– Ich werde scheißen.
Sie hockte sich hin und schiß auf das Erbrochene.
Das Monstrum kniete noch immer.
Marie lehnte sich an eine Eiche. Sie war in Schweiß gebadet, schwebte in Todesangst.
Sie sagte:
– Das alles ist gar nichts. Aber *bei mir zu Hause*, da wird dir angst werden... Zu spät...
Sie schüttelte den Kopf, und wie eine Wilde trat sie plötzlich nach dem Zwerg, packte ihn beim Kragen und schrie:
– Kommst du mit?
– Gern, sagte der Graf.
Und mit fast unhörbarer Stimme fügte er hinzu:
– Sie ist mir böse.

MARIE SCHEISST
AUF DAS ERBROCHENE

Marie, die seine Worte gehört hatte, blickte ihn nur an.

Der Graf erhob sich:

– Noch nie, murmelte er, hat jemand so zu mir gesprochen.

– Du kannst gehen, sagte sie. Aber wenn du mitkommst...

Der Graf unterbrach sie trocken:

– Ich folge Ihnen. Sie werden sich mir ergeben.

Sie blieb heftig:

– Es wird Zeit, sagte sie. Komm!

MARIE NIMMT DEN GRAFEN
MIT NACH HAUSE

Sie gingen schnell.
Es war Tag geworden, als sie ankamen. Marie stieß das Tor auf. Sie gingen eine von alten Bäumen gesäumte Allee entlang: die Sonne vergoldete die Wipfel.
Marie wußte sich in ihrer Gehässigkeit einig mit der Sonne. Sie führte den Grafen in ihr Schlafzimmer.
– Es ist zu Ende, sagte sie sich. Sie war müde, haßerfüllt, gleichgültig, alles auf einmal.
– Zieh dich aus, sagte sie, ich erwarte dich im Zimmer nebenan.
Der Graf zog sich ohne Eile aus.
Die Sonne, die durch das Blattwerk sickerte, fleckte die Wand, und die Lichtflecken tanzten.

MARIE UND DER GNOM BETRETEN DAS HAUS

Der Graf bekam einen steifen Schwanz.
Sein Schwanz war lang und rötlich.
Sein nackter Körper und dieser Schwanz hatten etwas Teuflisches in ihrer Unförmigkeit. Der Kopf zwischen den eckigen und zu hohen Schultern war leichenblaß und spöttisch.
Er verlangte nach Marie und begrenzte sein Denken auf dieses Verlangen.
Er stieß die Tür auf. In trauriger Nacktheit, vor einem Bett, erwartete sie ihn, herausfordernd und häßlich: zerschlagen von Trunkenheit und Erschöpfung.
– Was haben Sie? sagte Marie.
Der Tote in seiner Unordnung erfüllte den Raum...
Der Graf stammelte leise:
– ... ich wußte nicht ...
Er mußte sich auf ein Möbel stützen: sein Schwanz *entspannte sich*.
Marie hatte ein grauenvolles Lächeln aufgesetzt.
– UNMÖGLICH! schrie sie.
Sie hielt eine Ampulle in der Hand.

MARIE STIRBT

... Schließlich erblickte der Graf die beiden aufeinanderfolgenden Leichenwagen, die im Schritt zum Friedhof fuhren.
Der Zwerg zischte zwischen den Zähnen:
– Sie hat mich gehabt ...
Er ging wieder zum Kanal und ließ sich hinabgleiten.
Ein dumpfes Geräusch unterbrach für einen Augenblick die Stille des Wassers.

Zurück blieb die Sonne.

MARIE FOLGT DEM TOTEN IN DIE ERDE

Nachwort

Nachwort

Die erste Geschichte dieses Bandes, *‹Die Geschichte des Auges›* (*‹Histoire de l'œil›*), ist auch der erste Text, den Bataille veröffentlicht hat. Er erschien 1928 unter dem Pseudonym Lord Auch. Dabei ist es gar keine Geschichte. Viel eher die obsessionelle Verfolgung einer Metapher[1], die des Auges und seiner Entsprechungen, die in wechselnden erotischen Konstellationen erscheinen. Die beschriebene Welt, wenngleich Simone und der Erzähler sich mühelos von einem Land ins andere bewegen, vermittelt die Sensation eines Käfigs, sie ist umstellt von Gitterstäben, die die erotische Energie immer wieder zu durchbrechen sucht. Handlungstreibendes Element ist eben diese erotische Energie selbst, die, alle literarischen Situationen und Konventionen übersteigend, nie ans Ende kommt. Die «Geschichte» kennt keinen Schluß. Der Text bricht ab. Die «Geschichte» kennt auch keine Entwicklungen, nur extreme Zustände, Konstellationen: das flehende Gebet im Laub, das Urinieren im Schrank, das knatternde Laken im Mondlicht, das Ausschneiden des Auges.

Bataille war indes nicht der Schriftsteller, der sich persönlichen Obsessionen verschreibt. Geistesgeschichtlich wird man sein Werk als eine Fortsetzung der schwarzen Romantik von Schriftstellern wie Lautréamont, Barbey d'Aurevilly, Huysmans

1 Vgl. Michel Leiris: *‹Du Temps de Lord Auch›*. In: *L'Arc* 32 (1963), S. 6 f. Ferner Roland Barthes: *‹La Métaphore de l'œil›*. In: *Critique* 19 (1936), S. 770 f.

bezeichnen können. Das Wesentliche ist damit freilich nicht gesagt. Ebensogut könnte man Freud als Romantiker bagatellisieren. Wenn sich von Freud sagen läßt, er habe die Suche nach dem Ich mit wissenschaftlichen Methoden fortgesetzt, so von Bataille: er hat die Ich-Bedürfnisse der Romantiker ihres individualistischen Anspruchs enthoben, ihre anthropologische Basis hergestellt. Um diese Behauptung hier jedenfalls stichworthaltig zu belegen, sei vermerkt, daß Bataille wie jene «Liebe und Tod», «Wollust und religiöse Ekstase» assoziiert, darüber hinaus aber die innige Verwandtschaft dieser Vorstellungen beispielsweise in den Opferbräuchen früherer Gesellschaften nachgewiesen hat.[2]

Die Schriften des französischen Soziologen Marcel Mauss (1872–1950) boten Bataille die Chance, seine Obsessionen auf den Begriff zu bringen oder, wie oben angedeutet, ihnen eine anthropologische Basis zu verschaffen. Dabei waren es zwei Begriffe, die für das Werk Batailles konstituierend wurden: Tabu und Potlatsch. Was den letzteren betrifft, so ist man nur anfangs verblüfft, zu hören, daß es sich um einen bei den Indianerstämmen Nordwestamerikas beobachteten ökonomischen Brauch handelt: Potlatsch meint ein Geschenk oder die freiwillige Zerstörung von Reichtümern, die den Beschenkten verpflichten oder den Rivalen erniedrigen soll, jedenfalls den Schenkenden in seiner Unabhängigkeit bestätigt. Auch dann noch, wenn dieses Schenken, die souveräne Verschwendung, auf eine Selbstzerstörung hinausläuft.

2 In: ‹*L'Érotisme*›. Paris 1957 (Deutsch unter dem Titel: ‹*Der heilige Eros*›. Neuwied 1963).

Marcel Mauss führt in seinem zuerst 1923/24 erschienenen *‹Essai sur le Don›*[3] aus, wie ein ökonomisches System nicht nur auf Sparsamkeit und Berechnung, sondern auch auf Verschwendung beruhen kann. Diese Konzeption wurde für Bataille zur Grundlage seiner gesamten Denkvorgänge. Bataille selbst hat ein ökonomisches Werk verfaßt[4], in dem er die vielfältigsten Formen der Verschwendung nachweist. Von dem kosmischen, sich stets erneuernden Fest der sich verschwendenden Sonnenenergie bis beispielsweise zu den mittelalterlichen Tanz- und Narrenfesten, von denen unser Karneval nicht mehr als ein mechanisiertes, kapitalisiertes Überbleibsel ist.
Solche Voraussetzungen muß man immer mitdenken, wenn man hört, daß Bataille zu sagen wagt, der Mensch erlange erst im Verschwenden des eigenen Lebens die Unabhängigkeit oder die ‹Souveränität› – wie die von Bataille bevorzugte Vokabel zur Kennzeichnung der umfassendsten Möglichkeit des Menschen lautet. Bataille hat so etwas wie einen der menschlichen Gesellschaft inhärenten Verschwendungstrieb entdeckt, den es dem Bewußtsein zuzuführen gilt. Er verfolgte und analysierte ihn weiter im Schreiben, in der Religion, im Verbrechen, im Krieg und – am überraschendsten vielleicht – im Gelächter. Dabei kam er zur Konzeption zweier Welten: einerseits der Welt der Produktion und der Vernunft, andererseits der dem Utilitarismus fremden, ehemals sakralen Welt der Verschwendung – und kam so zu seinem Ausgangspunkt zurück: der Welt des

3 Deutsch unter dem Titel: *‹Die Gabe›*. Frankfurt a. M. 1968.
4 *‹La Part maudite›*. Paris 1949. Bezugnahme auf Marcel Mauss in der Neuausgabe, Paris 1969, S. 127.

Eros mit seiner über die Grenzen drängenden erotischen Energie.
Den zweiten Begriff, oder vielmehr das Begriffspaar Tabu und Überschreitung, hatte Marcel Mauss auf die Formel gebracht: «Das Verbot wurde erdacht, um es zu überschreiten.» Die unaufhebbare Spannung, die die Begriffe Tabu und Tabuverletzung trennt, wird bei Bataille zur Voraussetzung der erotischen Ekstase, der Transgression[5], der Entgrenzung des Ich. Um aber dorthin zu kommen, muß der Mensch ‹etwas aufs Spiel setzen›, möglicherweise das eigene Leben. Das Tabu, könnte man meinen, bezeichnet einen Punkt, an dem die erotische Energie sich zusammenballt, eine neue Qualität erreicht. Konsequenterweise hält Bataille eine Abschaffung der sexuellen Verbote für einen Rückfall ins Tierreich. «Ich möchte zunächst deutlich machen», schreibt er im Vorwort zu *‹Madame Edwarda›*, «wie fruchtlos jene banalen Versicherungen sind, denen zufolge das sexuelle Verbot ein Vorurteil ist, von dem es Zeit wird, sich zu befreien.» Irrationalismus? Apotheose des gefährlichen Lebens? Bataille fordert dazu heraus, den pauschalisierenden Begriff des Irrationalismus zu entmischen. Es hieße Bataille gründlich unterschätzen, wollte man ihm unterstellen, er habe die politischen Implikationen seiner Theorien nicht bedacht. Es gibt von ihm neben Aufsätzen zur Psychologie des Faschismus vor allem einen, der in dieser Hinsicht aufschlußreich ist: *‹La Valeur d'usage de D.A.F. de Sade›*[6]. Bataille insistiert hier wie kein Sade-Interpret vor ihm auf den ska-

5 *‹La Littérature et le mal›*. Paris 1957, S. 223.
6 Vgl. die Analyse von Marc Richir in *Textures* 70/6 (Brüssel 1970).

tologischen Elementen bei Sade, die man bislang als analsadistische Akzidenzien lieber beiseite ließ. In eben demselben Sinne hat er sich einmal über die «delikate Nase der Utopisten», die die Gerüche von «Erde und Fäulnis»[7] scheuen, mokiert. Er warnt davor, den Marquis de Sade als libertinen Übermenschen hochzustilisieren und sein Werk als Objekt literarischer Exaltation zu mißbrauchen.

Bataille versucht dem Phänomen des Faschismus mir zwei spezifisch von ihm angewandten Begriffen beizukommen: *homogénéité* und *heterogénéité*. Der *homogénéité* rechnet er die kapitalistischen Demokratien zu, deren Existenz auf Akkumulation beruht (in etwa der ‹Welt der Arbeit und Vernunft› entsprechend). Mit dem Begriff der *heterogénéité* möchte er alles erfassen, was das affektive Leben ausmacht: Gewalt, Übermaß, Wahnsinn, Lachen – alle Phänomene der unproduktiven Verschwendung. Dieser heterogenen Realität gehört der Faschismus, gehört das gefährliche Leben an. Hier aber macht Bataille einen seiner verblüffendsten Denkansätze: er unterscheidet zwischen den imperativen Formen heterogener Existenz, den herrschaftlichen Formen, die dem Faschismus eigen sind, und den verelendeten Formen heterogener Existenz der untersten sozialen Schichten. Diese werden von den kapitalistischen Demokratien (Homogenität) verworfen, die nicht mit ihnen, sondern mit den imperativen Formen der Heterogenität paktieren und so, freiwillig oder zwangsläufig, dem Faschismus zur

7 Vgl. *‹La Vieille taupe et le préfixe sur dans les mots surhomme et surrealiste›*. In: *‹Œuvres complètes›* II, 1970, S. 93 f.

Macht verhelfen. Die unteren Schichten hingegen erweisen sich als revolutionäres Potential, als ständige Bedrohung der homogenen Ordnungen. Von ihrer ‹Phantasie› und ‹Kreativität›[8] kann das Gelingen der Revolution abhängen.
Daß die Sexualität hier nur scheinbar am Rande bleibt, erhellt ein Vergleich zwischen Sade und Bataille. Bataille bezeichnet den Sadeschen «Sadismus» gern als das *tout autre*, das «ganz andere», was zu seiner Konzeption der Heterogenität beigetragen haben mag. Merkwürdig ist dabei nur, daß Bataille offenbar nicht gesehen hat oder nicht kritisieren wollte, daß Sade bei aller (ambivalenten) Vorliebe für die «Dünste des Erdreichs» gerade in der Darstellung seiner ‹libertinen› Szenen die imperativen Formen der Heterogenität glorifiziert: den Herrenmenschen, den Henkern, stehen die anderen, die Opfer, gegenüber. Die Sadeschen Ausschweifungen sind ritualisiert, reglementiert. Bataille hingegen versteht es, in seinen erotischen Texten das *tout autre* zwischen den Partnern – bezeichnenderweise sind bei ihm oft drei Personen an den Ausschweifungen beteiligt – spürbar zu machen, den erregenden Reiz des Fremden zwischen den Beteiligten zu evozieren, ohne je einen Zwang, einen zeremoniellen Ritus einzuführen. Erotismus heißt für Bataille «Kommunikation». Kommunikation wiederum meint hier nicht Partnerschaft[9]: ausgehend von

8 Begriffe, die, wie Marc Richir (a. a. O.) ausführt, an der Batailleschen Konzeption der Heterogenität präzisiert werden sollten, damit sie nicht länger von einem idealistischen Denken als ‹passe-partout› gebraucht, das heißt von der homogenen Kultur vereinnahmt werden können.
9 So wenig, wie im Bereich der Sprache (Literatur)

einem Verletztsein der Beteiligten, entsteht oder entflammt sie gerade aus dem, was ihnen *fehlt.* Für Simone und den Erzähler in der ‹*Geschichte des Auges*› heißt das, was ihnen fehlt, das sie verwundet hat: Marcelle. Und wenn die Ausschweifenden in eine Ekstase gleiten, dann geschieht dies mit einer entgrenzenden Gewalt, an der alle teilhaben: Bataille läßt keinen der Beteiligten der Versuchung erliegen, das sexuelle Erlebnis in ein Machterlebnis umzusetzen. Nie hat Bataille den Genuß des einen auf Kosten des anderen – oder der einen Gruppe auf Kosten der anderen – beschrieben. Möglichkeiten kollektiver Überschreitung zeichnen sich ab.

Eine Bataille-Rezeption hat zu seinen Lebzeiten auch in Frankreich nicht stattgefunden, von einem kleinen Kreis Eingeweihter abgesehen. Auch bei den Surrealisten fand er nicht immer Zustimmung. Insbesondere seine Beziehungen zu Breton blieben gespannt. Die Angriffe Bretons im ‹*Zweiten Manifest des Surrealismus*› (1924)[10], auf die Bataille mit dem Pamphlet ‹*Un Cadavre*›[11] reagierte, sprechen eine deutliche Sprache: «Bei Monsieur Bataille haben wir es nur mit Wohlbekanntem zu tun, einer angriffslustigen Rückkehr des alten, antidialektischen Materialismus, der dieses Mal versucht, sich mit Hilfe von Freud kostenlos einen Weg zu bahnen.» Unter den Surrealisten, die ihren individualistischen Träumen (Diktat des

Kommunikation ‹Austausch von Nachrichten› bedeutet; vgl. ‹*La Littérature et le mal*›, a. a. O.

10 André Breton: ‹*Die Manifeste des Surrealismus*›. Reinbek 1968. S. 49–99.

11 Zu den Unterzeichnern gehörten unter anderen Leiris, Baron, Desnos, Queneau, Prévert.

Unterbewußten) verhaftet blieben, mußte Bataille, der zur Erklärung der Phänomene des Eros und des Todes immer wieder Zeugnisse aus Soziologie und Anthropologie beizubringen versuchte, ein Fremder bleiben.

Auf Kosten von Freud? Das Verhältnis Batailles, der sich 1927 selbst einer psychoanalytischen Behandlung unterzogen hatte, zu Freud und zur Psychoanalyse lief am Ende auf eine Absage hinaus. «Wie komisch es doch ist, wenn man die Dinge umkehrt und mein Verhalten durch die Psychiatrie erklärt ... Die Neurose wird verantwortlich gemacht, man klammert das unlösbare Rätsel aus ... Der Neurotiker nähert sich dem Grunde des Seins, dem der Normale fremd bleibt.» So in *‹Der Kleine›* (1943).

Hier läßt sich die Frage anschließen, ob denn Bataille der Psychoanalyse, wie sie sich seit Freud entwickelte, etwas entgegenzusetzen hat. Freud diagnostizierte das *Unbehagen in der Kultur*, die nicht einlösbare Ansprüche an das Individuum stellt. Seine Schüler fordern im allgemeinen zur Heilung durch Anpassung auf. Anders jedoch Wilhelm Reich, der das *Unbehagen in der Gesellschaft* diagnostizierte und zur Heilung der Gesellschaft aufforderte. Bataille indes beschreibt das *Unbehagen im Dasein* selbst. Das wäre nicht sonderlich originell, aber er läßt in *‹Meine Mutter›* den Sohn der inzestuösen Mutter sagen: «Ich genoß mein Unbehagen.» *Das Unbehagen genießen* – zu einer derartigen Formulierung wäre allenfalls Nietzsche, mit dem sich Bataille noch intensiver als mit Hegel befaßt hat, in der Lage gewesen. Allein, dem «prüden Pastorensohn» fehlte jeder Zugang zur erotischen Welt. Ohne den erotischen Kontext jedoch, ohne die Herausforde-

rung zur Transgression, bliebe die Apotheose des Unbehagens, das Ja zur Angst, hohles Pathos.
Diese eine säkularisierte Gesellschaft provozierenden Formulierungen Batailles wird man immer im Zusammenhang mit seinen mystischen Erfahrungen sehen wollen. Auch mit seinem Vorhaben, eine «Soziologie des Heiligen» zu entwickeln. Von daher wird es begreifbarer, wie es Bataille gelingen konnte, das Phänomen der Angst aus seinem individuellen circulus vitiosus zu lösen. Als Ungläubiger hat er die Bedingungen des Heiligen studiert und entschleiert.
Das Christentum hat von jeher das *Unbehagen* des Menschen als Angelpunkt seiner Machtansprüche mißbraucht und dazu aufgefordert, Angst in Glauben zu verwandeln. Der säkularisierte Mensch von heute lebt sie eher in Aggressionen aus. Bataille fordert auf, die Angst bewußt zu erleben, sie als Sprungbrett in die Transgression zu bejahen. Ohne das Erlebnis der Angst wäre der Mensch nicht fähig, sein Selbstbewußtsein zu erreichen, geschweige denn die Möglichkeiten «souveräner Selbstverschwendung» zu begreifen. Die Angst verheißt dem Menschen die Befreiung aus seiner utilitaristischen Zwangssituation.

1943, als mit ‹*L'Expérience intérieure*› zum erstenmal ein Buch von Bataille in größerer Auflage erschien, verfaßte Jean-Paul Sartre einen vierzigseitigen Artikel über den «neuen Mystiker»[12]. «Bataille baut sich nicht auf», heißt es dort, «er evoziert nur». Sein Denken wird als «totalitär» bezeichnet. Vor allem aber richtet sich Sartres Un-

12 Aufgenommen in den Band ‹*Situations I*›. Paris 1947.

mut gegen die Sprache Batailles, gegen die «glitschenden Sätze», «die einen wie auf seifigen Brettern ins Unaussprechliche gleiten lassen». Übrigens hat Bataille diese Vorwürfe zwanzig Jahre später in *‹Meine Mutter›* persifliert: «Es ist immer süß, sich auf seifigen Brettern gleiten zu lassen ...» sagt Loulou zu Pierre. Bataille ist möglicherweise der erste Schriftsteller, der im Bereich des Erotischen sich zur Schlüpfrigkeit als einem beschreibenswerten Phänomen bekannte.

Indes, die auf Sartre und Bataille folgende Generation entwarf eine andere Einstellung nicht nur zur Geschichte, auch zur Literatur. Schrieb schon Michel Leiris, daß «diese Literatur [die Batailles] alles andere als Literatur sein will», zählen heute die Schriftsteller der Gruppe Tel Quel das Bataillesche Œuvre zu den Werken, die sie ehrfurchtsvoll *«illisible»* nennen.

Man wird der Kritik Sartres nicht ganz unrecht geben können. Dem Übersetzer jedenfalls muß auffallen, daß Bataille keine neue Sprache für seine Welt der Transgression geschaffen hat. Um die ekstatischen Zustände zu beschreiben, auf die es ihm ankommt, bedient er sich eines Vokabulars, das im Deutschen zuweilen an die Sprache des Pietismus erinnert: «zittern», «beben», «krampfen», «Wunden reißen». Dennoch finden sich in seinen Texten Passagen, deren entgrenzende Sprache seine Konzeptionen exakt wiedergibt, Passagen, wo der Leser so etwas wie einen Sprung machen muß, wo Klischee und Krudität aufeinanderprallen. Der so ausgelöste Schock kann an surrealistische Schreibweisen erinnern, etwa an die blaue Orange von Paulhan oder das berühmte Zusammentreffen von Nähmaschine und Regenschirm auf einem Seziertisch (Lautréamont). Doch bei

Bataille geht es um anderes als das Aufeinanderprallen bislang nicht zusammengedachter Vorstellungen. In seinen obszönen Texten fällt immer wieder das Wort ‹Krampf› auf. Es kann offenbar wie ‹Unbehagen› bei Bataille eine positive Bedeutung haben. Und der ‹Krampf› erscheint – wie Angst und Unbehagen – als eine Voraussetzung der Transgression.

Batailles sprechendste Vergleiche setzen einen krampfartigen Prozeß der Vorstellungskraft voraus: «Wie tief der Mund eines Mädchens sein kann, tiefer als die Nacht, als der Himmel, weil ihr Hintern nackt ist.» Oder: «Ich denke wie ein Mädchen, das seinen Rock hebt.» Es ist, als habe Bataille in solchen Vergleichen die sprachliche Entsprechung dessen gefunden, was er einmal als «krampfartigen Vorgang des Schließmuskels» bezeichnet: das Aufreißen der homogenen Welt. Die Verschwendung in der erotischen Obszönität – Bataille sagt wörtlich: «Wenn ein Ausbruch von Gelächter erzeugt wird, handelt es sich, wie man zugeben muß, um dieselbe nervöse, normalerweise durch den After (oder die benachbarten sexuellen Organe) stattfindende Entladung, die sich diesmal durch die Öffnung des Mundes Bahn bricht.» Batailles immer wieder einsetzendes Mühen um die Darstellung der Überschreitung als eines Aufreißens der homogenen Welt läßt sich durch alle hier vorgestellten Texte verfolgen. In *‹Madame Edwarda›* wird es noch diskursiv beschrieben, kommt durch die Handlung selbst ins Bild, etwa wenn Madame Edwarda dem Erzähler vor allen Gästen im Lokal «die Falle» zeigen will oder wenn sie vor dem Chauffeur, wie es heißt, «das Bein hob, damit er die Spalte sah».

In *‹Der Tote›*, dem vielleicht konzisesten erotischen Text Batailles, ist der Sprung in die heterogene Welt in die Sprache selbst hineingenommen: «Sie zog den Mund der Wirtin an sich und öffnete der Zahnfäule den wollüstigen Abgrund ihrer Lippen.» Oder einfacher: «Die Spalte ihres Hinterns erleuchtete den Raum.»

Wo steht das erotische Werk innerhalb seiner Zeit? Es steht gar nicht in seiner Zeit. Es hat sich in Abwesenheit von der literarischen Öffentlichkeit konstituiert. Seit Sade ist Bataille der erste Schriftsteller, der seine erotischen Obsessionen als zerebrale (perverse) Lust [13] erkannte und sie theoretisch auszudenken verstand. Das ist auch der Grund, warum heute das Interesse für ihn ständig zunimmt, warum man daran geht, sein Gesamtwerk zu edieren. Damit ist auch die Bedeutung skizziert, die die erotischen Romane innerhalb des Gesamtwerks haben können. Gewiß war die erotische Obsession Ausgangspunkt und möglicherweise auch Stimulans für Bataille gewesen, ebenso gewiß aber reichen seine Aussagen weit über das Erotische hinaus. Er spürte dem Erotismus verwandte Phänomene in vielen menschlichen Verhaltensweisen auf, in denen sie vorher nicht gedacht wurden, so in der Verschwendung oder in der Kommunikation.

Bataille war kein Esoteriker, so wenig wie Sade, auf den «man immer wieder zurückkommen muß». Eine der impliziten Aussagen der Sadeschen Schriften, das Transgressionsbedürfnis, macht Bataille zum Zentrum seines expliziten Denkens. Batail-

13 Malcolm Muggeridge hingegen schreibt in seinem Essay ‹*Nieder mit dem Sex*› (1965): «Wir alle ... haben Sex im Gehirn, und das ist ... der Ort, wo er am wenigsten hinpaßt und am wenigsten befriedigt.»

le, der sich einmal, ein Marx-Zitat variierend, einem in übelriechendem Erdreich Gänge grabenden «Maulwurf» [14] verglich, betreibt keine Sublimierung, im Gegenteil eine Entsublimierung der Kultur. Seine erotischen Texte überschreiten die Grenzen nicht in Richtung auf eine utopische Idealität, sondern auf ein Traum-Trieb-Dunkel. An diesen ebenso ‹lächerlichen› wie tödlichen Grenzen spielen sie auch. Dort wollen sie aufgesucht sein.

Marion Luckow

14 In: ‹*La Vieille taupe . . .*›, a. a. O.

Anmerkungen zum Text

Seite 17, Zeile 17: Das französische *cul*, hier und im Laufe des Textes immer wieder für sein Analogon *con* gebraucht, ist in diesem Zusammenhang unübersetzbar. Da andererseits die Erzählung auch keine philologischen Assoziationen (Beibehaltung des franz. *cul* im deutschen Text) verträgt, schien die wörtliche Übersetzung (Arsch) ein Ausweg.

Seite 17, Zeile 24: Ein Wortspiel, das sich im Deutschen nicht wiedergeben läßt: das französische *assiette* bedeutet ‹Teller›, aber auch ‹Sitz›.

Seite 82, Zeile 1: ‹Reminiszenzen›: in der ersten Fassung der *‹Geschichte des Auges›* war dieses Kapitel mit *«Coïncidences»* überschrieben und enthielt einige Passagen, die Bataille in der zweiten Fassung zurückgehalten hat. Teils handelt es sich dabei um Hinweise auf Kindheitserlebnisse, teils um Überlegungen zu dem Phänomen der «Koinzidenz». Hier sind sie:

Über das Verhältnis von Erzähler und Autor: Im Verlauf der Niederschrift dieser teilweise imaginären Erzählung fielen mir einige Koinzidenzen auf, die mir indirekt den Sinn dessen, was ich da schrieb, hervorzuheben schienen ... Ich begann ohne bestimmte Zielsetzung zu schreiben, getrieben vor allem von dem Wunsch, zu vergessen, jedenfalls vorläufig zu vergessen, was ich persönlich sein könnte oder tun möchte. So glaubte ich anfangs, daß der Erzähler, der in der ersten Person spricht, in keinerlei Beziehung zu mir steht.

Über das Bild des Lakens am Gitterstab: Ich war sehr erstaunt, daß ich unbewußt ein vollkommen obszönes Bild an die Stelle einer Vision gesetzt hatte, die jeder sexuellen Bedeutung zu entbehren scheint.

Über die analoge Form von Stierhoden und Augäpfeln: Diesmal ging ich soweit, mir diese ungewöhnlichen Beziehungen zu erklären, indem ich mir in meinem Geist eine tiefere Region vorstellte, wo die elementaren, *sämtlich obszönen* Bilder zusammentrafen, das heißt die anstößigsten Bilder, an denen das Bewußtsein immer wieder entlanggleitet, unfähig, sie ohne Ausbruch, ohne Verwirrung zu ertragen. – Sobald man jedoch die Bruchstelle im Bewußtsein oder, wenn man so will, den auserwählten Ort der sexuellen Abweichung präzisieren möchte, assoziieren sich den wenigen zerreißenden, im Laufe der Niederschrift auftauchenden Bildern sofort gewisse persönliche, einer anderen Ebene zugehörige Erinnerungen.

Über den Vater: Im Gegensatz zu den meisten Knaben, die ihre Mutter lieben, liebte ich meinen Vater ...

Damals begann ich dunkel die Schreie, die seine stechenden Schmerzen ihm entrissen, zu genießen ...

Über die Mutter: ... Sie fiel in eine Krise manisch-depressiven Irreseins ... Ich kann nicht mit Gewißheit sagen, daß Marcelle im Grunde dasselbe wie meine Mutter ist.

Seite 91, Zeile 6: ‹*Madame Edwarda*› war unter dem Pseudonym Pierre Angélique erschienen. Selbst 1956, als der Text zum drittenmal gedruckt wurde – Bataille war damals Konservator der Bibliothek in Orléans –, zog er es vor, nur das eigens für diese Ausgabe verfaßte Vorwort mit seinem Namen zu zeichnen.

Seite 296, Zeile 26: «Koinzidenzen» bezieht sich

auf das vorletzte Kapitel der ‹*Geschichte des Auges*›, das Bataille später mit «Reminiszenzen» überschrieb, die Authentizität der hier mitgeteilten Kindheitseindrücke (vgl. a. Anm. 2) ist bislang nicht erwiesen.

Biographische Notiz

Georges Bataille wurde am 10. September 1897 als Sohn reicher Bauern in der Auvergne geboren. Im Jahre 1917, nachdem er lange Zeit den Eintritt in ein Priesterseminar erwogen hatte, entschied er sich für die École des Chartes, eine Akademie zur Ausbildung von Archivaren und Historikern. Vor Beginn seines Dienstes in der Bibliothèque Nationale in Paris arbeitete er an der École des Hautes Études Hispaniques in Madrid. Dort erlebte er am 7. Mai 1922 den für den Torero Graneros tödlich endenden Stierkampf, an den er sich 1928 bei der Niederschrift der ‹*Histoire de l'œil*› (‹*Die Geschichte des Auges*›) erinnert hat. Im Kreis der Surrealisten befreundete er sich mit Michel Leiris und dem Maler André Masson, der später für die Zeitschrift *Acéphale* und einige Texte Batailles Illustrationen zeichnete. Mit Leiris verband ihn ein gemeinsames Interesse für Ethnologie.
Der Beginn der dreißiger Jahre war von politischem Engagement gekennzeichnet. 1931 bis 1934 gehörte Bataille dem Cercle Communiste Démocratique an, der *La Critique Sociale* herausgab. Er schrieb mehrere Aufsätze für die Zeitschrift, unter anderem ‹*La Structure psychologique du fascisme*› und ‹*La Notion de dépense*› (Vorstudie zu ‹*La Part maudite*›). 1933 nahm Bataille an den politischen Aktivitäten der Gruppe Masse teil. 1935/36 schloß er sich der linksintellektuellen Gruppe Contre Attaque an. 1934 lernte er Colette Peignot («Laura») kennen, die als revolutionäre Antistalinistin aus Rußland nach Paris gekommen war. Als die Geliebte 1938 an Lungentuberkulose

starb, hielt Bataille den Priester mit dem Revolver fern. Nach ihrem Tode hat er Texte von «Laura» ediert.

1936 gründete Bataille zusammen mit Roger Caillois, Michel Leiris, Jules Monnerot die Société Secrète. 1937 folgte das Collège de Sociologie, dessen Initiatoren sich vorgenommen hatten, eine «Soziologie des Heiligen» zu entwickeln. 1936 unternahm Bataille wieder den Versuch – 1929 bis 1931 war er bereits mit der Zeitschrift *Documents* gescheitert –, eine Zeitschrift herauszubringen. In *Acéphale* sollten die Gedanken der Société Secrète einem größeren Leserkreis vermittelt werden. Die Zeitschrift brachte es auf vier Nummern.

1941 erschien *‹Madame Edwarda›*. 1942 mußte Bataille den Bibliotheksdienst – er war lungenkrank geworden – verlassen. Während eines längeren Aufenthaltes in der Normandie im Dorfe Tilly hat er wahrscheinlich den Text *‹Le Mort›* (*‹Der Tote›*) geschrieben. Seit dieser Zeit hat Bataille kontinuierlich publiziert, so *‹L'Expérience intérieure›* (1943), *‹Le Coupable›* (1943), *‹Sur Nietzsche›* (1945). 1946 gründete Bataille die Monatsschrift *Critique*, die noch heute fortgeführt wird und die nach Batailles Tod eine Sondernummer über ihn (mit einer ausführlichen Bibliographie) herausbrachte (1963).

1949 wurde Bataille Bibliothekar in Carpentras, später in Orléans. 1949 erschien *‹La Part maudite›*. Es folgten *‹L'Abbé C›* (1951; dt. *‹Abbé C.›* Neuwied 1966), *‹Le Bleu du ciel›* (1957; dt. *‹Das Blau des Himmels›*. Neuwied 1967), *‹L'Érotisme›* (1957; dt. *‹Der heilige Eros›*. Neuwied 1963), ferner die Essays: *‹La Littérature et le mal›* (1957) und *‹Les Larmes d'éros›* (1961; dt. in: *‹Die Erotik in der Kunst›*. München 1965).

Anfang 1962 zog Bataille wieder nach Paris, wo er am 9. Juli starb. Er hat eine Fülle von Manuskripten hinterlassen, von denen zunächst ‹*Le Procès de Gilles de Rais*› erschien (1965; dt. ‹*Gilles de Rais*›. Hamburg 1967).
Es folgten die in diesem Band enthaltenen Texte ‹*Ma Mère*› (1966, dt. ‹*Meine Mutter*›), ‹*Le Mort*› (1967; dt. ‹*Der Tote*›), und seit 1970 erscheint die Ausgabe der ‹*Œuvres complètes*›.

Bibliographische Hinweise

Einige der hier unter dem Titel ‹*Das obszöne Werk*› zusammengefaßten Texte wurden zunächst nur als Privatdrucke, in Auflagen von 50 bis 150 Exemplaren, unter wechselnden Pseudonymen und oftmals mit fingierten Verlagsorten und fingierten Jahresangaben veröffentlicht. In den fünfziger und sechziger Jahren erschienen sie, teils noch zu Lebzeiten des Autors, bei Jean-Jacques Pauvert in Paris. Schließlich wurden sie in die bei Gallimard erscheinende Gesamtausgabe aufgenommen. Im Prinzip läßt sich zwischen den frühen und den späteren Fassungen, sofern überhaupt Unterschicde bestehen, eine Tendenz zur verkürzten Schreibweise feststellen. Die deutsche Ausgabe folgt, abgesehen von ein paar vermerkten Ausnahmen, den bei Jean-Jacques Pauvert erschienenen Fassungen.

‹*Histoire de l'œil*› (‹*Die Geschichte des Auges*›) wurde dreimal unter teils fingierten Ortsangaben verlegt: 1928 (Paris, 134 Exemplare), 1940 (Sevilla, mit Zeichnungen von Hans Bellmer), 1941 (Burgos) und zum viertenmal 1967 (postum bei

Jean-Jacques Pauvert, Paris). Alle Ausgaben zu Lebzeiten des Autors erschienen unter dem Pseudonym Lord Auch. Die *‹Œuvres complètes›* (Bd. I) enthalten sowohl die frühe Fassung (1928) als auch die «nouvelle version» (1940, 1941 und 1967), der wir folgen.

‹Madame Edwarda› wurde zweimal als Privatdruck veröffentlicht: 1937 (in Wirklichkeit erst 1941) in einer Auflage von 50 Exemplaren und 1942 (in Wirklichkeit 1945). Die Pauvert-Ausgabe erschien 1956. Alle drei Ausgaben wurden unter dem Pseudonym Pierre Angélique veröffentlicht. Für die letztere schrieb Bataille ein Vorwort, das er mit seinem Namen zeichnete. Die *‹Œuvres complètes›* (Bd. III) enthalten umfangreiche Vorstudien und Varianten für das Vorwort, zum Text keine Varianten.

‹Ma Mère› (*‹Meine Mutter›*) erschien erst 1966 postum bei Pauvert. Das Manuskript wurde von Bataille nicht mehr redigiert und enthält darum noch einige unklare Passagen. Vom letzten Teil existiert nicht einmal eine Reinschrift, so daß man bei der Zusammenstellung der Manuskriptteile auf Mutmaßungen angewiesen war. Die *‹Œuvres complètes›* (Bd. IV) bringen Zusätze, die in der deutschen Ausgabe in Kursivdruck erscheinen. *‹Ma Mère›* sollte als eine Art Fortsetzung oder doch Ergänzung zu *‹Madame Edwarda›* zusammen mit weiteren, nur teilweise ausgeführten Texten unter dem Titel «Divinus Deus» und dem Pseudonym Pierre Angelici erscheinen. Die *‹Œuvres complètes›* (Bd. IV) verzeichnen zahlreiche Varianten.

‹*Le Petit*› (‹*Der Kleine*›) wurde unter dem Pseudonym Louis Trente 1934 (in Wirklichkeit 1943) gedruckt und erschien postum, unter dem Namen des Autors, 1963 bei Pauvert. In den ‹*Œuvres complètes*› (Bd. III) finden sich von Bataille nicht in den Text aufgenommene Vorstudien und Varianten.

‹*Le Mort*› (‹*Der Tote*›) erschien postum 1967 bei Pauvert. Der Text existiert in drei Fassungen. Die ‹*Œuvres complètes*› (Bd. IV) bringen neben einem bis dahin ungedruckten Vorwort eine etwas abweichende, obszöne Wendungen abschwächende Fassung. Wir folgen jedoch auch hier dem bei Pauvert erschienenen Text, abgesehen von einigen wenigen, der anderen Fassung entnommenen Formulierungen (s. S. 307, 310, 312, 331), die den Intentionen des Autors eher zu entsprechen scheinen. Die typographische Gestaltung dieses Textes geht auf eine authentische Skizze von Bataille zurück.

Inhalt

Einbandentwurf
von Werner Rebhuhn
Gesetzt aus dem Korpusgrad
der Janson-Antiqua
Gesamtherstellung
Clausen & Bosse, Leck/Schleswig
Das Papier lieferte die
Papierfabrik Scheufelen,
Oberlenningen